21 世纪高职高专财经类系列教材

管 理 会 计

主编 周 峰

中国金融出版社

责任编辑：彭元勋　周丽娜
责任校对：张志文
责任印制：裴　刚

图书在版编目（CIP）数据

管理会计（Guanli Kuaiji）/周峰主编．—北京：中国金融出版社，2007.3

（21 世纪高职高专财经类系列教材）

ISBN 978-7-5049-4219-7

Ⅰ．管…　Ⅱ．周…　Ⅲ．管理会计—高等学校：技术学校—教材　Ⅳ．F234.3

中国版本图书馆 CIP 数据核字（2006）第 142068 号

出版
发行　中国金融出版社

社址　北京市广安门外小红庙南里 3 号
市场开发部　（010）63272190，66070804（传真）
网上书店　http://www.chinafph.com
　　　　　（010）63286832，63365686（传真）
读者服务部　（010）66070833，82672183
邮编　100055
经销　新华书店
印刷　北京华正印刷有限公司
尺寸　170 毫米×228 毫米
印张　17.25
字数　316 千
版次　2007 年 3 月第 1 版
印次　2008 年 7 月第 2 次印刷
印数　5001—10000
定价　25.50 元
ISBN 978-7-5049-4219-7/F.3779

编写说明

管理会计是一门新兴的学科，它在20世纪初到20世纪50年代随着科学技术的进步和现代管理方法的迅速发展，从传统的会计学科体系中分离出来，并成为财会专业的主干课程。随着社会主义市场经济的发展，管理会计工作在企业管理中的地位越来越受到人们的重视。为培养出大批适合社会主义市场经济需要的管理会计人才，我们编写了这本《管理会计》教材。

本书全面系统地介绍了当代管理会计的基本理论和方法，紧密结合当前管理会计改革的最新动向和管理会计理论、实务的最新发展，内容新颖、体系合理、特色鲜明，努力做到理论和实践的有机结合。在编写中充分考虑到高职高专人才培养的目标和教学特点，在系统地介绍管理会计的基本理论和方法的基础上，又充分体现了管理会计应用技能的先进性和实用性。为此，本书配有《管理会计学习指导与训练》，安排了大量的实训练习，既能满足教学需要，又有助于学生加强基本技能的训练，旨在提高学生的综合素质。综观全书，充分考虑了高职高专学生和自学者的特点，在保证系统性、完整性、操作性的基础上，做到了简明易懂，可达到学以致用的效果。

本书由周峰担任主编，负责总体框架的设计，编写大纲的拟定，各章初稿的修订和全书的审定。参加编写人员的具体分工是：周峰编写第一、四、六、七章；王小燕编写第二、三、八章；韩传兵编写第五、九、十章。

本教材的编写时间紧、任务重，加之编者水平有限，错误之处在所难免，敬请广大读者批评指正。

编　者

2006年8月

目　录

第一章

总　论

【内容提要】

管理会计是一门新兴的学科，是会计学科的一门重要的专业课程，它包括管理会计的基本理论和基本方法。本章主要介绍管理会计的概念、管理会计的形成与发展、管理会计的职能与内容、管理会计的信息质量特征与工作组织、管理会计与相关学科之间的关系等。力求使学生对管理会计这门课程有一个基本的了解，为以后各章的学习打下一个良好的基础。

第一节　管理会计的形成与发展

一、管理会计的意义

管理会计是一门新兴的会计学科。目前，无论在国内还是国外，对管理会计的概念均缺少一个统一的认识。本教材将管理会计的概念归纳为：管理会计是会计与管理的直接结合，它是以财务会计信息为主要依据，以经济数学的方法为主要手段，以加强企业内部经营管理、提高企业经济效益为主要目的，对企业的生产经营活动进行预测、决策、规划、控制和考核评价，为企业内部管理者提供有用信息的一个会计分支。

现代会计的发展，使会计的管理职能越来越受到重视。作为会计与管理直接结合的管理会计逐步从传统的会计中分离出来，传统的会计称为财务会计，与财务会计相对应的称为管理会计，从而形成了现代企业会计的两大分支——管理会计和财务会计。管理会计从传统会计中分离出来，是会计不断发展的必然结果。管理会计拓展了会计的管理职能，侧重于研究企业内部未来和现在资金运动的规划与控制，把决策会计和责任会计作为主体内容，它吸收了现代管理科学的一些成果，成为现代企业管理不可缺少的一门综合性的交叉学科。管理会计在现代企业管理中的作用主要表现在以下三个方面：

1. 提供企业管理的信息。现代企业生产经营活动需要大量的经济信息，不但需要财务会计提供的财务、经营等方面的信息，而且需要能适应于企业内部管理的各种管理信息。这些管理信息既包括进一步加工的财务信息，又包括大量具有特定形式和内容的非财务信息，如实际的和预计的、历史的和未来的、局部的和全局的、技术的和经济的信息等。只有这样，企业的管理者才能据以对未来的生产经营活动进行规划和控制，达到预期的目标。管理会计由于方法灵活，不受许多的限制，所以它可以对从各种不同渠道取得的信息进行加工、整理，使之成为符合企业内部管理要求的特定数据，成为能满足管理者进行预测、决策、计划、控制等各项工作所需要的管理信息。

2. 直接参与决策。决策是现代企业经营管理的核心。决策过程是管理人员选择和决定未来经营活动方案的过程。只有正确地进行各种决策，企业才能实现未来生产经营的最优化运转。然而，要制定正确的决策，不仅需要及时获取和提供管理信息，而且更需要对管理信息进行科学的加工和有效地运用。在此，管理会计发挥了其特有的功能。管理会计能积极、有效地提供企业内部管理的信息，并能帮助管理者进行计划和决策，能动地参与企业经营管理。特别是管理会计几乎涉及企业生产经营的整个过程和所有领域，因此，它不仅参与全局、战略性的决策计划，而且参与企业内部各有关职能部门各种具体的决策计划。管理会计在提出和评价决策方案，帮助企业各级管理层制定正确的决策时，实际上也就置身于决策计划过程，直接参与了企业的经营管理活动。

3. 实行业绩考评。为了确保预定目标的实现，必须对生产经营过程和结果进行严密的跟踪和监控，将反映企业经营目标完成情况和经营计划执行过程的实际情况，与体现目标、计划的预算进行对比分析和检查考核。这是使生产经营活动得以按最优化原则进行的最重要手段，也是最终实现预定经营目标的可靠保证，在对企业生产经营过程及其结果进行监控、考评的问题上，管理会计既可建立完备的控制系统，又可确定严格的考核措施，从而随时掌握企业目标的具体实现过程，正确考评企业内部有关部门的工作业绩，并为修订决策、调整计划提供客观依据。

二、管理会计在西方的形成和发展

管理会计的形成和发展经历了传统管理会计阶段和现代管理会计阶段。西方的管理会计萌芽于19世纪末20世纪初，其雏形产生于20世纪上半叶，20世纪初至50年代属于传统管理会计阶段，此阶段管理会计的主要内容是预算和控制，其主要职能集中在“控制”方面，此阶段的特征是以控制会计为核心。20世纪50年代至今属于现代管理会计阶段，此阶段形成了以预测决策会计为主、以规划控制会计和责任会计为辅的现代管理会计阶段。

（一）管理会计的形成

管理会计成为与财务会计并列的独立学科，有比较完整的理论方法体系，它同其他任何学科一样，也经历了一个从简单到复杂、从低级到高级的逐步完善的历史过程。

管理会计的初步形成可以追溯到20世纪初，当时自由资本主义经济正向垄断过渡，资本主义已有了相当的发展，手工业作坊已发展为较大的企业，生产规模不断扩大，生产过程也越来越复杂，竞争十分激烈。在这种情况下，一般企业的管理，以业主的经验和直觉为核心的传统管理方式仍占统治地位，不少工厂经营粗放，管理混乱，浪费严重。因此，如何用先进的科学管理代替落后的传统管理，使企业的各级管理工作得到较大改善，以适应资本主义经济发展的需要就成为一个非常迫切的现实问题。正是在这种情况下，集中体现科学管理理论和方法的“泰罗制”产生了。泰罗主张，在企业管理中，单凭个人的经验和传统的管理方式是不行的，要用精确的调查研究和科学的知识来代替个人判断，即要对产品的制造过程进行缜密的观察、计量、分析和评价；为生产劳动制定各种标准，要求每个工人使用标准的工具，通过标准的动作，耗用不超过标准的时间和原材料，来制造质量符合标准的产品；制定严格的作业效率标准，确定标准工时定额，推行计件工资制等。应用这种科学管理的结果，大大简化了劳动的过程，节约了劳动时间，增强了工作责任，提高了工作效率，促进了生产的发展。与泰罗制的推广应用相配合，一些新的会计观念和技术方法，如标准成本、预算控制和差异分析等相继出现，并在实践中得到不断的充实完善。这不但给传统的会计增添了若干新内容，而且使会计开始突破单纯的事后计算进入科学的事前计算，并将事前计算与事后分析紧密结合起来，从而为会计更好地服务于企业管理开辟了一条新的途径。当时，有人把这些会计领域的新内容综合起来，并写成专著，如1922年，美国奎因斯坦所著的《管理会计：财务会计入门》一书，首先提出了“管理会计”这个名词。1924年，麦西金出版了《管理会计》，此后管理会计专著相继问世，内容不断丰富。这些著作被称为早期管理会计的代表作和管理会计的萌芽。这一时期从总体而言，伴随着泰罗制的推广和问世，管理会计并未形成一套独立的、科学的理论和方法体系，其着眼点仅限于既定方案的落实和经营计划的执行上，管理会计的主要内容是预算和控制，其职能集中体现在“控制”方面，有人称这一阶段的管理会计是以控制会计为核心的执行性管理会计。到了1952年，在世界会计年会上正式通过了“管理会计”这个专有名词，这标志着管理会计的正式形成。同时，传统的会计部分被称为“财务会计”。

（二）管理会计的发展

20世纪50年代后，资本主义进入战后经济发展时期，其主要特点：一是现代科学技术突飞猛进并广泛地应用于生产经营，使生产力得到迅速发展；二是资本主义企业进一步集中，企业规模不断扩大，这种形势是盛行一时的泰罗制所无法适应的。泰罗制过分强调严格的机械管理，不注意对企业的未来进行规划，忽视调动人的能动性和积极性，认为只要管得严，就能出效率，致使职工处于消极被动和极度紧张状态，严重影响了企业的生存和发展。在这种形势下，以运筹学和行为科学为主体的现代管理科学应运而生，并最终以其更科学、更先进的理论和方法取代了泰罗制，从而给企业管理带来了新的生机，为管理会计的发展补充了新的内容。

行为科学主要是应用心理学、社会学的原理来研究人的各种行为的规律性，分析人产生各种行为的客观原因和主观动机的一门科学。把行为科学的原理应用到企业管理，有助于调整和改善人与人之间的关系，引导、激励职工在生产经营中充分发挥主动性、积极性。运筹学主要是应用现代数学和数理统计的原理和方法，建立起许多数量化的模型，对企业复杂的生产经营活动进行定量分析，以帮助管理人员按照最优化的要求，对企业的经营活动进行科学的预测、决策、计划、规划和控制，促使企业的生产经营活动实现最优化运转，以提高企业的竞争能力。

管理会计对这两项科学成果的吸收和应用，不仅完善和发展了规划控制会计的理论与实践，还逐步充实了以“管理科学”为依据的预测决策会计和以“行为科学”为指导思想的责任会计等内容，基本上形成了以预测决策会计为主、以规划控制会计和责任会计为辅的现代管理会计新体系。管理会计从“执行性管理会计”逐步发展到“决策性管理会计”与“执行性管理会计”并存，并以“决策性管理会计”为主的新阶段。管理会计20世纪70年代在西方发达国家比较流行，80年代则风靡全球。

三、管理会计在我国的发展

我国是从20世纪70年代末80年代初开始向发达国家学习引进有关管理会计知识的，但管理会计的有关内容20世纪50年代在中国就出现了。

1953年，我国进入社会主义经济建设时期，在企业全面推行苏联的企业管理和会计理论方法的同时，在20世纪50～60年代，结合自己的国情采取了一些新的措施，如企业实行经济核算制，把出现的成本事前控制和事后分析、经济活动分析、投资效果分析等都归于管理会计的内容，尽管不系统，但它是具有中国特色的管理会计的萌芽。

1978年中共十一届三中全会以后，我国的社会主义经济建设进入新的历史发展阶段，迈出了改革开放的坚定步伐，提出了建设有中国特色的社会主义理论，把企业作为市场主体，自负盈亏，自主经营，自我发展，自我约束。企业由此从单纯的按计划生产转为面向市场进行生产经营，企业管理从单纯的生产管理向经营管理发展。为全面提高经济效益，企业必须着眼于企业与外部的联系，从企业全局入手，进行科学的决策。在这种环境下，自然而然地要求会计做出相应的反应。而此时，西方的管理会计也已发展到决策性管理会计阶段。从20世纪70年代末80年代初，在余绪缨教授等会计前辈的努力下，我国开始引进西方管理会计的理论和方法，并进行合理的借鉴，80年代初中期国内正式出版了管理会计的有关书籍。1985年前后，全国大中专院校的会计专业相继开设了管理会计课程，此外不少政府部门、企业、团体等组织了不同形式的培训班，为中国建立和推行管理会计培养人才。

由上所述，西方管理会计的引入得益于我国的改革开放。时至今日，我国的管理会计无论在理论研究、方法应用方面，还是在学科建设等方面，都取得了可喜的成绩。虽然目前企业仍没有独立的管理会计机构，但它的建立和健全是可以预见的，并必将促进管理会计在我国应用的迅速发展。

第二节 管理会计的职能与内容

一、管理会计的职能

管理会计的职能是指管理会计在企业经营管理中本身所具有的基本功能。它与企业管理的职能是相关的，现代企业管理的职能是计划、组织、协调、指挥与控制，管理会计在此基础上进行了发展和创新。由于管理会计主要是为企业内部的经营管理服务，现代企业管理的每一项职能都要求管理会计与之相对应。因此，现代管理会计的主要职能可以概括为以下五个方面：

1. 预测职能。预测是指采用科学的方法预计推测客观事物未来发展必然性或可能性的行为。管理会计的预测职能是指按照企业未来的总目标和经营方针，利用财务会计以及相关部门提供的历史资料，做进一步的加工改制与延伸，采用灵活多样的方法，充分考虑经济规律的作用和经济条件的约束，对企业未来经济活动进行科学的规划，为企业经营决策提供有用的信息。

2. 决策职能。决策是在预测的基础上，充分考虑各种可能的前提下，按照客观规律的要求，通过一定程序对未来实践的方向、目标、原则和方法做出决定的过程。管理会计的决策职能是指根据企业决策目标，依据预测所提供的财务信息及相关资料，选择科学的方法进行分析，从各种备选方案中选择最优方案的过程。决策职能是管理会计的核心职能。

3. 规划职能。规划是指企业在经济管理过程中，根据决策的目标以及为了达到这一目标所应从事的活动而做出的详细说明与计划。管理会计的规划职能是通过编制计划和预算实现的。它要求在最终决策方案选定的基础上，将预先确定的有关经济目标分解落实到各有关预算中，以便合理有效地组织运用企业的各项经济资源和人力资源，并将其作为控制企业经济活动的重要依据。

4. 控制职能。控制是指使企业的经济活动严格按照规划的预定轨道有序进行。控制企业的经济活动是管理会计的重要职能之一。这一职能的发挥要求将对企业经济活动的事前控制和事中控制有机地结合起来，即企业根据规划所确定分解的目标以及相关规章制度，事前确定科学可行的各种标准，并根据执行过程中的实际与计划发生的偏离进行原因分析，以便及时采取切实可行的措施，改进工作，确保经济活动的有效进行。

5. 考核评价。现代管理十分重视调动人的积极性，贯彻落实责任制是企业管理的一项重要任务。管理会计的考核职能就是通过建立责任会计制度来实现的，即在各部门各单位及每个人均明确各自职责的前提下，逐级考核责任指标的执行情况，找出成绩和不足，从而为奖惩制度的实施和未来工作改进措施的形成提供必要的依据。

综上所述，管理会计这五项职能之间是相互联系、相互作用的，它们结合在一起，综合地发挥作用，为企业经营管理决策提供可靠的依据，为决策做出正确的分析与评价，并为执行决策所确定的方案制定相应的规划、控制与考核制度。

二、管理会计的内容

管理会计的内容是与其职能相适应的工作内容。包括预测分析、决策分析、全面预算、成本控制和责任会计等方面。其中，预测分析和决策分析合称为预测决策会计；全面预算和成本控制合称为规划控制会计。预测决策会计、规划控制会计和责任会计三者既相互独立，又相辅相成，共同构成了现代管理会计的基本内容。

1. 预测决策会计。预测决策会计是指在管理会计系统中侧重于发挥预测经济前景和实施经营决策职能的最具有能动作用的会计子系统。它处于现代管理会计的核心地位，是现代管理会计形成的关键标志之一。

2. 规划控制会计。规划控制会计是指在决策目标和经营方针已确定的前提下，为执行既定的决策方案而进行有关规划和控制，以确保预期目标顺利实现的管理会计子系统。

3. 责任会计。责任会计是指在组织企业经营时，按照分权管理的思想划分各个内部管理层次的相应职责、权限以及所承担义务的范围和内容，通过考核评价各有关方面履行职责的情况，反映其真实业绩，从而调动企业全体职工积极性的管理会计子系统。

第三节 管理会计的信息质量特征与工作组织

一、管理会计的信息质量特征

管理会计作为加强企业内部经营管理，实现最佳经济效益的信息管理系统，在对企业的经济活动进行有效地预测、决策、规划、控制和考核时，取决于管理会计所提供信息的质量特征。所以管理会计提供的信息必须具备一定的质量要求，主要有：

1. 准确性。准确性是指管理会计所提供的信息在一定范围内必须是正确的。不正确的信息会导致决策失误。

强调信息的正确性，必须明确信息的正确性与精确性是两个不同的概念。要求提供正确的信息，并不意味着要求提供的信息越精确越好，因为管理会计的侧重点是规划未来，在许多情况下，需要采用近似的方法，以线性关系代替非线性关系，以基于确定性的分析方法代替基于不确定的分析方法，以求得事物发展的规律性，反而可以取得较好的经济效果。例如，在制订生产计划时，有关未来销售的预测数据，比来自过去销售的精确数据更为有用。

2. 相关性。相关性又称有用性，是指管理会计所提供的信息必须与管理当局的决策相联系，有助于提高人们决策能力的特性。无论是进行短期经营决策还是长期经营决策，都需要在备选方案中寻求最佳方案并做出判断和决策。只要存在可供选择的不同方案，就表明决策中存在“差别”，需要进行分析、比较和评价，以便从“差别”中选出最优方案，作为未来活动的依据。因此，管理会计信息的相关性，就是指帮助信息使用者提高决策能力所需要的那种发现“差别”、分析和解释“差别”，从而能从“差别”中做出选择和判断的特性。这就要求会计人员首先必须确定管理当局决策对信息的需要情况，然后对各种可取得的数据进行加工分析，并从中选出对管理当局决策有用的信息。

必须注意的是，相关性是就某一特定目的而言的，对某一决策目的是相关的信息，而对另一决策目的就不一定是相关的了。所以相关性是相对的，而不是绝对的。

3. 时效性。时效性又称及时性，是指管理会计必须为管理当局的决策提供最为及时、迅速的信息。只有及时的信息，才有助于管理当局做出正确的决策；反之，过时的信息将会导致决策的失误。强调信息的及时性，必须明确及时性与精确性的关系，二者有时矛盾。在需要信息时，及时性往往重于准确性，信息获得速度越快，则经理人员越能迅速解决问题。在准确性和及时性之间，管理会计更重视及时性，甚至牺牲部分准确性以换取信息的及时性。所以在管理会计上，估计值或近似值比精确的信息更为有用。及时性本身不增加相关性，但不及时的相关信息将使相关性完全消失。

4. 简明性。会计信息的价值在于对决策有用。简明性是指管理会计所提供的信息，不论在内容上还是形式上，都应简单明确，易于理解，使信息使用者理解其含义和用途，并懂得如何加以使用。明确而易于理解的信息，有助于管理人员将注意力集中在计划与控制活动中的重大因素上。例如，在为管理当局提供成本控制的信息时，揭示成本差异的信息将有助于管理当局重视差异，并采取有效措施，消除不利差异，保持有利差异，从而促进企业的健康发展。为此，简明性要求：凡是对管理者做出决策有重大影响的信息，必须详细提供；而对管理者做出决策没有重大影响的信息，可合并或简化提供。

管理会计信息的简明性是相对的，它取决于企业内部各个组织对信息的具体要求。处于企业内部不同层次的组织，在信息的综合程度上具有不同的要求，越是接近基层的的单位，越要求提供较为直接、具体而明确的信息；而越是接近高层的单位，则越要求提供较为综合的信息，才能较好地分别适应其管理上的需要。

5. 效益性。管理会计所提供信息的效益性是指提供和使用信息的成本小于使用信息所产生的效益。前述各项管理会计的信息特征可以看做是为适应管理当局的各种需要提供的通用指南。在运用这些指南时，必须同时考虑各管理人员的各种特定需要，并根据其需要提供管理会计信息。由于取得这些信息要花费一定的代价。因此，必须将形成、使用一种信息所花费的代价与其在决策、控制上所取得的效果进行具体比较分析，借以确定在信息的形成、使用上如何以较小的代价取得较大的效果。不论信息有多重要，只要其成本超过其所得，就不应形成并使用该信息。所以，信息的效益性可以看做是管理会计信息的一个约束条件。

二、管理会计的工作组织

管理会计是现代化企业组织结构中的一个重要组成部分，它在企业管理中具有其他会计手段无法替代的巨大作用。能否发挥其应有的作用，不仅与管理会计工作者的主观努力息息相关，更重要的是取决于其在企业管理中的地位高低。而企业的组织形式可以在一定程度上反映管理会计在企业管理中的地位高低。

在西方国家，企业一般实行董事会领导下的总经理负责制。会计部门和财务部门直接受财务副总经理的领导。会计部门的负责人是“主计长”或“会计长”，财务部门的负责人是“财务主任”或“财务长”。其组织形式如图 1－1 所示。

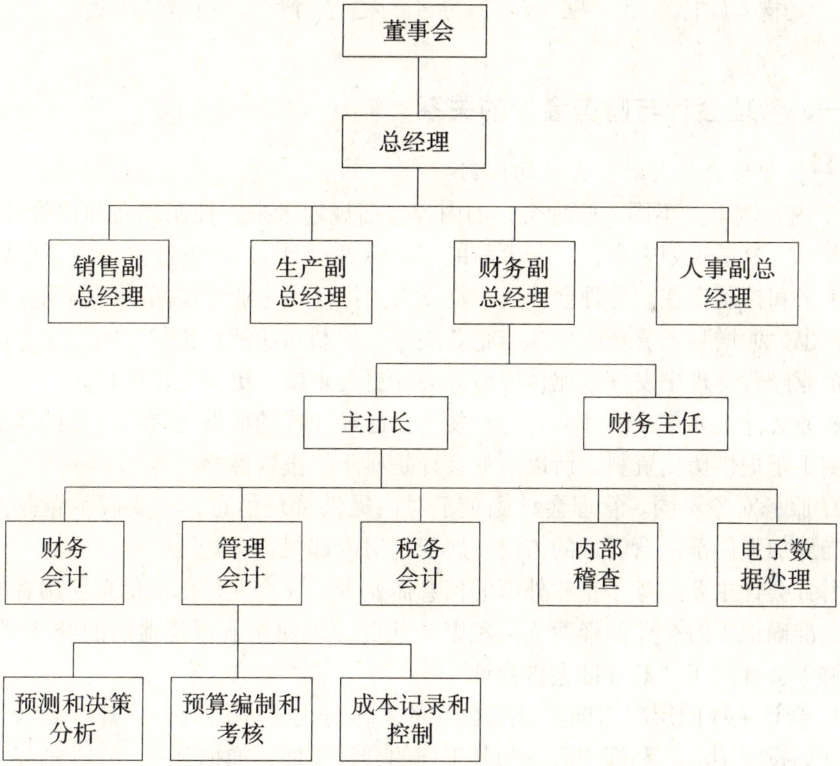

图 1－1　现代企业会计两大分支的组织形式

由图1-1可知，在西方国家，现代企业会计的两大分支——财务会计和管理会计是两个相互独立和平等的机构，它们各自有不同的职责范围，从而能够充分发挥财务会计和管理会计各自的作用。

在我国，由于管理会计尚处在形成和发展的过程中，因此，在大部分企业中，还没有专门的管理会计机构和专职人员。在实际工作中，如果需要管理会计方面的信息，一般都由财务会计人员兼任，并采用做什么管什么的方式。如销售组负责销售预测，成本组负责成本控制，财务组负责全面预算，材料组负责存货控制等。也有一些大型的企业，在会计机构中专门设置管理会计组，负责推行管理会计。随着我国经济体制改革的深入，以及大中型企业总会计师制度的不断完善，管理会计专职机构在我国会计机构中的建立和逐步健全是可以预见的，它必将促进管理会计在我国应用的迅速发展。

第四节　管理会计与相关学科之间的关系

一、管理会计与财务会计的关系

（一）管理会计与财务会计的区别

1. 内容侧重点不同。管理会计的内容包括规划未来、控制现在和评价过去。其侧重点主要是规划未来，属于事前的“经营性会计”，分析过去是为了更好地指导未来和控制现在。管理会计这一特点大大提高了企业经济活动的预见性和计划性，也大大增强了管理会计参与企业决策、控制和业绩评价的功能，使管理会计在企业经营管理中发挥着比传统财务会计更为重要、更为突出的作用。

财务会计主要是反映和监督已经发生和已经完成的能够用货币计量的经济事项，侧重于提供历史资料，所以财务会计是属于“报告性会计”。

2. 服务对象不同。管理会计侧重于对内提供管理信息，主要满足企业内部管理当局加强内部经营管理的需要，属于“对内部报告会计”。

财务会计主要服务于企业外部的信息需要者，使企业外部的信息使用者能够及时、准确地了解企业的经营成果和财务状况，以便切实保障他们的经济利益。所以财务会计属于“对外部报告会计”。

3. 会计主体的层次不同。管理会计的工作分为多个层次，它既可以以整个企业（如投资中心、利润中心）为其工作的会计主体，如拟订一个企业的经营计划，制定一个企业的经营决策和投资决策，评价一个企业的经营业绩，又可以将企业内部的局部区域甚至某一管理环节（如成本中心）作为其会计主体，而且在多数情况下，管理会计主要以企业内部责任单位为其会计主体。

财务会计往往只有一个会计主体，即以整个企业为其会计主体，通过定期编制财务报表和计算有关的财务指标来全面、系统、连续和综合地反映整个企业在一定时期的经营成果和财务状况，从而能够适应财务会计所特别强调的完整反映、监督整个经济过程的要求。

4. 遵循的原则不同。管理会计虽然在一定程度上也要考虑“公认会计原则”或企业会计准则的要求，利用一些传统的会计观念，但并不受其完全的限制和约束，完全可以根据企业内部经营管理的需要，来选择实施管理会计的理论和方法。

财务会计则必须严格遵守“公认会计原则”、企业会计准则，以保证其所提供的财务会计信息的可比性。

5. 方法体系不同。管理会计可选择灵活多样的方法对不同的问题进行分析处理，即使对相同的问题，也可以根据需要和不同条件而采用不同的方法进行处理。在预测、决策、规划和控制的信息处理过程中，管理会计运用大量现代数学方法，并针对企业经营管理中的典型和具体问题，建立有关的数学模型，使企业经营活动的优化管理建立在科学的定量分析基础上。在预测企业前景、参与企业决策、规划企业未来、控制和评价企业经济活动方面发挥着重要的作用。

财务会计则必须依照企业会计准则的规定和要求，选择和采用核算的方法，而且核算方法在前后各期要保持一致和相对稳定，不得随意变更。如有必要变更，应将变更的情况、变更的原因及其对企业财务状况和经营成果的影响，及时、充分地在财务报告中加以说明和披露。

6. 工作程序不同。由于管理会计主要是服务于企业内部经营管理，因此没有固定的工作程序，企业可根据自己的实际情况选用不同的工作方法和工作程序，自行设计管理工作流程。

财务会计必须执行固定的会计循环程序，即审核和编制会计凭证，登记账簿，直至编制出会计报表。在通常情况下，不得随意变更其工作内容或颠倒工作顺序。

7. 数据要求不同。管理会计主要侧重于对未来的预测、规划和决策，往往遇到一些不确定因素和不确定事项，所以管理会计提供的信息和数据，主要不是注重其可靠性和精确性，而是注重其及时性和相关性，所用的数据不要求绝对准确，多数是预计数，可以是近似值甚至是概率值。

财务会计重点是反映过去已经发生的确定事项，不确定因素少，要求提供的信息要准确可靠，注重信息数据的真实性和精确度。

8. 对信息载体的要求不同。管理会计所提供的信息主要是满足企业内部管理的需要，既有定性信息，也有定量信息；既有反映局部的信息，也有反映全局的信息；计量单位可以用货币计量，也可以用实物单位、时间单位或相对数单位计量。其信息载体大多为没有统一格式的各种内部报告，而且对这些报告的种类、内容和编制方法也没有统一的规定，并且编报时间也不固定。

财务会计的信息主要是以价值尺度反映的定量资料，主要向外部信息使用者输送信息，以使外部信息使用者了解企业的财务状况和经营成果，因此其载体必须是具有统一格式的凭证系统、账簿系统和报表系统，并且对财务报告的种类、内容、指标体系和编制方法也有统一规定。在报送时间上，财务会计要求按月份、季度和年度定期对外报送。

9. 法律效力不同。管理会计提供的信息资料不是正式报告，不对外公开发布，只为企业内部管理使用，因此不具有法律责任。

财务会计提供的信息是正式报告，并且要求对外定期发布，企业的信息使用者要据此做出自己的决策，因此具有法律效力。

（二）管理会计与财务会计的联系

1. 信息来源相同。管理会计和财务会计所用的信息资料来源是相同的，都来源于企业的经济活动。管理会计要利用财务会计提供的会计信息资料，并对其进行深加工和再利用，从而进行预测和决策，因而管理会计要受到财务会计工作质量的约束；而管理会计所提供的有关信息，与企业外部信息使用者也息息相关，例如企业的盈利预测，对企业的投资者来讲就非常重要，直接影响到其投资决策。

2. 服务对象有交叉。管理会计和财务会计的工作对象都是企业的经营资金运动，只是侧重点有所不同。财务会计的工作对象在时间上侧重于企业过去的经营资金运动，在空间上侧重于企业全局性的经济活动；而管理会计的工作对象在时间上侧重于企业现在的和未来的经营资金运动，在空间上侧重于企业局部的或特定的经济活动。

3. 最终目的相同。财务会计要定期向企业外部信息使用者输送会计信息，使外部信息使用者能够及时了解企业的经营成果和财务状况，并通过采用法律、经济或行政手段来促使企业不断提高经营管理水平和经济效益；管理会计所使用的信息资料来源于财务会计，二者均为企业管理当局了解本身的经营成果和财务状况服务，并在此基础上提供对决策有用的信息。可见，尽管管理会计和财务会计从内容、形式、主体等诸方面都存在着差异，但二者的最终目的是一致的，都是为加强企业内部经营管理和提高企业的经济效益服务。

二、管理会计与其他学科之间的关系

1. 管理会计与经济学的关系。经济学的研究对象之一是对稀缺资源的合理配置问题，而管理会计要服务于对企业经济资源的分配，二者具有相通之处。经济学的许多概念直接为管理会计所用。有些经济学的研究内容与管理会计的研究相结合，更是促进了管理会计的发展。

2. 管理会计与财务管理的关系。管理会计和财务管理的最终目的是一致的，都是为了使企业追求价值最大化；二者的对象是有联系的，经营管理活动必然包括资金运动。从这一点上说，管理会计和财务管理在对象上是有交叉的，但管理会计的对象更加广泛，而财务管理的对象比较单一，这也体现了管理会计为整个企业经营管理服务，而财务管理是对财务活动的管理，是专门化的管理。

3. 管理会计与成本会计的关系。管理会计与成本会计的区别：前者侧重于为管理的决策功能提供相关信息，着眼于利润的最大化；后者侧重于为管理的控制职能提供相关信息，着眼于成本的最低化。它们之间的联系表现在：二者共同组成统一的管理会计系统，相辅相成地为内部使用者提供相关的管理信息。

【复习思考题】

1. 什么是管理会计？管理会计在现代企业管理中有哪些作用？
2. 简述管理会计形成和发展的主要过程。
3. 试比较说明管理会计与财务会计的异同。
4. 管理会计的内容及其职能有哪些？
5. 简述管理会计的信息质量特征。
6. 谈谈对建立适合我国国情的管理会计专职机构的设想。

第二章

成本性态分析

【内容提要】

成本是衡量企业经营管理和经济效益综合性很强的指标，也是加强企业管理的重要内容。本章主要介绍管理会计成本的含义、成本的分类；固定成本、变动成本和混合成本的概念、特征及其分类；成本性态分析的意义、程序以及分析方法。本章内容是管理会计进行预测、决策、控制、规划和考核评价等一系列基本理论和基本方法的必要前提，是学习以后各章的基础。

第一节　成本的分类

一、成本的含义

财务会计中所讲的成本通常是指产品成本，是指在一定条件下企业为生产和销售一定数量产品所发生的各种耗费的货币表现。

管理会计中的成本是指为了实现一定的目标，或者为了达到一定的目的而付出的能够用货币度量的价值牺牲。这种成本的含义不局限于财务会计中所讲的产品成本，也不能与生产费用等同，它不仅包括产品的全部生产成本，还包括由企业的销售费用、管理费用和财务费用等构成的期间费用。

成本是衡量企业经营管理和经济效益综合性很强的一个指标，原材料物资消耗的多少、设备利用程度的高低、劳动生产率的大小都直接地体现在成本指标上。所以，对成本进行分析是管理会计进行预测、决策、规划、控制和考核评价等一系列基本理论和基本方法的必要前提，它可以为企业管理者进行规划、控制等管理活动提供科学的依据，对改善经营、提高企业的经济效益具有十分重要的意义。

二、成本按其经济职能分类

成本按经济职能分类是财务会计中最主要的分类方法，也是一种传统的分类方法。按照这种分类标准，成本可分为制造成本和非制造成本两大类。

（一）制造成本

制造成本又称生产成本，是指在生产过程中为制造产品或提供劳务而发生的支出。制造成本按具体的经济用途可分为直接材料、直接人工和制造费用三大成本项目。

1. 直接材料。它是指在生产过程中直接构成产品主要实体的原材料的成本。主要包括生产过程中实际耗用的原材料、辅助材料、燃料、动力，以及其他直接材料等。

2. 直接人工。它是指在产品生产过程中直接改变原材料性质或形态的人工成本部分。主要包括直接进行产品生产的工人的工资、奖金、津贴、补贴，以及从工人工资总额中按比例提取的职工福利费等。

3. 制造费用。它是指在产品生产过程中不能归于上述两个成本项目的间接材料、间接人工和其他制造费用。主要包括企业生产部门管理人员的人工费用，生产单位固定资产的折旧费、水电费、差旅费、办公费、机物料消耗费，季节性和大修理期间的停工损失以及其他制造费用等。

（二）非制造成本

非制造成本又称期间费用、非生产成本，通常可以分为销售费用、管理费用和财务费用。

1. 销售费用。它是指在销售产品和提供劳务过程中发生的各项费用。例如，销售过程中发生的运杂费、包装费、销售佣金、广告费、展览费，以及专设销售机构的业务招待费和人员工资等均属于销售费用。

2. 管理费用。它是指企业行政管理部门为组织和管理企业的生产经营活动而发生的各项费用。例如，企业经费、工会经费、职工教育经费、业务招待费、劳动保险费、企业行政管理部门人员工资等均属于管理费用。

3. 财务费用。它是指企业为筹集生产经营所需资金而发生的各项费用。包括利息净损益、汇兑净损益以及相关手续费等。

成本按经济职能的分类能够反映成本的基本构成，便于考核成本计划的执行情况，分析成本升降的原因和寻求降低成本的途径，确定经济责任。但这种分类没有同企业的生产经营能力挂钩，不利于事前控制成本和进一步挖掘企业降低成本的潜力。

三、成本按其性态分类

成本性态又称成本习性，它是指成本总额与业务量之间的依存关系。进行成本性态分析就是要考察成本总额与业务量之间的规律性联系。这种分类方法避免了成本按经济职能分类的缺陷，能够将成本同企业的生产经营能力挂钩，便于事前成本控制，有利于进一步挖掘企业降低成本的潜力，以达到增收节支的目的。因此，它是管理会计中具有重要意义的一种成本分类方法。这种分类方法是管理会计对企业经营活动进行规划和控制的先决条件，是变动成本计算的基础。成本按其性态分类可分为固定成本、变动成本和混合成本。

(一) 固定成本

1. 固定成本的概念。固定成本是指在一定时期和一定业务量范围内，其总额不受业务量增减变动的影响而保持固定不变的成本。如固定资产按直线法计提的折旧费、行政管理人员的固定月工资、机器设备租金、办公费、职工培训费等都属于固定成本。其主要特点是：

(1) 在一定时期、一定业务量范围内，固定成本总额不受业务量变动的影响，保持一个不等于零的固定值；

(2) 在一定时期、一定业务量范围内，单位产品分摊的固定成本与业务量的增减呈反比例变动。

【例 2-1】 某企业经营性租用一条生产线用于其产品生产。该生产线每月的最大生产能力为 500 件，月租金为 45 000 元。如果该企业每月的产品产量在 500 件以内，则其需要支付的月租金 45 000 元保持不变，租金总成本不随产量的变动而变动，形成企业的一项固定成本。假定该企业的月产量分别为 200 件、300 件、500 件，则单位产品所负担的固定成本随产量的增加而依次递减，分别为 225 元、150 元、90 元。

固定成本的特点如图 2-1 所示。

2. 固定成本的分类。固定成本按其发生额在一定期间内是否可以改变，可进一步分为约束性固定成本和酌量性固定成本。

(1) 约束性固定成本。约束性固定成本又称经营能力成本，是指企业根据生产经营能力确定的一定期间的固定成本总额。如固定资产按直线法计提的折旧费、保险费、财产税、取暖费和管理人员的工资等都属于约束性固定成本。

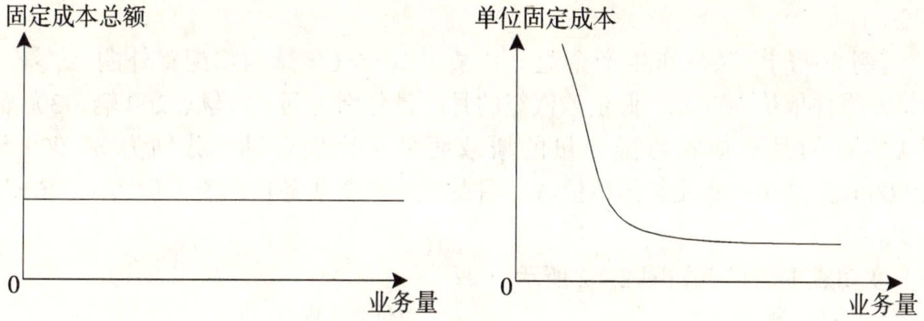

图 2-1 固定成本性态图

这类固定成本支出额的大小取决于企业生产经营能力的规模和质量，一般不受管理当局短期决策行为的影响。由于企业的经营能力一旦形成，短期内一般不轻易改变，由此确定的固定成本也具有很大的约束性。因此，只有当企业的经营规模和经营理念发生重大变动时，约束性固定成本总额才会发生变动。在管理中往往不能采取降低这部分成本总额的措施，因为降低这类固定成本总额等于降低生产能力，所以对这类固定成本只能通过充分利用生产能力，提高产品产量，降低其单位固定成本。

（2）酌量性固定成本。酌量性固定成本又称可调整固定成本，是指受管理部门短期决策行为影响，可以在不同时期改变其数额的固定成本。如管理咨询费、广告费、职工培训费、新产品研究开发费和经营性固定资产租赁费等都属于酌量性固定成本。

这类固定成本取决于企业管理部门根据经营方针所做出的判断。一般可以视为预算期为一年的固定成本预算额，在预算额编制时可根据实际需要和财务负担能力进行调整。对这类固定成本在不影响生产经营的前提下，可以酌量减少其预算总额。但酌量性固定成本并不是可有可无的，它影响到企业竞争能力的高低，是一种有益于提升企业生产经营能力的成本。

（二）变动成本

1. 变动成本的概念。变动成本是指在一定时期和一定业务量范围内，其总额与业务量的增减变动呈正比例变动的成本，如产品生产成本中的直接材料、直接人工，固定资产按工作量法计提的折旧费等均属于变动成本。其主要特点是：

（1）在一定时期和一定业务量范围内，变动成本总额随业务量的变动呈正比例变动；

（2）在一定时期和一定业务量范围内，单位变动成本不受业务量影响，固定不变。

【例 2－2】 某汽车生产企业，其某一型号汽车每辆需配置外购 A 零件一组，A 零件单价 600 元。假定该汽车的月产量分别达到 100 辆、200 辆、300 辆，则 A 零件的月总成本将随产量的增减而呈正比例变动，分别为 60 000 元、120 000元、180 000 元。但单位 A 零件的成本不受业务量影响，仍然保持600元不变。

变动成本的特点如图 2－2 所示。

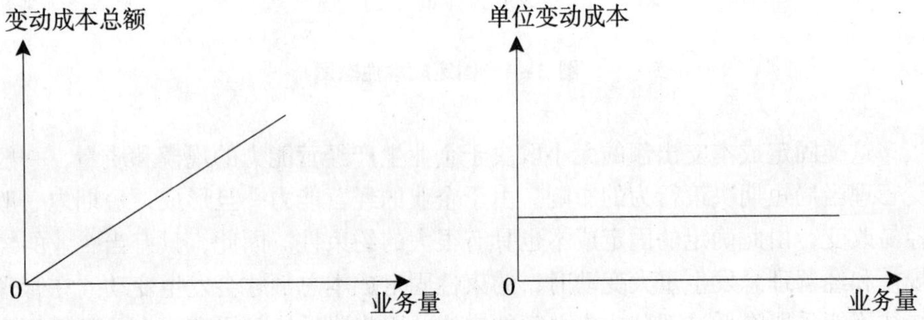

图 2－2 变动成本性态图

2. 变动成本的分类。变动成本按其发生原因可进一步分为技术性变动成本和酌量性变动成本。

(1) 技术性变动成本。技术性变动成本是指单位成本受客观因素决定，数额由技术因素决定的变动成本。这类成本与产量有明确的技术或实物关系，降低这类成本可以通过技术革命或提高劳动生产率等来实现。例如生产一台电脑必须配套一块主板，一个显示器，一个键盘，其成本是由设计技术决定的、与电脑产量呈正比例变动的技术性变动成本。

(2) 酌量性变动成本。酌量性变动成本是指单位成本不受客观因素决定，企业可以改变其数额的变动成本。这类成本的单位变动成本的发生额可通过企业管理决策行为改变，降低这类成本可以通过科学决策、合理控制开支以及优化劳动组合等来实现。例如在达到质量要求的情况下，企业可以采用价格水平不同的原材料，其原材料成本就属于酌量性变动成本。

(三) 混合成本

1. 混合成本的概念。混合成本是指介于固定成本与变动成本之间，其成本发生额随着业务量的变动而变动，但又不呈正比例变动的成本。

混合成本的特点是区别于固定成本和变动成本的，其发生额虽然受业务量变动的影响，但其变动幅度并不同业务量保持严格的比例关系。如设备维修费、机械动力费、检验人员工资、在一定初始量基础上的电话费等均属于混合成本。

2. 混合成本分类。混合成本按其变动趋势可进一步分为半固定成本、半变动成本、延期变动成本和曲线式混合成本四类。

（1）半固定成本。又称阶梯式的混合成本，它是指其总额会随产量呈阶梯式变动的成本。其特点是：在一定业务量范围内，其发生额是固定的；当业务量增长到一定程度时，其发生额跳跃式增加到一个新水平，并在新的业务量范围内保持不变，直到下一个新的跳跃发生。如受开工班次影响的动力费、设备修理费、化验人员及检验人员的工资等都属于该类成本。其成本性态如图 2－3 所示。

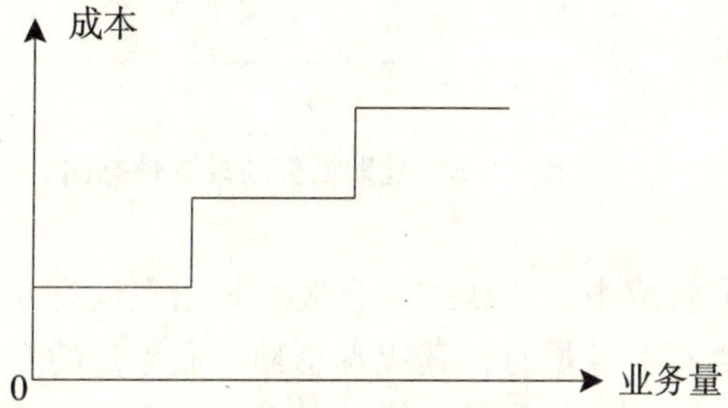

图 2－3　半固定成本性态图

（2）半变动成本。又称直线式混合成本，是指以一定初始量为基础的变动成本。其特点是：在没有业务量的情况下，仍发生一定的初始量；当有业务量时，其发生额与业务量呈正比例变化。如电费、水费、煤气费和电话费等。其成本性态如图 2－4 所示。

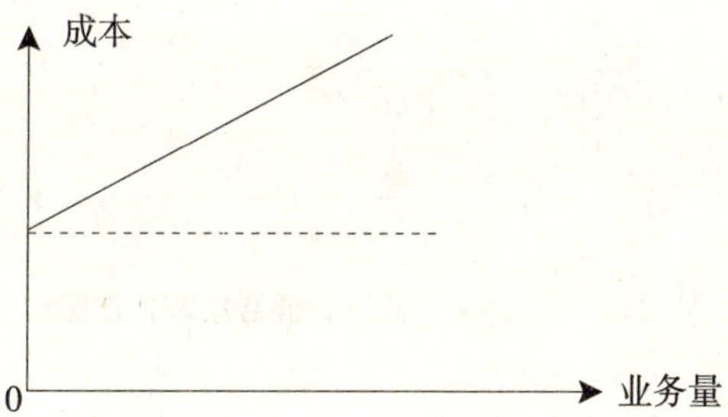

图 2－4　半变动成本性态图

（3）延期性变动成本。延期性变动成本是指在一定业务量范围内，其总额保持固定不变；但若突破该业务量限度，其超过部分则随业务量的增加呈正比例增长的成本。例如，在正常的工作时间里，企业支付给职工的工资是固定的，但如果超过了规定的工作时间，则需要按加班时间长短支付相应的加班工资。其成本性态如图 2-5 所示。

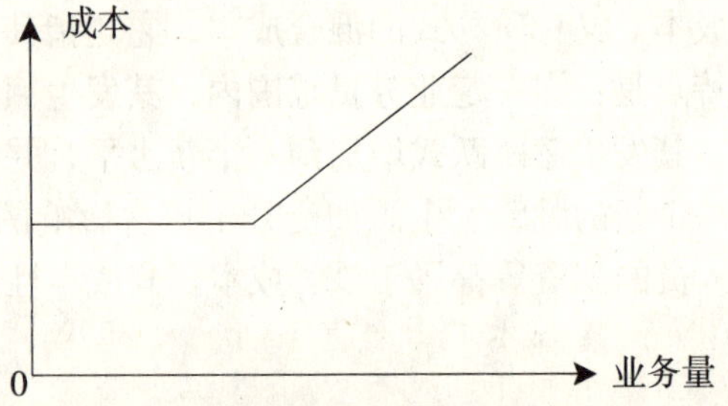

图 2-5　延期性变动成本性态图

（4）曲线式混合成本。曲线式混合成本是指在没有业务量的情况下，仍发生一定的初始量；当有业务量时，其成本总额随业务量的变化而变化的成本。这类成本在变化时，成本与业务量呈非线性的曲线关系。如热处理使用的电炉设备，每班需要加热，因预热而消耗的成本（初始量）属于固定成本性质。而预热后进行热处理的耗电成本，则随着业务量的增加呈现出抛物线上升的趋势。其成本性态如图 2-6 所示。

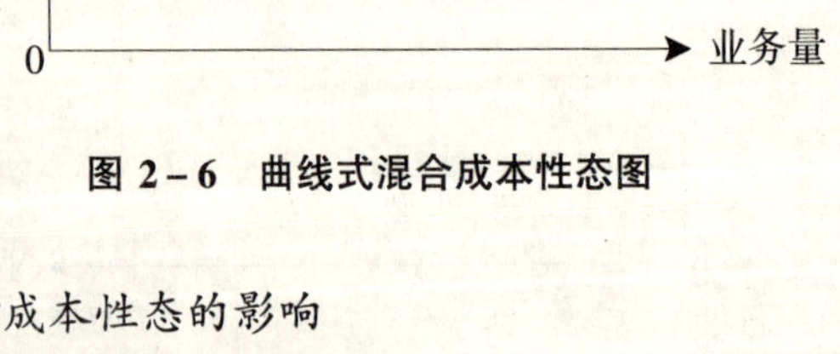

图 2-6　曲线式混合成本性态图

（四）相关范围对成本性态的影响

在管理会计中，把不会改变固定成本和变动成本性态的有关期间、业务量的特定变动范围称为相关范围。在相关范围内，固定成本总额固定不变，变动成本总额与业务量之间呈正比例变动的关系也保持不变；超过相关范围，成本的性态将会发生变化。相关范围是理解成本习性的一个重要概念。

1. 固定成本的相关范围。固定成本的相关范围有两方面的含义：一是固定成本总额的“固定性”是针对特定的期间而言的，从较长时期看，所有的成本都是可变的。因为随着时间的推移，企业生产能力的规模和质量都将发生变化，由此必然涉及厂房的扩建、设备的更新、管理人员的增减，从而引起折旧费、修理费以及工资等支出的改变。二是固定成本总额的“固定性”是针对特定的业务量水平而言的。这里的“业务量水平”一般是指企业现有的生产能力水平。因为业务量一旦超过这一水平，势必要增添设备、增加人员等，从而使折旧费、修理费等固定成本相应增加，其固定成本的固定性则不复存在。

假设某企业生产甲产品租入一台设备，月租金为 1 000 元，最大生产能力是 600 件。在一个月内，产量在 0 ~ 600 件这个相关范围内，业务量不管如何变化，这个月的租金固定不变，但超过相关范围“一个月”或“业务量 600 件”，租金则不再固定不变。譬如该企业拟增加甲产品的产量，计划生产 1 200 件，则必须租入 2 台设备，租金将提高到 2 000 元；再譬如，一个月租期期满后，由于某些原因续租，租金可能提高或降低，不再是 1 000 元。

2. 变动成本的相关范围。与固定成本类似，变动成本总额与业务量之间的依存关系，也存在着一定的相关范围。变动成本的相关范围通常是指在一定的业务量范围内，变动成本总额和业务量之间存在线性关系。一旦超出了一定的业务量范围，它们之间就可能表现出非线性关系，也就是说，单位变动成本并非在任何情况下都是一个常数。如某企业生产甲产品，在生产的最初阶段，由于工人技术不熟练，单位直接人工成本较高；随着时间的推移，直接人工成本降低至正常水平；但是产量继续增加，可能需要工人加班加点，这时直接人工成本又随着产量的增加而增加。由此可见，在不同时期、不同业务量水平下，变动成本与业务量之间有时呈正比例变动，有时呈非正比例变动，变动成本的相关范围就是指成本总额与业务量之间呈正比例关系的时间和业务量范围。

3. 相关范围的意义。由于固定成本和变动成本相关范围的存在，使得各项成本的性态具有相对性、暂时性和可转化性的特点。因此，不应该对成本性态做绝对的理解。

（1）成本性态的相对性是指在同一时期内，同一成本项目在不同企业之间可能具有不同的性态，因而不能盲目照抄别人现成的成本性态分析结论。

（2）成本性态的暂时性是指就同一企业而言，同一成本项目在不同时期可能有不同的性态。因此，企业必须根据变化的情况，经常进行成本性态分析，不能机械地把过去的分析结论看成一成不变。

(3) 成本性态的可转化性是指在同一时空条件下，某些成本项目可以在固定成本和变动成本之间进行转化。了解这一特性有助于灵活地分析成本性态。

第二节 成本性态分析

一、成本性态分析的意义

成本性态分析是指在成本性态分类的基础上，按照一定的程序和方法，将全部成本分解为固定成本和变动成本两大类，并建立成本性态分析模型的过程。成本性态分析模型通常用函数 $y = a + bx$ 来表示（其中，y 代表成本总额，a 代表固定成本总额，b 代表单位变动成本，x 代表业务量）。成本性态分析是管理会计的一项最基本的内容，通过成本性态分析，可以揭示成本与业务量之间的依存关系，从而为应用变动成本法提供前提；成本性态分析为企业进行本量利分析、预测分析、决策分析、全面预算、制定标准成本等奠定了基础。

二、成本性态分析的基本假设

进行成本性态分析是以一定的基本假设为前提的，成本性态分析的基本假设有：

1. 相关范围假设。相关范围的存在，使得成本性态具有暂时性，因此研究成本性态分析时，必须假定固定成本和变动成本总是处在相关范围内，即假定时间和业务量因素总是在不改变成本性态的范围内变动。

2. 一元线性假设。如何建立反映成本与业务量之间关系的数学函数是进行成本性态分析的关键。成本可能受多个业务量的影响，为简化分析，假定总成本可近似的用一元线性方程 $y = a + bx$ 来表示，即总成本等于固定成本总额加上变动成本总额。

三、成本性态分析的方法

成本性态分析的方法是指完成成本性态分析任务必须采取的技术手段。常用的成本性态分析的方法主要有技术测定法、直接分析法、历史资料分析法。

（一）技术测定法

技术测定法又称工程技术法，是指由工程技术人员利用某种技术经济方法测定工程企业正常生产过程中的投入产出关系，分析确定在实际业务量基础上其固定成本和变动成本水平的一种方法。采用该方法的关键，在于准确测定在一定生产技术和管理水平下，影响投入产出规律性联系的各种消耗量标准。例如，生产一定数量产品所需耗用的各种原材料数量、机器小时或人工小时等，将这些数量标准乘以相应的单位价格，即得到标准成本。

（二）直接分析法

直接分析法又称个别确认法，是指在事先已经掌握有关项目成本性态的基础上，在成本发生的当时对每项成本的具体性态进行直接分析，使其分别归属于变动成本或固定成本的一种方法。

（三）历史资料分析法

历史资料分析法是指在占有若干期相关的成本（y）和业务量（x）历史资料的基础上，运用一定数学方法对其进行数据处理，从而确定常数 a 和 b 的数值，以便完成成本性态分析任务，并在此基础上估算未来成本的一种定量分析方法。历史资料分析法主要有：

1. 高低点法。高低点法是根据过去一定期间的成本与相应业务量资料，从中选出最高点业务量和最低点业务量所对应的两点坐标，并据此来推断固定成本总额和单位变动成本的一种成本性态分析方法。其基本原理是运用成本性态模型 $y = a + bx$，以某一期间最高业务量（即高点）的混合成本和最低业务量（即低点）的混合成本的差额，除以最高业务量和最低业务量的差额，确定出单位变动成本，进而分别确定出混合成本中的变动成本总额和混合成本总额。

高低点法的具体步骤如下：

（1）确定高低点坐标。根据特定期间的成本和业务量资料，以最高点、最低点业务量为准，确定出最高点（x_1，y_1）和最低点（x_2，y_2）。

（2）计算单位变动成本 b

$$b = \frac{y_1 - y_2}{x_1 - x_2}$$

（3）计算固定成本 a。将高点或者低点坐标值和 b 值代入成本方程 $y = a + bx$，则得到：

$$a = y_1 - bx_1$$

或：

$$a = y_2 - bx_2$$

（4）将 a，b 值代入成本方程 $y = a + bx$，建立成本性态模型。

【例 2－3】 某工厂 2005 年下半年某项混合成本资料如表 2－1 所示，要求运用高低点法进行成本性态分析，建立成本性态模型。

（1）根据已知资料分别确定最高和最低业务量所对应的坐标，即点（1 200，2 900）和点（600，1 700）。

表 2-1　　混合成本资料表

月　份	业务量（件）	业务量（件）
1	600	1 700
2	800	2 050
3	900	2 260
4	800	2 180
5	1 000	2 400
6	1 200	2 900

（2）单位变动成本 $b = \frac{2\,900 - 1\,700}{1\,200 - 600} = 2$（元）

（3）固定成本 $a = 2\,900 - 1\,200 \times 2 = 500$（元）

或者 $a = 1\,700 - 2 \times 600 = 500$（元）

（4）混合成本性态模型为：$y = 500 + 2x$

需要指出的是，通过高低点法所确定的成本性态方程只适用于相关范围内的情况；选择高低点坐标应以业务量的高低为标准，而不是按混合成本的高低来选择；当最高业务量或最低业务量不止一个而成本又不相同时，按高低点法的原理，高点取最高业务量所对应的成本最大者，低点取最低业务量所对应的成本最小者。

高低点法的优点在于操作简单，易于理解。但由于该法只选择诸多历史数据中的高低两组数据，使得据此建立起来的成本性态模型可能不具有代表性，容易产生计算误差。因此，这种方法只适用于混合成本变动趋势比较平缓的企业。

2. 散布图法。散布图法是指将若干期业务量和成本的历史资料标注在坐标纸上，绘出各期成本点散布图，通过目测画一条尽可能接近所有坐标点的直线，并据此来推算固定成本和单位变动成本的一种成本性态分析方法。

散布图法的具体步骤如下：

（1）建立直角坐标系，以横轴代表业务量 x，以纵轴代表混合成本 y。

（2）根据各期业务量和相应混合成本的历史资料逐一在坐标图中描点。

（3）通过目测画一条直线，使其尽可能通过或接近所有坐标点，该直线就是近似反映混合成本变动趋势的直线。

（4）该直线与纵轴交点即为固定成本总额 a；在直线上任取一点 M（x_0，y_0），将该点坐标值代入成本方程，求得单位变动成本 b，即：

$$b = \frac{y_0 - a}{x_0}$$

(5) 将 a，b 值代入成本方程，得出成本性态模型：$y = a + bx$

【例 2-4】 根据【例 2-3】所提供的资料，运用散布图法进行成本性态分析，建立成本性态模型。

根据 6 个月的历史成本资料，在坐标图上标出 6 个成本点，如图 2-7 所示；通过目测，画一条直线，使其尽可能通过或接近所有坐标点；读出直线截距 a 为 550；图中直线斜率即半变动成本 b，可用公式计算，在直线上任取一点（600，1 700），则：

$$b = \frac{1\,700 - 550}{600} \approx 1.92$$

混合成本性态模型为：$y = 550 + 1.92x$

散布图法的优点在于简便易懂，能够全面考虑已知的历史成本资料，但通过目测画出的反映成本平均变动趋势的直线往往因人而异，带有一定程度的主观性，容易造成误差。

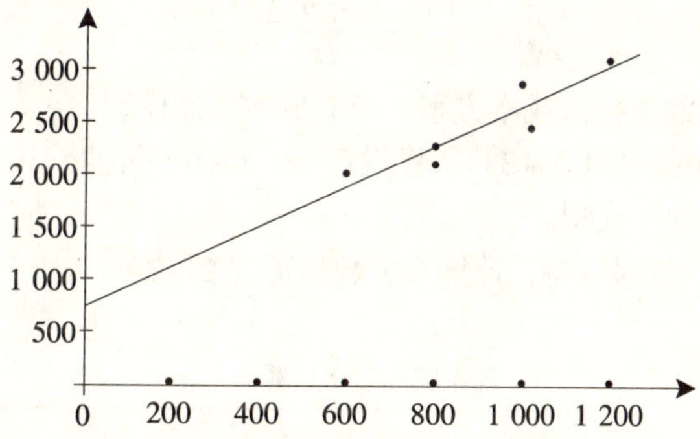

图 2-7 散布图

3. 一元直线回归法。一元直线回归法是指根据一定期间业务量与相应混合成本之间的历史资料，利用微分极值原理计算出最能反映业务量与成本之间关系的回归直线，据此来推算固定成本和单位变动成本的一种成本性态分析方法。它是在反映业务量与成本之间关系的所有直线中，确定一条所有已知观测值到直线距离误差平方和最小的直线——回归直线，故又称最小平方法。直线回归法较为准确，可适用于成本增减变动趋势较大的企业。

一元直线回归法的具体步骤如下：

(1) 根据历史资料，计算 n、$\sum x$、$\sum y$、$\sum xy$、$\sum x^2$、$\sum y^2$。

(2) 计算相关系数 r，判断业务量 x 与混合成本 y 之间的线性关系。

相关系数 r 的取值范围一般在 -1 至 +1 之间。当 $r=-1$ 时，说明 x 与 y 之间完全负相关；当 $r=0$ 时，说明 x 与 y 之间不存在线性关系；当 $r=+1$ 时，说明 x 与 y 之间完全正相关。一般说来，当 $r \to +1$ 时，就说明 x 与 y 基本正相关，可以运用直线回归法进行成本性态分析。

r 的计算公式如下：

$$r = \frac{n\sum xy - \sum x\sum y}{\sqrt{[n\sum x^2 - (\sum x)^2][n\sum y^2 - (\sum y)^2]}}$$

(3) 根据微分极值原理，计算回归直线方程中 a 和 b 的值。a 和 b 的计算公式如下：

$$b = \frac{(n\sum xy - \sum x\sum y)}{n\sum x^2 - (\sum x)^2}$$

$$a = \frac{(\sum y - b\sum x)}{n}$$

(4) 将 a 和 b 的值代入成本方程，建立成本性态模型：$y=a+bx$。

【例 2-5】 根据【例 2-3】所提供资料，运用一元直线回归法进行成本性态分析，建立成本性态模型。

根据表 2-1 的数据资料，计算有关数据见表 2-2：

表 2-2 **成本性态分析计算表**

月份	业务量 x（件）	混合成本 y（元）	xy	x^2	y^2
1	600	1 700	1 020 000	360 000	2 890 000
2	800	2 050	1 640 000	640 000	4 202 500
3	900	2 260	2 034 000	810 000	5 107 600
4	800	2 180	1 744 000	640 000	4 752 400
5	1 000	2 400	2 400 000	1 000 000	5 760 000
6	1 200	2 900	3 480 000	1 440 000	8 410 000
$n=6$	$\sum x = 5\ 300$	$\sum y = 13\ 490$	$\sum xy = 12\ 318\ 000$	$\sum x^2 = 4\ 890\ 000$	$\sum y^2 = 31\ 122\ 500$

相关系数 $r = \dfrac{6 \times 12\ 318\ 000 - 5\ 300 \times 13\ 490}{\sqrt{(6 \times 4\ 890\ 000 - 5\ 300^2)(6 \times 31\ 122\ 500 - 13\ 490^2)}} = 0.99$

因此，x 与 y 基本正相关。

所以，$b = \dfrac{6 \times 12\ 318\ 000 - 5\ 300 \times 13\ 490}{6 \times 489\ 000 - 5\ 300^2} = 1.9288$（元）

$a = \dfrac{13\ 490 - 1.9288 \times 5\ 300}{6} = 544.56$（元）

所以，成本性态模型为：$y = 544.56 + 1.9288x$

一元直线回归法使混合成本的分解建立在精确计算的基础上，因此结果较前两种方法准确，但是该法计算过程比较麻烦，适合会计电算化基础工作较好的企业。

四、成本性态分析的程序

成本性态分析的程序是指完成成本性态分析任务所经历的步骤，共有以下两种程序：

（一）单步骤分析程序

单步骤分析程序是将总成本一次直接分解为固定成本部分和变动成本部分，建立成本模型。在单步骤分析程序中，无需将总成本按成本性态分为固定成本、变动成本和混合成本，而是把总成本视做混合成本，采用一定方法直接将其分解为固定成本总额和变动成本总额两部分。

（二）多步骤分析程序

多步骤分析程序是将总成本先按成本性态分为固定成本、变动成本和混合成本，然后再将混合成本分解为固定成本、变动成本，最后分别把原固定成本和混合成本的固定部分相加，确定出固定成本总额；把原变动成本和混合成本的变动部分相加，确定出变动成本总额。这样最终建立总成本性态模型。总之，多步骤分析程序大致经过以下几个步骤：

1. 总成本（y）分为固定成本（a）、变动成本（bx）和混合成本（y_1）三部分。

2. 对总成本中的混合成本进行分解，建立混合成本性态模型 $y_1 = a_1 + b_1x$。

3. 将混合成本分解出来的固定成本、变动成本汇集于原固定成本部分和变动成本部分，建立总成本性态模型 $y = (a + a_1) + (b + b_1)x$。

【例 2－6】 某企业去年 12 个月中，最高产量和最低产量的生产总成本资料如表 2－3。

表 2-3　　生产总成本资料

项　目	最高点（10月）	最低点（3月）
产量（件）	75 000	50 000
生产总成本（元）	176 250	142 500

企业的生产总成本包括固定成本、变动成本和混合成本三类，该厂会计部门对最低点产量 50 000 件的生产成本进行了分析，各类成本构成情况如下：

$$\text{生产总成本 142 500 元}\begin{cases}\text{变动成本总额} & \text{50 000 元}\\ \text{固定成本总额} & \text{60 000 元}\\ \text{混合成本总额} & \text{32 500 元}\end{cases}$$

要求：采用高低点法将该企业的生产总成本进行性态分析。

解：1. 采用单步骤分析程序

直接用最高点业务量和最低点业务量对应的成本，建立成本模型。

最高点（75 000，176 250），最低点（50 000，142 500）

$$\frac{y-142\,500}{176\,250-142\,500}=\frac{x-50\,000}{75\,000-50\,000}$$

整理得：

$$y=75\,000+1.35x$$

2. 采用多步骤分析程序

(1) 根据 3 月份生产总成本的构成，计算 10 月份生产总成本的构成。

$$\text{单位变动成本 } b=\frac{\text{3 月份变动成本总额}}{\text{3 月份产量}}=\frac{50\,000}{50\,000}=1\text{（元）}$$

10 月变动成本总额 = 1 × 75 000 = 75 000（元）

10 月固定成本总额 = 3 月固定成本总额 = 60 000（元）

则：10 月份混合成本总额 = 176 250 − 75 000 − 60 000 = 41 250（元）

由此得：

$$\text{10 月生产总成本 176 250 元}\begin{cases}\text{变动成本总额} & \text{75 000 元}\\ \text{固定成本总额} & \text{60 000 元}\\ \text{混合成本总额} & \text{41 250 元}\end{cases}$$

(2) 采用高低点法对生产总成本中的混合成本进行性态分析。

最高点（75 000，41 250），最低点（50 000，32 500）

$$\frac{y-32\,500}{41\,250-32\,500}=\frac{x-50\,000}{75\,000-50\,000}$$

整理得：$y_1 = 15\,000 + 0.35x$

$$a_1 = 15\,000 \qquad b_1 = 0.35$$

(3) 建立生产总成本模型：$y = (a + a_1) + (b + b_1)x$

$$y = (a + a_1) + (b + b_1)x$$

$$y = (60\,000 + 15\,000) + (1 + 0.35)x$$

即：$y = 75\,000 + 1.35x$

在实际工作中进行成本性态分析时，可根据总体需要采用单步骤分析程序，也可以采用多步骤分析程序。

【复习思考题】

1. 什么是成本？管理会计与财务会计是如何表述的？
2. 什么是成本习性？成本按其习性如何分类？
3. 变动成本、固定成本和半变动成本的基本特征是什么？试分别举例说明。
4. 什么是成本性态分析？进行成本性态分析的意义是什么？
5. 半变动成本的分解有几种方法？分别说明它们的特点。
6. 降低各类成本的途径是什么？

高职 高专 财经类 系列教材

第三章

变动成本法

【内容提要】

本章是在成本性态分析的基础上，主要介绍变动成本法的概念、理论依据，变动成本法与传统的全部成本法的区别，变动成本法的利与弊等内容。它是以后学习本量利分析以及短期经营决策分析等的基础，是管理会计最基本的理论部分。

第一节 变动成本法概述

一、变动成本法的概念

变动成本法是管理会计采用的一种新的成本计算方法，之所以被称为新的成本计算方法，是相对于传统的制造成本法而言的。

制造成本法又称全部成本法、吸收成本法或完全成本法，它是将成本在按经济职能分类的前提下，确定产品成本构成的一种计算方法。在这种方法下，产品成本包括直接材料、直接人工和制造费用，其中制造费用包括变动性制造费用和固定性制造费用。这是传统的财务会计所采用的成本计算方法。

变动成本法又称直接成本法、边际成本法或部分成本法，它是以成本性态分析为基础，在成本计算过程中，只将变动生产成本，即直接材料、直接人工和变动制造费用作为当期完工产品成本和存货成本的成本项目构成内容，而将固定制造费用作为期间成本的构成内容，直接计入当期损益的一种成本计算方法。

变动成本法在 20 世纪 30 年代产生于美国，二战后，被广泛应用于美、日、西欧等国企业的内部管理，并逐步成为管理会计的一个重要组成部分。尽管变动成本法不符合会计准则的要求，不能用于编制对外财务报表，但它为成本的计划、预测、决策和控制提供相应的资料，便于加强对经济活动的事前规划和日常控制，因此已成为企业内部管理的一种重要方法。

二、变动成本法的理论依据

变动成本法改变了制造成本法中关于产品成本的构成内容，其理论依据为：

1. 变动生产成本是构成产品价值的直接基础。在变动成本法下，构成产品价值的，应该是在生产过程中发生的、直接与产品制造有联系的成本，这种成本随产量的变动而变动，只有变动生产成本才符合上述特征。

2. 固定生产成本是与会计期间密切相关的费用。固定性制造费用是企业为维持生产经营能力而发生的成本，其发生额与产品的实际生产没有直接的关系，在相关范围内，不会随产量的变动而变动，仅是连续会计期间发生的费用，并随着时间逐步损耗，其效益不应递延到下一个会计期间，而应在费用发生的当期全额列入损益表内，作为期间成本的构成内容。

第二节 变动成本法的特点

变动成本法的特点是与全部成本法相比较而言的，由于对固定性制造费用处理上的不一致，导致了两种方法有诸多差异，这些差异主要表现为以下五个方面：

1. 应用的前提不同。变动成本法首先要求进行成本性态分析，把全部成本划分为变动成本和固定成本两部分。其中，变动成本又可以进一步区分为变动生产成本和变动非生产成本，变动非生产成本包括变动性管理费用、变动性财务费用、变动性销售费用。固定成本包括固定生产成本和固定非生产成本，其中，固定生产成本就是固定性制造费用，固定非生产成本包括固定性管理费用、固定性财务费用和固定性销售费用。全部成本法是将全部成本按经济职能进行分类，分为制造成本和非制造成本，制造成本就是全部生产成本，非制造成本就是非生产成本。其各自的构成内容在第二章已有阐述。

2. 产品成本和期间成本的构成内容不同。变动成本法下，成本按性态分类，产品生产成本只包括变动生产成本，固定性制造费用作为期间成本，由当期损益来弥补；全部成本法下，成本按经济用途分类，产品成本中包括了全部生产成本，非生产成本列作期间成本。上述具体内容如表 3－1 所示。

表 3-1　　变动成本法和全部成本法内容构成的区别

区别的标志	变动成本法	全部成本法
成本分类标准	按成本性态分类	按经济职能分类
成本构成	变动成本： 变动生产成本：直接材料、直接人工、变动性制造费用 变动非生产成本：变动管理费用、变动销售费用、变动财务费用 固定成本（期间成本）： 固定生产成本——固定性制造费用 固定非生产成本：管理费用、销售费用、财务费用	生产成本：直接材料、直接人工、全部制造费用 期间费用：管理费用、销售费用、财务费用
产品成本构成	变动生产成本：直接材料、直接人工、变动性制造费用	生产成本：直接材料、直接人工、全部制造费用

【例 3-1】　某公司 2005 年 6 月仅生产一种丙产品，假定期初无存货，本期完工 10 000 件，销售量 8 000 件，单价 20 元。丙产品 6 月份成本资料如表 3-2 所示。要求采用变动成本法和全部成本法计算丙产品的单位成本。

表 3-2　　丙产品成本资料　　单位：元

项　目	金　额
直接材料	60 000
直接人工	40 000
制造费用：变动部分	20 000
固定部分	30 000
销售费用：变动部分	1 000
固定部分	8 000
管理费用：变动部分	2 000
固定部分	4 000
财务费用：变动部分	1 000
固定部分	3 000

解：根据上述资料，计算丙产品的单位成本如表 3 – 3。

表 3 – 3　　**丙产品单位成本计算表**　　单位：元

产品成本项目	全部成本法		变动成本法	
	总成本	单位成本	总成本	单位成本
直接材料	60 000	6	60 000	6
直接人工	40 000	4	40 000	4
变动制造费用	20 000	2	20 000	2
固定制造费用	30 000	3		
合　计	150 000	15	120 000	12

从表 3 – 3 可见，全部成本法下计算的单位产品成本为 15 元，变动成本法下计算的单位产品成本为 12 元，两者差额为 3 元。这 3 元的差额是因为全部成本法下计算的单位产品成本 15 元中包含单位产品负担的固定制造费用 3 元，而变动成本法下计算的单位产品成本 12 元不包含单位产品负担的固定制造费用 3 元。所以，单位产品成本构成的内容不同，即对固定制造费用的处理不同，直接影响到两种成本计算法中单位产品成本的高低。

3. 存货成本估价不同。变动成本法下产品成本只包括变动生产成本，不论是已销产品、在产品还是库存产成品，其成本项目构成中均不含固定性制造费用，因此存货成本按变动生产成本计价，其成本构成项目中不含固定性制造费用；按照全部成本法的计算原理，不论是已销产品、在产品还是库存产成品，其成本项目构成均包含一定份额的固定性制造费用，各会计期末的存货成本按全部成本计价。因此，变动成本法下的存货成本要低于全部成本法下的存货成本。

4. 损益确定方式不同。在变动成本法下，企业利润由贡献式损益表确定，税前利润的计算公式如下：

贡献毛益总额 = 销售收入总额 – 变动成本总额

税前利润 = 贡献毛益总额 – 固定成本总额

其中：变动成本总额 = 变动生产成本 + 变动非生产成本

固定成本总额 = 固定生产成本 + 固定非生产成本

全部成本法下，企业利润由传统职能式损益表反映，税前利润的计算公式如下：

销售毛利总额 = 销售收入总额 – 销售成本总额

税前利润 = 销售毛利总额 – 期间成本

其中：销售成本 = 期初存货成本 + 本期生产成本 − 期末存货成本

期间成本 = 管理费用 + 财务费用 + 销售费用

【例 3－2】 依据【例 3－1】的资料，采用变动成本法和全部成本法编制损益表，确定企业利润。

表 3－4 **两种成本计算法下损益计算表** 单位：元

全部成本法（职能式）			变动成本法（贡献式）		
项　目	金　额		项　目	金　额	
销售收入		160 000	销售收入		160 000
减：销售成本		120 000	减：变动成本		100 000
期初存货成本	0		变动生产成本	96 000	
本期生产成本	150 000		变动非生产成本	4 000	
减：期末存货成本	30 000		变动管理费用	2 000	
销售毛利总额		40 000	变动销售费用	1 000	
减：期间费用		19 000	变动财务费用	1 000	
管理费用	6 000		贡献毛益总额		60 000
销售费用	9 000		减：期间成本		45 000
财务费用	4 000		固定制造费用	30 000	
			固定管理费用	4 000	
			固定销售费用	8 000	
			固定财务费用	3 000	
税前净利		21 000	税前净利		15 000

由表 3－4 可见，按全部成本法计算的税前利润为 21 000 元，按变动成本法计算的税前利润为 15 000 元，两者的差额为 6 000 元。其差异形成的原因是：在全部成本法下，期末存货量 2 000 件中，每件负担了固定制造费用 3 元，共6 000 元，递延到了下一会计期间；而在变动成本法下，这 6 000 元的固定制造费用全部作为期间费用减掉了，所以利润少 60 000 元。

5. 若产销量不平衡时，两种成本计算法计算的分期损益也会不同。由于两种方法对固定制造费用是否计入产品成本的处理不同，使得两种方法下产品成本的构成不同，进而影响了期末存货的计价。变动成本法下，固定性制造费用全额作为期间成本，直接从当期销售收入中扣减。全部成本法下，固定性制造费用计入产品成本，从当期销售收入扣减的仅是已销产品成本中包含的固定性制造费用。这必然影响到分期损益的计算，主要表现在产销量不相等时，两种成本计算方法所确定的分期损益会有所不同。

(1) 生产量连续各期不变，销售量变动。

【例 3-3】 假设某企业只生产一种产品，2003 年、2004 年、2005 年各年的生产量（基于其正常生产能力）都是 7 000 件，而销售量分别为 7 000 件、6 000件、8 000 件，单位售价为 11 元。单位变动生产成本（包括直接材料、直接人工和变动性制造费用）为 6 元。在正常生产能力产量 7 000 件下，每年的固定性制造费用为 14 000 元，每件产品应分摊 2 元。销售与管理费用假设均为固定成本，每年发生额为 16 000 元。

根据上述资料，分别计算两种成本计算法下各年的税前利润。有关计算过程如表 3-5 所示。

表 3-5　　两种成本计算法下税前利润计算表　　单位：元

项　目	2003 年	2004 年	2005 年
变动成本法：			
销售收入	77 000	66 000	88 000
减：已销产品的变动成本	42 000	36 000	48 000
贡献毛益	35 000	30 000	40 000
减：固定成本			
固定性制造费用	14 000	14 000	14 000
固定性销售与管理费用	16 000	16 000	16 000
固定成本合计	30 000	30 000	30 000
税前利润	5 000	0	10 000
全部成本法：			
销售收入	77 000	66 000	88 000
减：已销产品的制造成本	56 000	48 000	64 000
其中：期初存货成本	0	0	8 000
本期产品生产成本	56 000	56 000	56 000
期末存货成本	0	8 000	0
销售毛利	21 000	18 000	24 000
减：固定销售与管理费用	16 000	16 000	16 000
税前利润	5 000	2 000	8 000

从表 3－5 可以发现，2003 年产品的产销量均为 7 000 件，根据两种成本计算方法确定的税前利润相等，都是 5 000 元；2004 年产品的生产量 7 000 件，销售量 6 000 件，生产量大于销售量 1 000 件，全部成本法确定的税前利润大于变动成本法确定的税前利润 2 000 元。税前利润产生差异的原因分析如下：全部成本计算法下，2004 年的期末存货 1 000 件，单位产品分摊的固定性制造费用为 2 元，这样期末存货共吸收了固定性制造费用 2 000 元，这使得 2004 年的销售成本降低了 2 000 元，当年的税前利润增加 2 000 元。而变动成本法下，该 2 000 元的固定性制造费用全部计入当期期间成本，从税前利润中扣除，因而，全部成本法的税前利润比变动成本法要多 2 000 元；2005 年产品的生产量为 7 000 件，销售量为 8 000 件，当期生产量小于销售量 1 000 件，全部成本法下的税前利润小于变动成本法下的税前利润 2 000 元，这一差异的产生主要由于全部成本法下，2004 年年末结存的 1 000 件的存货成本构成 2005 年产品销售成本的一部分，其中包含固定性制造费用 2 000 元，使得当年的产品销售成本增加 2 000 元，税前利润减少 2 000 元。而在变动成本法下，该 2 000 元固定性制造费用已计入 2004 年的期间成本，对 2005 年的税前利润不造成影响。所以，一定时期内产销量不相等，两种成本计算方法确定的税前利润会产生差异，但是从较长时期看，差异会相互抵消。

综上所述，在生产量连续各期不变，销售量变动的情况下，两种成本计算方法对分期损益的影响，可归纳为以下四点：

第一，若生产量等于销售量，即期初存货量等于期末存货量，两种成本法计算的税前利润是相等的。

第二，若生产量大于销售量，即期末存货量大于期初存货量，按全部成本法计算的税前利润大于按变动成本法计算的税前利润。

第三，若生产量小于销售量，即期末存货量小于期初存货量，按全部成本法计算的税前利润小于按变动成本法计算的税前利润。

第四，连续三年的总生产量与总销售量相等，两种成本法计算的税前利润合计数也相等。

（2）销售量连续各期不变，生产量变动。

【例 3－4】 假设某企业只生产一种产品，2003 年、2004 年、2005 年各年的销售量都是 8 000 件，而生产量分别为 8 000 件、10 000 件、6 000 件，每单位产品售价为 11 元。单位变动生产成本（包括直接材料、直接人工和变动性制造费用）为 6 元。每年的固定性制造费用为 24 000 元，销售与管理费用假设均为固定成本，每年发生额为 7 000 元。

根据上述资料，采用全部成本法计算时，每件产品应分摊的固定性制造费用2003年、2004年、2005年分别为3元、2.4元、4元。据此分别计算两种成本计算法下各年的税前利润，有关计算过程如表3－6所示。

表3－6　两种成本计算法下税前利润计算表　单位：元

项　目	2003年	2004年	2005年
变动成本法：			
销售收入	88 000	88 000	88 000
减：已销产品的变动成本	48 000	48 000	48 000
贡献毛益	40 000	40 000	40 000
减：固定成本：			
固定性制造费用	24 000	24 000	24 000
固定性销售与管理费用	7 000	7 000	7 000
固定成本合计	31 000	31 000	31 000
税前利润	9 000	9 000	9 000
全部成本法：			
销售收入	88 000	88 000	88 000
减：已销产品的制造成本	72 000	67 200	76 800
其中：期初存货成本	0	0	16 800
本期产品生产成本	72 000	84 000	60 000
期末存货成本	0	16 800	0
销售毛利	16 000	20 800	11 200
减：固定销售与管理费用	7 000	7 000	7 000
税前利润	9 000	13 800	4 200

如表3－6所示，2003年产品的产销量均为8 000件，根据两种成本计算方法确定的税前利润相等，都是9 000元；2004年产品的生产量10 000件，销售量为8 000件，当期生产量大于销售量2 000件，按全部成本法确定的税前利润大于变动成本法确定的税前利润4 800元；2005年产品的生产量为6 000件，销售量为8 000件，当期生产量小于销售量2 000件，全部成本法下的税前利润小于变动成本法下的税前利润4 800元。两种成本计算方法下，同一年度内产销量不相等时，税前利润产生差异的原因类比【例3－1】所述，主要是基于两种成

本计算方法对存货中包含的固定性制造费用 4 800 元（2 000×2.4）的处理不一致造成的。

另外，从表 3－6 可以看出，在变动成本法下，各年的税前利润是相等的，均为 9 000 元。这是由于在该方法下，各年的固定成本都作为当年的期间成本从税前利润中扣减，在本例中，连续三年的销售量相等，其产品销售收入也相等，包括产品的变动成本和固定成本在内的全年总成本也没有变动，因而，所确定的各年的税前利润是相等的。全部成本法下，虽然各年的产品销售收入相等，但各年税前利润却不一致。这是因为，2004 年生产量大于销售量 2 000 件，期末盘存的存货 2 000 件吸收了固定性制造费用 4 800 元，因而与 2003 年相比，当年产品销售成本减少 4 800 元，税前利润增加 4 800 元；2005 年则相反，产品的生产量小于销售量 2 000 件，期初存货包含的固定性制造费用 4 800 元转作当年的销售成本，所以与 2003 年相比，当年产品销售成本增加 4 800 元，税前利润减少 4 800元。

综上所述，在销售量连续各期不变，生产量变动的情况下，两种成本计算方法对分期损益的影响，表现为以下四点：

第一，在变动成本法下，若销量前后各期相等，则各期税前利润必然相等。

第二，若生产量等于销售量，且无期初存货与期末存货的影响，两种成本法计算的税前利润相等。

第三，若生产量大于销售量，按全部成本法计算的税前利润大于按变动成本法计算的税前利润。

第四，若生产量小于销售量，按全部成本法计算的税前利润小于按变动成本法计算的税前利润。

结合【例 3－3】和【例 3－4】，根据以上比较分析可以看出，只要不存在成本结转的影响，对由于销售量、生产量变化所引起的两种成本计算法下期末存货变化和税前利润变化的关系，可归纳如下：

第一，若无期初存货，只要存在期末存货，全部成本法计算的税前利润大于变动成本法计算的税前利润。

第二，若有期初存货，只要期末存货大于期初存货，全部成本法计算的税前利润大于变动成本法计算的税前利润。

第三，若有期初存货，只要期末存货小于期初存货，全部成本法计算的税前利润小于变动成本法计算的税前利润。

第四，若期初存货与期末存货相等，两种成本计算法计算的税前利润是相等的。

在同一会计期间，两种成本计算法计算的税前利润的差额主要是由固定性制造费用引起的，用公式表示为：

$$\text{差额}=\left(\text{期末存货量}\times\text{期末存货中的单位固定制造费用}\right)-\left(\text{期初存存量}\times\text{期初存货中的单位固定制造费用}\right)$$

第三节　变动成本法的利弊

一、变动成本法的优点

变动成本法将固定制造费用作为期间成本来处理，改变了传统成本观点下的产品成本的构成，变动成本法具有以下优点：

1. 符合“收入与费用相配比”的会计原则。固定性制造费用是维持企业生产经营能力的成本，它与生产经营期间密切相关。所以，在变动成本法下，将固定性制造费用列作期间成本，这符合“收益与费用相配比”的原则，也体现了权责发生制的记账基础。

2. 有利于企业的短期经营决策。变动成本法揭示了成本、业务量、利润之间的依存关系，反映了企业各种产品的盈利能力和经营风险，因而为企业管理当局提供了最有用的管理信息，以便为预测前景、参与决策和规划未来服务，这些都有利于企业的短期经营决策。

3. 便于进行成本控制与业绩评价。变动成本与固定成本具有不同的成本性态，变动成本的高低可以反映出生产部门和原料供应部门的工作业绩；但大多数固定成本的发生通常由企业管理部门控制。因此，变动成本法有利于分清各部门的责任，进行成本控制与业绩评价。

4. 促使管理部门重视销售环节，防止盲目生产。变动成本法将利润与销售直接挂钩，实现了二者的同向变动，这就排除了产量对利润的影响，从而克服了管理部门轻销售重生产的偏向，促使管理部门以销定产，努力开拓销售渠道。

5. 简化成本核算工作。变动成本法将包括固定性制造费用在内的固定成本都直接列作当期损益，直接从贡献毛益中扣减，这就减少了产品成本的分配工作，也避免了费用分配过程中的主观随意性。

二、变动成本法的缺点

变动成本法具有的上述优点，虽然加强了企业内部的经营管理，但仍具有一些缺点，具体表现为以下几个方面：

1. 不符合传统成本概念的要求。传统成本认为产品成本是生产产品或提供劳务过程中所发生的所有耗费，所以，传统的产品成本既包括变动生产成本，也包括固定生产成本（即固定性制造费用）。而变动成本法下，产品成本不包括固定生产成本。

2. 不能适应长期决策和定价决策的需要。从长期看，由于产品结构、通货膨胀等因素的影响，固定成本总额可能会突破“相关范围”，发生变化，而且，在较长时期内，单位变动生产成本和售价也会发生变化。因此，变动成本法不能全面反映产品生产的所有耗费，不能适应长期决策和定价决策的需要。

3. 变动成本法计算会影响有关各方面的利益。按照贡献式损益表，固定性制造费用计入当期损益，由当期税前利润来弥补。当期末存货增加时，在收入既定的情况下，税前利润要多扣减当期固定性制造费用，这使得企业税前利润减少，直接影响有关各方（如投资者、债权人、政府财税部门等）的利益。

4. 变动成本法计算不适用新制造环境的要求。在新制造环境下，现代化生产是技术密集型和高度自动化的生产，制造费用在成本构成中的比重逐步增大是一种趋势。同时，由多技能的工人进行自动化生产操作，也使得人工成本大多转化为固定成本。因此，在上述情况下，进行变动成本计算将无法反映产品生产耗费的全貌。

综上所述，变动成本法与全部成本法各有利弊，具有各自的适用性和局限性，目前两者可以相互结合，相互补充，但不可以相互代替。

【复习思考题】

1. 变动成本法和全部成本法的主要区别是什么？

2. 试举例说明，为什么在产销平衡的情况下，两种成本计算法所确定的税前利润相等？

3. 在一定期间内，当生产量大于销售量时，采用哪种成本计算法能得到较高的税前利润，为什么？

4. 在一定期间内，当生产量小于销售量时，采用哪种成本计算法能得到较高的税前利润，为什么？

5. 试述变动成本法的优点和局限性。

第四章

本量利分析

【内容提要】

本章主要介绍本量利分析的基本模型、本量利分析的具体应用及影响因素。本量利分析是研究企业在一定期间内成本、业务量和利润之间关系的一种分析方法，其内容包括保本分析和保利分析。由本量利分析引出贡献毛益、贡献毛益率、保本点、安全边际、安全边际率、保本作业率、保利点、利润敏感性分析等重要内容。

第一节　本量利分析概述

一、本量利分析的意义

本量利分析是对成本、业务量与利润之间的关系进行分析的简称（即 CVP 分析），它是指在成本性态分析和变动成本法的基础上，以数学化的模型与图式来揭示成本、销量、利润等变量之间的内在规律性，为会计预测、决策和规划提供必要的财务信息的一种定量分析方法，又称量本利分析。它具体包括保本分析和保利分析两部分内容。

这一分析方法是在人们认识到成本可以也应该按成本性态进行划分的基础上发展起来的，它是具体研究成本、价格、销量和利润等变量之间的内在规律性联系，为企业的预测、决策、规划和控制诸方面提供必要的信息，是企业加强内部管理必要的手段。目前，本量利分析的应用无论在西方还是在我国都十分广泛。它与企业的经营风险分析相联系，可促使企业努力降低风险；也可以与预测相结合，进行保本预测、确保目标利润实现的业务量预测；还可以用于生产决策、定价决策和投资决策分析；并能为企业全面预算、成本控制和责任会计奠定坚实的理论基础。因此，本量利分析是管理会计的基础理论和方法。

二、本量利分析的假定条件

假设规定了科学理论应用的范围。因此，任何分析理论与方法都应该建立在一定的假设前提条件下才能成立，其内容才能严谨和完善。本量利分析也是建立在一定的基本假设条件基础上的。为了便于揭示成本、业务量及利润三者之间的数量关系，在管理会计中，对于本量利分析研究应用的基本假设通常有以下几个方面：

（一）成本性态分析假定

本量利分析是建立在成本按性态分类基础上的一种分析方法，即假定企业的所有成本均能按成本性态划分为变动成本和固定成本两部分，并且这一分解工作已经完成。

（二）相关范围及一元线性假定

假定在一定时期内，业务量总是在保持成本水平和价格水平不变所能允许的范围内变动，从而固定成本总额的不变性和单位变动成本的不变性在相关范围内能够得到保证，成本函数与销售收入函数均表现为直线方程。这一假定排除了在时间和业务量变动的情况下，各生产要素的价格、技术条件、工作效率和生产率以及市场条件变化的可能性。

（三）产销平衡及产品品种结构稳定假定

假定在单一产品生产的条件下，企业各期生产出来的产品总能在市场上找到销路，即能够实现产销平衡；对于多产品生产的企业，则假定在以价值形式表现的产销总量发生变化时，原来的各种产品的产销额在全部产品产销额中所占的比重是不变的。这种假定可以使分析人员能够把精力集中在价格、成本、业务量对营业利润的影响上。

（四）变动成本法假定

产品成本计算方法的确定是影响企业利润指标大小的重要因素。因此，在本量利分析中，假定产品成本是按变动成本法计算的，即产品成本只包括变动生产成本，而固定制造费用全部作为期间成本一次性从当期损益中扣除。

（五）营业利润的假定

利润是本量利分析所涉及的一个重要指标。在西方管理会计学本量利分析中的利润，通常是指“息税前利润”，在我国一般不用这个概念。考虑到营业利润与企业经营中所发生的成本、业务量的关系密切，无特殊说明外，在本量利分析中的利润因素总是指营业利润，假定营业外收支净额和投资净收益之和近似为零。因此，在本量利分析中，除有特殊说明外，利润指标总是指营业利润。

综观上述假定，可以对企业日常具体而复杂的经济业务，用简单的数学模型或图式来揭示成本、业务量和利润之间的规律性关系。这有助于初学者深刻理解本量利分析的原理。同时对我们实际应用本量利分析提出了更高的要求，那就是必须结合企业自身的实际情况，不能盲目照搬滥用，并克服本量利分析的局限性。因此，成本性态分析和相关范围假设是最基本的假设，是本量利分析的出发点；一元线性假设则是由相关范围假设派生出来的，也是相关范围假设的延伸和具体化；产销平衡假设与品种结构不变假设是对一元线性假设的进一步补充，同时，品种结构不变假设又是产销平衡假设的前提条件。

三、本量利分析的模型

（一）本量利分析的基本方程式

本量利分析中所考虑的因素主要包括固定成本（a）、单位变动成本（b）、销量（x）和单价（p）。依据上述因素之间的关系，即可建立本量利分析的基本方程式：

$$\begin{aligned}\text{利润} &= \text{销售收入} - \text{总成本}\\ &= \text{销售收入} - \text{变动成本} - \text{固定成本}\end{aligned}$$

这一基本方程式又称为本量利分析的基本模型，或本量利分析的基本原理。其中，营业利润是指未扣除所得税的营业利润，下面从企业生产条件的不同情况介绍其基本方程式。

1.单一产品生产条件下。若企业只生产单一产品，上述方程式可以具体变换为：

$$\begin{aligned}\text{利润} &= \text{单价} \times \text{销量} - \text{单位变动成本} \times \text{销量} - \text{固定成本}\\ &= （\text{单价} - \text{单位变动成本}） \times \text{销量} - \text{固定成本}\end{aligned}$$

即

$$\begin{aligned}I &= px - bx - a\\ &= (p - b)x - a\end{aligned}$$

在这一方程式中，通常假定单价、单位变动成本和固定成本为常数，而销量为自变量，营业利润为因变量，营业利润用 I 表示。

【例4-1】 某企业生产一种产品，单价为16元，单位变动成本为14元，本月计划销售3 000件，固定成本为3 000元，预计利润是多少？

解：利润 = 单价 × 销量 − 单位变动成本 × 销量 − 固定成本

$= 16 \times 3\,000 - 14 \times 3\,000 - 3\,000$

$=3\ 000$（元）

2. 多产品生产条件下。若企业同时生产多种产品，本量利分析的基本方程式变换为：

利润=销售收入总额−变动成本总额−固定成本

$$I=\sum(px)-\sum(bx)-a$$

$$=\sum[(p-b)x]-a$$

【例4-2】 某企业同时生产甲、乙、丙三种产品，其销量分别为100公斤、200件、100台，其他资料见表4-1，计算出该企业的预计利润。

表4-1　　产品有关资料表

产品名称	单价（元）	单位变动成本（元）	固定成本（元）	销量
甲	200	120		100公斤
乙	150	75		200件
丙	500	200		100台
合计			31 800	

$$\begin{aligned}利润&=(200\times100+150\times200+500\times100)\\&\quad-(120\times100+75\times200+200\times100)-31\ 800\\&=21\ 200（元）\end{aligned}$$

在多产品生产条件下，除了可用以上公式进行本量利分析外，还可以采用联合单位法。联合单位是指按一定实物量比例构成一组产品，可以用它来统一计量多品种企业的业务量。

利润=联合单价×联合销量−联合单位变动成本×联合销量−固定成本

=（联合单价−联合单位变动成本）×联合销量−固定成本

根据【例4-2】资料解：

以上三种产品的实物量比例为1∶2∶1。我们把1个甲产品、2个乙产品和1个丙产品构成一组产品，称为1个联合单位。企业的总销量为100组，即联合销量为100个联合单位，它是各种产品实物数量的最大公约数。

联合单位构成$=\frac{100}{100}:\frac{200}{100}:\frac{100}{100}=1:2:1$

联合销量=100（联合单位）

联合单价$=200\times1+150\times2+500\times1=1\ 000$（元）

联合单位变动成本 = 120 × 1 + 75 × 2 + 200 × 1 = 470（元）

利润 = （1 000 − 470） × 100 − 31 800 = 21 200（元）

（二）贡献毛益方程式

1. 贡献毛益。贡献毛益又称边际贡献、贡献边际，它是指销售收入减去变动成本后的差额，是一项反映企业创利能力的指标。具体又可分为单位贡献毛益、产品贡献毛益和贡献毛益总额三种形式。

单位贡献毛益（C）是指某一产品的销售单价减去该产品的单位变动成本后的差额，其含义是每销售一件产品的盈利能力，即一件产品作出的贡献能使固定成本得到补偿的数额。用公式表示为：

单位贡献毛益 = 单价 − 单位变动成本

即

$$C = p - b$$

产品贡献毛益（C_x）是指企业在一定时期内销售一定量的某种产品所提供的贡献毛益，即该产品的销售收入减去相应的变动成本后的差额。它表示在一定时期内该产品作出的贡献或创利额。用公式表示为：

产品贡献毛益 = （单价 − 单位变动成本） × 销量

即

$$C_x = (p - b)x$$

贡献毛益总额（C_M）是指在企业同时生产多种产品时，其在一定时期内全部产品的销售收入总额减去相应的变动成本总额后的差额，其含义是企业在一定时期内产销的全部产品为企业营业利润作出的贡献，即创利额的多少。用公式表示为：

贡献毛益总额 = 销售收入总额 − 变动成本总额

= ∑（单位贡献毛益 × 销量）

即

$$C_M = \sum (p - b)x$$

【例 4 − 3】 资料同【例 4 − 2】，求各种产品的贡献毛益及贡献毛益总额。

解：甲产品的贡献毛益 = （200 − 120） × 100 = 8 000（元）

乙产品的贡献毛益 = （150 − 75） × 200 = 15 000（元）

丙产品的贡献毛益 = （500 − 200） × 100 = 30 000（元）

贡献毛益总额 = 8 000 + 15 000 + 30 000 = 53 000（元）

对于生产多种产品的企业，贡献毛益总额的计算也可用联合单位法。

联合单位贡献毛益 = 联合单价 − 联合单位变动成本

贡献毛益总额 = 联合单位贡献毛益 × 联合销量

根据【例 4 − 2】的资料可求得：

联合单位贡献毛益 = 1 000 − 470 = 530（元）

贡献毛益总额 = 530 × 100 = 53 000（元）

2. 贡献毛益率。贡献毛益率是指企业在一定时期内取得的贡献毛益在其对应的销售收入中所占的比率。它表示每增加 1 元的销售额所能为企业提供的贡献毛益，是反映企业的产品为企业作出贡献大小程度的指标。贡献毛益率有产品贡献毛益率和综合贡献毛益率两种表现形式。

产品贡献毛益率是指企业某种产品的贡献毛益与其销售收入的比率，用 r 表示，它反映企业通过某种产品的产销来补偿固定成本的能力。用公式表示为：

$$\text{产品贡献毛益率} = \frac{\text{产品贡献毛益}}{\text{销售收入}} \times 100\%$$

即
$$r = \frac{(p-b)x}{px} \times 100\%$$
$$= \frac{p-b}{p} \times 100\%$$

综合贡献毛益率是指企业在同时生产多种产品时，贡献毛益总额与其销售收入总额的比率，用 R 表示。即：

$$\text{综合贡献毛益率} = \frac{\text{各种产品贡献毛益之和}}{\text{各种产品销售收入之和}} \times 100\%$$
$$= \sum(\text{某产品贡献毛益率} \times \text{该产品的销售比重}) \times 100\%$$

即
$$R = \sum(W_i \times r_i)$$

式中，r_i 为某种产品的贡献毛益率，W_i 为该种产品的销售比重。

由此可知，在各种产品贡献毛益率的基础上，以各种产品的销售比重为权数进行加权平均即可得到综合贡献毛益率。综合贡献毛益率的高低与产品的产销结构有直接关系，提高贡献毛益率大的产品的销售比重，降低贡献毛益率小的产品的销售比重，则会提高综合贡献毛益率；反之，则会降低综合贡献毛益率。

【例 4-4】 根据【例 4-2】和【例 4-3】的资料计算综合贡献毛益率。

表 4-2 **产品有关资料表** 单位：元

产品名称	单位	销量	单价	单位变动成本	贡献毛益
甲	公斤	100	200	120	8 000
乙	件	200	150	75	15 000
丙	台	100	500	200	30 000
合计					53 000

解：第一步，计算全部产品的销售总额。

全部产品的销售总额 = $\sum$（产品的单价 × 预计销量）

$= \sum (px)$

$= 200 \times 100 + 150 \times 200 + 500 \times 100 = 100\ 000$（元）

第二步，计算各种产品的销售比重（W_i）。

$$某种产品的销售比重（W_i）= \frac{某种产品的销售额}{销售总额}$$

$$W_{甲} = \frac{200 \times 100}{100\ 000} \times 100\% = 20\%$$

$$W_{乙} = \frac{150 \times 200}{100\ 000} \times 100\% = 30\%$$

$$W_{丙} = \frac{500 \times 100}{100\ 000} \times 100\% = 50\%$$

第三步，计算各种产品的贡献毛益率（r）。

$$r_{甲} = \frac{8\ 000}{200 \times 100} \times 100\% = 40\%$$

$$r_{乙} = \frac{15\ 000}{150 \times 100} \times 100\% = 50\%$$

$$r_{丙} = \frac{30\ 000}{500 \times 100} \times 100\% = 60\%$$

第四步，计算综合贡献毛益率。

$$R = 40\% \times 20\% + 50\% \times 30\% + 60\% \times 50\% = 53\%$$

3. 变动成本率。变动成本率是指变动成本占销售收入的比率。它表示每1元的销售收入所消耗的变动成本的份额，用公式表示为：

$$变动成本率 = \frac{变动成本}{销售收入} \times 100\%$$

【例4-5】 根据【例4-2】的资料计算变动成本率。

解：根据【例4-2】的资料计算有关指标如表4-3，然后计算其变动成本率。

表4-3 **产品有关资料表** 单位：元

产品名称	单价	单位变动成本	销量	贡献毛益率（%）	销售收入	变动成本总额
甲	200	120	100	40	20 000	12 000
乙	150	75	200	50	30 000	15 000
丙	500	200	100	60	50 000	20 000
合计				53	100 000	47 000

$$甲产品的变动成本率=\frac{12\ 000}{20\ 000}\times100\%=60\%$$

$$乙产品的变动成本率=\frac{15\ 000}{30\ 000}\times100\%=50\%$$

$$丙产品的变动成本率=\frac{20\ 000}{50\ 000}\times100\%=40\%$$

$$该企业变动成本率=\frac{47\ 000}{100\ 000}\times100\%=47\%$$

由上述计算可知，贡献毛益率与变动成本率有着密切的联系，无论是某一种产品的变动成本率，还是企业总的变动成本率，都与其对应的贡献毛益率之间存在着下列互补的等式关系：

$$贡献毛益率+变动成本率=1$$

这种互补关系表明：凡是变动成本率高的企业，其贡献毛益率必然低，其创利能力也低；反之，变动成本率低的企业，其贡献毛益率必然高，其创利能力也高。

4. 贡献毛益方程式。在本量利分析的基本模型中，引入贡献毛益的概念，可以得出本量利分析基本模型的另一种变换形式，即贡献毛益方程式。

(1) 企业在生产单一产品的情况下，成本、业务量与利润之间的关系可用方程式表示为：

$$\begin{aligned}利润&=产品贡献毛益-固定成本\\&=销售收入\times产品贡献毛益率-固定成本\\&=单位贡献毛益\times销量-固定成本\end{aligned}$$

即 $$I=pxr-a=(p-b)x-a$$

(2) 企业在同时生产多种产品时，由于不同产品计量单位不同，成本、业务量与利润之间的关系则必须用下列方程式表示：

$$\begin{aligned}利润&=贡献毛益总额-固定成本\\&=\sum(某产品销售收入\times该产品贡献毛益率)-固定成本\\&=销售收入总额\times综合贡献毛益率-固定成本\\&=联合单位贡献毛益\times联合销量-固定成本\end{aligned}$$

根据【例4-2】和【例4-4】的资料可得：

$$\begin{aligned}利润&=销售收入总额\times综合贡献毛益率-固定成本\\&=100\ 000\times53\%-31\ 800=21\ 200（元）\end{aligned}$$

或：$$\begin{aligned}利润&=联合单位贡献毛益\times联合销量-固定成本\\&=（1\ 000-470）\times100-31\ 800=21\ 200（元）\end{aligned}$$

从以上公式可看出，尽管贡献毛益不是企业的利润，但它与企业的利润有着密切关系。企业的贡献毛益首先用于补偿固定成本，补偿后若有剩余则为企业的利润；若不能补偿全部固定成本，则企业亏损；若贡献毛益总额正好等于固定成本总额，则企业不盈不亏。所以贡献毛益是一个反映产品为企业创利能力的指标，也是反映能为企业营业利润做多大贡献的指标。

第二节 保本分析

一、保本分析的意义

保本是指企业在一定时期内收支相等，即利润为零。保本分析又称均衡分析、盈亏临界点分析，它是专门研究当企业恰好处于不盈不亏时，成本与业务量之间存在的特殊关系的一种定量分析方法。它是本量利分析的一项重要内容。保本分析的关键是确定保本点。

保本点又称盈亏临界点、损益平衡点，它是指企业达到保本状态时的销售水平。保本状态时的销售水平是指企业收支相等、利润为零时的销售量或销售额。当超过这个销售水平时，企业则盈利；反之，企业则会发生亏损。所以保本点通常有两种表现形式：一是用实物量表示，称为保本量，即企业达到保本状态时的销售量；二是用金额表示，称为保本额，即企业达到保本状态时的销售额。

保本分析是企业在生产单一产品和生产多种产品条件下的本量利分析的应用，即用于研究企业处于保本状态下的本量利关系。确定保本点有助于管理人员认识产品销售水平与企业盈利之间的关系，并提供防止企业亏损应完成的极限业务量信息，当实际销售水平低于保本点时，企业处于亏损状态；企业要想获利，其实际销售水平必须超过保本点，而且超过保本点的销售水平越大，企业获利越多，从而为评价企业未来经营的安全程度，实现盈利创造条件。

二、保本点的测定

（一）单一产品生产条件下保本点的测定

企业在生产单一产品时，保本点可以用保本量和保本额两种形式表示。保本点的确定方法主要有公式法和图解法。

1. 公式法。公式法是在本量利分析基本模型的基础上计算保本点业务量或销售额的一种方法。保本量用 X_0 表示，保本额用 S_0 表示，根据保本点的定义可知：

$$利润=（单价-单位变动成本）\times 销量-固定成本=0$$

$$保本量 = \frac{固定成本}{单价 - 单位变动成本} = \frac{固定成本}{单位贡献毛益}$$

即 $X_0 = \frac{a}{p - b}$

$$保本额 = 单价 \times 保本量 = 单价 \times \frac{固定成本}{单位贡献毛益} = \frac{固定成本}{产品贡献毛益率}$$

即 $S_0 = pX_0 = \frac{a}{r}$

【例 4-6】 假定某企业只生产一种甲产品，预计该产品的单价为 12 元，单位变动成本为 9 元，产品贡献毛益率为 25%，年固定成本为 60 000 元，试测算该年度甲产品的保本点。

保本量 $X_0 = \frac{60\,000}{12 - 9} = 20\,000$（件）

保本额 $S_0 = 12 \times 20\,000 = 240\,000$（元）

或 $= 60\,000 \div 25\% = 240\,000$（元）

2. 图解法。图解法是通过在坐标图中绘制保本图来测定保本点的一种方法。其绘制方法是：以横轴表示销售量，纵轴表示金额，建立坐标系。在坐标系中，分别绘制销售收入线和总成本线。在正常情况下，两条线有一个交点 A，A 即为保本点。A 点的横坐标 X_0 表示保本点销量，A 点的纵坐标 S_0 表示保本点销售额。在坐标系中只要量出 S_0、X_0 的长度，并根据画图时的标尺的大小即可确定出其代表数。见图 4-1。

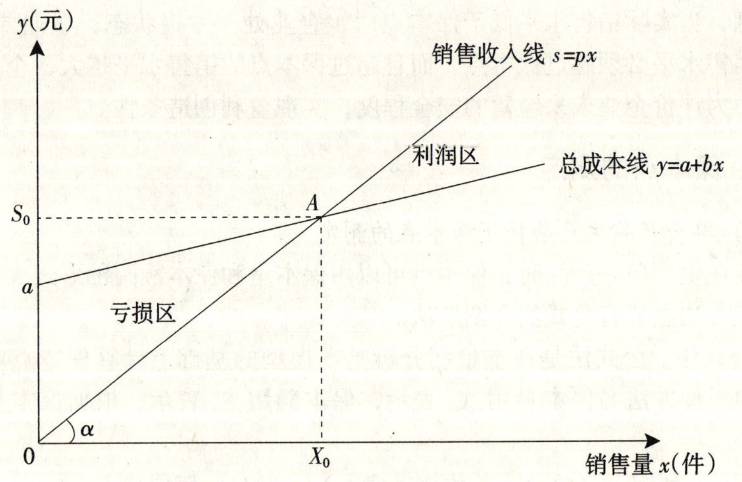

图 4-1 确定保本点的图解法

采用图解法的优点是较为形象直观，缺点是存在绘图误差，所测定的保本点不够精确。

（二）多种产品生产条件下保本点的测定

当企业同时生产多种产品时，由于不同产品的实物计量单位不同，其销量不能简单相加，其保本点不能用销量表示，而必须用销售额来表示。保本点的确定方法主要有贡献毛益法和联合单位法。

1. 贡献毛益法。贡献毛益法是指根据企业产品的综合贡献毛益率计算保本点的方法。企业在同时生产多种产品的条件下，达到保本状态时，有以下公式成立：

$$利润=销售收入总额\times综合贡献毛益率-固定成本=0$$

$$保本额=\frac{固定成本}{综合贡献毛益率}$$

即 $S_0=\frac{a}{R}$

【例4-7】 根据【例4-2】和【例4-4】的资料及结果可求得：

保本额 = 31 800 ÷ 53% = 60 000（元）

甲产品的保本额 = 60 000 × 20% = 12 000（元）

乙产品的保本额 = 60 000 × 30% = 18 000（元）

丙产品的保本额 = 60 000 × 50% = 30 000（元）

甲产品的保本量 = 12 000 ÷ 200 = 60（公斤）

乙产品的保本量 = 18 000 ÷ 150 = 120（件）

丙产品的保本量 = 30 000 ÷ 500 = 60（台）

2. 联合单位法。联合单位法是指在事先掌握多种产品之间客观存在的相对稳定的产销实物量比例的基础上，确定每一联合单位的单价和单位变动成本，从而进行多品种本量利分析的一种方法。企业在同时生产多种产品的条件下，达到保本状态时，有以下公式成立：

$$利润=（联合单价-联合单位变动成本）\times联合销量-固定成本=0$$

即 $$联合保本量=\frac{固定成本}{联合单价-联合单位变动成本}=\frac{固定成本}{联合单位贡献毛益}$$

以上公式中，联合单价等于一个联合单位的全部收入，联合单位变动成本等于一个联合单位的全部变动成本。在此基础上，还可以进一步确定每一种产品的保本量（额）。

$$某种产品的保本量=联合保本量\times该产品的产销比$$

【例4-8】 根据【例4-2】的资料，计算保本额。

解：联合保本量 = $\frac{31\ 800}{530}$ = 60（联合单位）

甲、乙、丙产品的实物数量比为 1:2:1

甲产品的保本量 = 60 × 1 = 60（公斤）

乙产品的保本量 = 60 × 2 = 120（件）

丙产品的保本量 = 60 × 1 = 60（台）

甲产品的保本额 = 60 × 200 = 12 000（元）

乙产品的保本额 = 120 × 150 = 18 000（元）

丙产品的保本额 = 60 × 500 = 30 000（元）

企业的保本额 = 12 000 + 18 000 + 30 000 = 60 000（元）

从以上两种方法可以看出，在企业生产多种产品的条件下，贡献毛益法和联合单位法都是认为企业将按既定的品种构成持续生产和销售，因而企业会存在比较稳定的综合贡献毛益率，尽管贡献毛益法和联合单位法在具体操作上有不同的侧重点，但却有着异曲同工之处。可见，企业应根据具体情况，选择适合本企业特点的方法进行多品种产品的保本分析。

三、各因素变动对保本点影响的分析

以上关于保本点的分析，不论是单一产品生产还是多种产品的生产，都是假定在相关范围内，即单价、单位变动成本、固定成本和产品产销结构等基本因素始终保持不变的情况下进行的。而在实际经营活动中，每个因素都会发生变动，所以事先了解有关因素的变动对保本点的影响，有助于为企业管理部门及时提供决策有用的信息，采取一切措施努力降低保本点，对企业避免亏损或增加盈利具有十分重要的意义。

根据以上保本点的分析可知单一产品的保本点为：

$$保本量 = \frac{固定成本}{单价 - 单位变动成本}$$

$$保本额 = \frac{固定成本}{产品贡献毛益率}$$

多种产品的保本点为：

$$保本额 = \frac{固定成本}{综合贡献毛益率}$$

从以上公式可看出，影响保本点的因素主要有单价、单位变动成本、固定成本和产品产销结构。

（一）单价对保本点的影响

从保本点的计算公式看出，在其他因素保持不变的情况下，若提高产品单价，会使单位贡献毛益和贡献毛益率上升，企业保本点则会相应降低；反之则会提高企业保本点。所以，单价与保本点呈反方向变化趋势。

【例 4-9】 某企业生产甲产品，预计单价 30 元，单位变动成本 25 元，固定成本总额 500 000 元。实际销售时，实际售价比预计提高了 10%，其他资料不变，比较保本点的变化。

$$\text{提价前的保本量 } X_0 = \frac{500\ 000}{30-25} = 100\ 000\text{（件）}$$

$$\text{提价后的保本量 } X'_0 = \frac{500}{30\ (1+10\%)\ -25} = 62\ 500\text{（件）}$$

由此看出，由于价格提高了 10%，而使保本点的销量在原来的基础上减少了 37 500 件。二者呈反方向变动。

（二）单位变动成本对保本点的影响

在其他因素保持不变的情况下，当单位变动成本上升时，会使单位贡献毛益和贡献毛益率下降，相应会提高保本点；反之则会降低保本点。所以，单位变动成本与保本点呈同方向变动。

根据【例 4-9】的资料，若价格和固定成本不变，只是由于企业提高了工作效率，从而使单位变动成本降低了 10%，比较其保本点的变化。

单位变动成本降低 10%后的保本点为：

$$X'_0 = \frac{500\ 000}{30-25\ (1-10\%)} \approx 66\ 667\text{（件）}$$

可见由于单位变动成本降低了 10%，使保本点销量比原来减少了 33 333 件。二者呈同方向变动。

（三）固定成本对保本点的影响

在其他因素保持不变的情况下，当固定成本提高时，相应会提高保本点；反之则会降低保本点。所以，固定成本与保本点也呈同方向变化趋势。

根据【例 4-9】的资料，若价格和单位变动成本不变，企业固定成本在原来基础上增加了 10%，比较其保本点的变化。

固定成本增加 10%后的保本量为：

$$X'_0 = \frac{500\ 000\ (1+10\%)}{30-25} = 110\ 000\text{（件）}$$

可见由于固定成本增加了 10%，使保本点销量比原来增加了 10 000 件，二者同时增加。

（四）产品产销结构变动对保本点的影响

当企业同时生产多种产品时，由于不同产品的盈利能力各不相同，因此产品产销结构的变化会直接影响到综合贡献毛益率的变化，进而对保本点产生影响。提高贡献毛益率大的产品的销售比重，会使综合贡献毛益率上升，相应会降低保本点；反之则会提高保本点。

【例 4－10】 根据【例 4－9】的资料，假定在其他因素不变的情况下，企业根据市场需求，使丙产品销量增加 200 台，比较保本点的变化。

解：根据【例 4－8】可知，企业原保本点销售额为 60 000 元。丙产品销量增加后有关计算如表 4－4：

表 4－4　　产品保本点计算表

产品名称	单位	单价（元）	销量	销售收入（元）	贡献毛益率（%）	销售比重（%）
甲	公斤	200	100	20 000	40	10
乙	件	150	200	30 000	50	15
丙	台	500	300	150 000	60	75
合计				200 000		100

$$\text{综合贡献毛益率 } R = 40\% \times 10\% + 50\% \times 15\% + 60\% \times 75\% = 56.5\%$$

$$\text{保本额 } S_0 = \frac{31\,800}{56.5\%} \approx 56\,283\text{（元）}$$

由此可知，本例中原保本额为 60 000 元，由于提高了贡献毛益率大的丙产品的销售比重，从而使保本额减少了 3 717 元。所以，对一个同时生产多种产品的企业来讲，为了提高盈利水平，必须综合考虑产、供、销等各方面的有关因素，及时调整品种结构，适当地增大贡献毛益率较高的产品的销售比重。

四、企业经营安全程度的分析

本量利分析中除了保本分析以外，还要进行企业经营安全程度的分析和风险分析，它与保本点密切相关。反映企业经营安全程度的指标有安全边际和安全边际率。

（一）安全边际

安全边际是用来衡量企业经营安全程度的指标，它有绝对数和相对数两种表现形式。

1. 绝对数形式。安全边际的绝对数形式是指企业实际或预计销售水平超过保本点销售水平的差额。该指标可以用实物量表示，称为安全边际量；也可以用金额表示，称为安全边际额。安全边际量是指企业实际（或预计）的销售量超过保本点销售量的差额；安全边际额是指企业实际（或预计）的销售额超过保本点销售额的差额。用公式表示为：

安全边际量 = 实际（或预计）销售量 − 保本量

安全边际额 = 实际（或预计）销售额 − 保本额

= 单价 × 安全边际量

安全边际量（额）的作用是用来评价企业经营安全程度的大小的。它们都是正指标，数值越大，企业经营安全程度越高，发生亏损的可能性越小；反之，企业经营安全程度越低，发生亏损的可能性越大。

【例 4 − 11】 某企业只产销一种产品，该产品的单价为 26 元，单位变动成本为 16 元，全年固定成本为 60 000 元，预计下年度销量达到 10 000 件。要求计算安全边际。

解：保本量 $X_0 = \frac{a}{p-b} = \frac{60\ 000}{26-16} = 6\ 000$（件）

安全边际量 = 10 000 − 6 000 = 4 000（件）

安全边际额 = 26 × 4 000 = 104 000（元）

2. 相对数形式。安全边际的相对数形式称为安全边际率，是指安全边际量（额）与实际或预计销售量（额）的比率。用公式表示为：

$$安全边际率 = \frac{安全边际量（额）}{实际或预计销售量（额）} \times 100\%$$

安全边际率作为相对指标，便于不同企业或不同行业之间的比较。它也是正指标，安全边际率越大，企业发生亏损的可能性越小，企业经营安全程度就越高；反之，企业经营安全程度就越小。西方一般用安全边际率来评价企业经营的安全程度，其评价标准见表 4 − 5。

表 4 − 5 安全边际率评价标准

安全边际率	40%以上	30% ~ 40%	20% ~ 30%	10% ~ 20%	10%以下
安全程度	很安全	安全	较安全	值得注意	危险

【例 4 − 12】 根据【例 4 − 11】的资料，可求得：

$$安全边际率 = \frac{4\ 000}{10\ 000} \times 100\% = 40\%$$

$$或 = \frac{104\ 000}{26 \times 10\ 000} \times 100\% = 40\%$$

由于该企业的安全边际率在40%以上，所以其下年度的经营是很安全的。

（二）保本作业率

企业经营的安全程度，除了用安全边际和安全边际率指标来评价以外，还可以用保本作业率来反映。保本作业率又称危险率，或称保本开工率，是指保本量（额）占正常或预计销售量（额）的比率。所谓正常销售量，是指在正常市场环境和企业正常开工情况下产品的销售数量，它是保本点临界值的另外一种表达形式。其计算公式为：

$$保本作业率=\frac{保本量（额）}{正常或预计销量（额）}\times 100\%$$

保本作业率是一个反指标，数值越小，说明企业经营的安全程度越高；反之，说明企业经营的安全程度越低。企业要想盈利，作业率必须达到保本作业率以上，否则就会出现亏损。当正常或预计销量（额）等于保本量（额）时，保本作业率等于100%，企业正好处于保本状态。目前，某些西方国家评价企业安全程度不用安全边际率，而是用保本作业率。

保本作业率是保本业务量在正常业务量中所占的比重。所以它可以反映企业保本状态下生产经营能力的利用程度，对企业的生产安排具有一定的指导意义。

（三）安全边际率与保本作业率的关系

从以上分析可知，正常的销售量（额）分为两部分：一是保本量（额），二是安全边际量（额）。即：

$$正常销售量（额）=保本量（额）+安全边际量（额）$$

将该公式两边同时除以正常的销售量（额），则得：

$$安全边际率+保本作业率=1$$

由此可知，安全边际率与保本作业率的关系是互补的，安全边际率高的企业，则其保本作业率会低；反之，安全边际率低的企业，则其保本作业率会高。

【例4-13】 根据【例4-11】的资料可知：

$$保本作业率=\frac{保本量}{正常或预计销量}\times 100\%$$

$$=\frac{6\ 000}{10\ 000}\times 100\%=60\%$$

$$保本作业率+安全边际率=40\%+60\%=1$$

这说明该企业达到保本点的作业率是60%，企业要想获得利润，作业率必须达到60%以上，否则就会出现亏损。

（四）安全边际与利润的关系

综上所述，只有安全边际才能为企业提供利润，而保本点的销量（额）只能为企业补偿固定成本，所以安全边际和利润之间存在着必然的联系，安全边际额减去其自身的变动成本后的差额即为企业的利润，即安全边际量中的贡献毛益等于企业利润。所以企业利润的计算可以借助安全边际这一概念。下面推导出它们之间的关系：

利润 = 贡献毛益 - 固定成本
　　= 销售收入 × 贡献毛益率 - 固定成本
　　= 销售收入 × 贡献毛益率 - 保本额 × 贡献毛益率
　　= （销售收入 - 保本额）× 贡献毛益率

所以　　利润 = 安全边际额 × 贡献毛益率　　(1)

据【例 4 - 11】可知：

$$利润 = 10\,400 \times \frac{26-16}{26} = 40\,000（元）$$

若企业只生产单一产品，其公式还可以进一步推导为：

利润 = 安全边际量 × 单位贡献毛益　　(2)

将公式（1）两边同除以销售收入，可得安全边际率与销售利润率的关系：

销售利润率 = 安全边际率 × 贡献毛益率　　(3)

根据【例 4 - 11】的资料，企业的利润为：

利润 = 安全边际量 × 单位贡献毛益
　　= 4 000 ×（26 - 16）= 40 000（元）

安全边际在以后的预测和决策分析中应用很广泛。从完整的意义上看，在一定时期内，如果企业不盈不亏、收支相等、利润为零、贡献毛益等于固定成本、安全边际为零、保本作业率等于 100%，则可以断定该企业一定处于保本状态。

（五）各因素变动对安全边际的影响

1. 单价单独变动的影响。由于单价变动会引起保本点向相反方向变动，因而在销售量既定的情况下，会使安全边际向同方向变动。即当单价提高时，保本点降低，安全边际指标增大；反之，保本点提高，安全边际指标减小，则企业的安全程度降低，企业向不利的方向发展。

2. 单位变动成本单独变动的影响。由于单位变动成本的变动会使保本点向同方向变动，因而在销售量既定的情况下，会使安全边际向反方向变动。即降低单位变动成本，保本点降低，安全边际指标会增大，则企业向有利的方向发展，企业经营的安全程度提高；反之，则企业经营的安全程度降低，企业向不利的方向发展。

3. 固定成本单独变动的影响。固定成本的变动对安全边际的影响同单位变动成本的影响一样。

4. 预计销售量单独变动的影响。预计销售量单独变动时，不会影响保本点，而会使安全边际向同方向变动。即提高销量，可以提高安全边际指标，使企业向有利的方向发展；反之，则降低安全边际指标，企业向不利的方向发展。

第三节 保利分析

一、保利分析的意义

保利分析又称实现目标利润分析，它是在保本分析的基础上，在单价和成本水平既定的情况下，对企业生产经营所做的进一步分析和研究，目的在于测定实现目标利润的途径。保本分析是在假定企业的利润为零这样一个特殊条件下进行的本量利分析，而保利分析是进一步研究企业在盈利条件下的本量利关系，它是保本分析的延伸和拓展。

在现代市场经济环境下，每个企业都是独立核算、自负盈亏的商品生产者和经营者，其最终目的不单是保本，更重要的是盈利，否则企业就无法发展，甚至影响企业未来的生存。所以企业只有在考虑盈利的情况下，才能充分揭示成本、业务量和利润之间的正常关系，以寻求实现目标利润的途径。保利分析的关键是确定保利点。

二、保利点的确定

所谓保利点是指在单价和成本水平既定的情况下，为确保目标利润能够实现而应达到的销售量和销售额的统称。为此，保利点也就是实现目标利润的销售水平，具体包括保利量和保利额两项指标。

1. 单一产品条件下。企业只生产单一产品时，保利点既可以用保利量表示，也可以用保利额表示，其计算公式为：

$$保利量 = \frac{固定成本 + 目标利润}{单价 - 单位变动成本} = \frac{固定成本 + 目标利润}{单位贡献毛益}$$

即

$$X_0 = \frac{a + I}{p - b}$$

$$保利额 = 单价 \times 保利量$$

$$= \frac{固定成本 + 目标利润}{产品贡献毛益率}$$

即

$$S_0 = \frac{a + I}{r}$$

【例 4-14】 某企业产销一种产品，单价为 50 元，单位变动成本为 30 元，固定成本为 50 000 元，若目标利润定为 30 000 元，求保利点。

解：$保利量 = \frac{30\ 000 + 50\ 000}{50 - 30} = 4\ 000$（件）

$保利额 = 50 \times 4\ 000 = 200\ 000$（元）

上述计算结果说明，该企业产品销售在补偿了固定成本后，需要 4 000 件的销售量才能保证实现目标利润 30 000 元。

2. 多产品条件下。企业同时生产多种产品时，保利点只能用销售额表示。其计算公式为：

$$保利额 = \frac{固定成本 + 目标利润}{综合贡献毛益率}$$

即

$$S_0 = \frac{a + I}{R}$$

【例 4-15】 假定某企业同时生产甲、乙、丙三种产品，其销售比重分别为 20%、30%、50%，目标利润为 50 000 元，固定成本为 20 000 元，综合贡献毛益率为 40%，计算保利点。

解：该企业的保利额为：

$S_0 = \frac{20\ 000 + 50\ 000}{40\%} = 175\ 000$（元）

甲产品的保利额 = 175 000 × 20% = 35 000（元）

乙产品的保利额 = 175 000 × 30% = 52 500（元）

丙产品的保利额 = 175 000 × 50% = 87 500（元）

三、保净利点的确定

保净利点又称实现目标净利润的业务量。它包括保净利量和保净利额。目标利润是指未扣除所得税前的利润。所得税费用对于实现利润的企业来讲，是一项必然的支出，目标净利润等于目标利润扣除所得税后的余额。所以，从税后利润的角度进行目标利润的分析，对企业更为适用。

1. 单一产品生产条件下。企业只生产单一产品时，保利点既可以用保净利量表示，也可以用保净利额表示，其计算公式为：

$$目标净利润 = 目标利润 \times （1 - 所得税税率）$$

$$保净利量 = \frac{固定成本 + \frac{目标净利润}{1 - 所得税税率}}{单价 - 单位变动成本} = \frac{固定成本 + \frac{目标净利润}{1 - 所得税税率}}{单位贡献毛益}$$

$$保净利额 = \frac{固定成本 + \frac{目标净利润}{1-所得税税率}}{产品贡献毛益率}$$

【例 4-16】 假设某企业目标净利润为 30 000 元，所得税税率为 33%，其他资料同【例 4-14】，计算保净利点。

$$保净利量 = \frac{50\,000 + \frac{30\,000}{1-33\%}}{50-30} \approx 4\,739（件）$$

$$保净利额 = 50 \times 4\,739 = 236\,950（元）$$

2. 多产品条件下。企业同时生产多种产品时，保净利点只能用销售额表示，其计算公式为：

$$保净利额 = \frac{固定成本 + \frac{目标净利润}{1-所得税税率}}{综合贡献毛益率}$$

四、各因素变动对保利点的影响

（一）单价变动对保利点的影响

在其他因素不变的情况下，单价与利润的变动是同方向的，但与保利点呈反方向变动。当单价提高时，会使单位贡献毛益和贡献毛益率上升，相应会降低保利点，使企业经营状况向好的方向发展；反之则会提高保利点。

【例 4-17】 某企业产销一种产品，该产品单价为 50 元，单位变动成本为 25 元，全年固定成本为 50 000 元，计划年度目标利润为 40 000 元，确定保利点。

解：$保利量 = \frac{50\,000 + 40\,000}{50-25} = 3\,600（件）$

即计划年度销售 3 600 件，则可实现目标利润 40 000 元。

若上例单价由 50 元降到 45 元，保利点为：

$$保利量 = \frac{50\,000 + 40\,000}{45-25} = 4\,500（件）$$

由此看出，由于单价降低了 5 元，而使保利量提高了 900 件，说明单价与保利点呈反方向变动。

（二）单位变动成本变动对保利点的影响

在其他因素不变的情况下，单位变动成本与利润的变动方向相反，但与保利点呈同方向变动。当降低单位变动成本时，会使单位贡献毛益和贡献毛益率上升，相应会降低保利点，使企业经营状况向好的方向发展；反之则会提高保利点。

若【例 4－17】中其他条件不变，单位变动成本由 25 元降为 20 元，则保利量为：

$$保利量=\frac{50\ 000+40\ 000}{50-20}=3\ 000（件）$$

可见，单位变动成本降低了 5 元，其保利量降低了 600 件，二者呈同方向变动。

(三) 固定成本变动对保利点的影响

固定成本的变动对保利点的影响同单位变动成本的影响一样。

若【例 4－17】中其他条件不变，固定成本减少了 10 000 元，则保利量为：

$$保利量=\frac{40\ 000+40\ 000}{50-25}=3\ 200（件）$$

可见，固定成本降低了 10 000 元，其保利量降低了 400 件，二者呈同方向变动。

(四) 所得税税率变动对保利点的影响

如果企业的目标利润确定为目标净利润，除了上述因素的变动影响保利点外，所得税税率的变动也会对其产生影响。在其他因素不变的情况下，所得税税率的变动与目标净利润的变动反方向，但与保利点呈同方向变动。当降低所得税税率时，会降低保利点；反之则会提高保利点。

根据【例 4－17】可知：

$$目标净利润=40\ 000\times（1-33\%）=26\ 800（元）$$

则所得税税率为 33%时，销量达到 3 600 件，即可实现目标净利润 26 800 元。

若其他条件不变，在所得税税率提高到 40%时，保利量为：

$$保净利量=\frac{50\ 000+\dfrac{26\ 800}{1-40\%}}{50-25}\approx 3\ 787（件）$$

可见，所得税税率提高了，其保净利量增加了 187 件，二者呈同方向变动。

五、利润敏感性分析

(一) 利润敏感性分析的意义

利润敏感性分析是研究制约利润的有关因素发生变动时，对利润所产生影响的一种定量分析方法。它是本量利分析的一项重要内容。进行利润敏感性分析，便于掌握利润对各因素变化的敏感程度的大小，使人们对各因素的重视程度有所区别，以便分清主次，抓住分析的重点，它对于以后进行利润预测分析，尤其是目标利润预测具有十分积极的指导意义。

利润敏感性分析的主要内容包括两个方面：一是研究与提供能引起目标发生质变，如由盈利转为亏损时各因素变化的界限，即临界值；二是各因素变化对利润变化影响的敏感程度分析。

（二）有关因素临界值的确定

从本量利分析中可知，影响利润的因素主要有：单价、单位变动成本、销量和固定成本。因素临界值是指计算出来的确保企业不亏损的各项因素的变动极限。具体是求达到保本点的销量和单价的最小允许值，以及单位变动成本和固定成本的最大允许值。如果超越了这些临界值，企业就会由盈利转为亏损，发生了质的变化。敏感性分析的目的就是确定能引起这种质变的各因素变化的临界值。因此，可以理解为如果目标利润变动率为－100%时，即企业处于保本状态，从而得出各因素临界值或极限变动率。

企业生产单一产品时，本量利关系的基本公式为：

$$I=(p-b)x-a$$

当 $I=0$ 时，即：$(p-b)x-a=0$ 时，便可求得各因素的盈亏临界值。

1. 单价的最小允许值 $p=\frac{a+bx}{x}$

2. 销量的最小允许值 $x=\frac{a}{p-b}$

3. 单位变动成本的最大允许值 $b=\frac{px-a}{x}$

4. 固定成本的最大允许值 $a=(p-b)x$

【例 4－18】 假定某企业生产一种产品，单价 2 元，单位变动成本 1.2 元，全年固定成本预计 40 000 元，销量预计 100 000 件，求各因素的临界值。

解：全年利润为：

$$I=100\,000\times(2-1.2)-40\,000=40\,000\text{（元）}$$

根据上述资料，即可求得各因素的临界值：

（1）单价的最小允许值为：

$$p=\frac{a+bx}{x}=\frac{100\,000\times1.2+40\,000}{100\,000}=1.6\text{（元）}$$

说明单价不能低于 1.6 元，否则企业就发生亏损。

（2）销量的最小允许值为：

$$x=\frac{a}{p-b}=\frac{40\,000}{2-1.6}=100\,000\text{（件）}$$

说明企业的销量最小不能小于 100 000 件，否则企业就发生亏损。

（3）单位变动成本的最大允许值

$$b = \frac{px - a}{x} = \frac{100\ 000 \times 2 - 40\ 000}{100\ 000} = 1.6\text{（元）}$$

说明单位变动成本最大不能超过 1.6 元，否则企业就发生亏损。

（4）固定成本的最大允许值为：

$$a = (p - b)x = (2 - 1.2) \times 100\ 000 = 80\ 000\text{（元）}$$

说明固定成本最大不能超过 80 000 元，否则企业就发生亏损。

（三）利润敏感性分析

1. 利润敏感性分析的假定条件。进行敏感性分析，通常以下列假设条件的存在为前提：

（1）四个因素假定。在现实经济生活中，任何一个相对重要的经济指标都不可避免地受到大量因素直接或间接的影响，为了简化利润敏感性分析的过程，必须假定制约利润指标的因素是有限的，而且都可以计量。即假定影响利润的因素只有单价、单位变动成本、固定成本和销量四个因素。

（2）各因素单独变动假定。各因素单独变动假定又称因素不相关假定，即假定影响利润的一个因素变动时，其他因素不变。在实际情况下，影响利润的诸多因素之间往往存在着相互制约的关系，为了正确反映各因素变动对利润的影响程度，还必须假定上述四个因素中任何一因素的变动均不会引起其他三项因素的变动。

（3）变动幅度相同假定。在实际经济生活中，影响利润的各因素变动的概率和幅度是不同的，即有的因素经常变动，有的因素偶尔变动；有的因素变动幅度大，有的因素变动幅度小。这样各因素变动对利润的影响程度的大小缺乏可比性，所以进行敏感性分析还必须假定各因素单独变动的概率和幅度相同。

2. 利润敏感系数。在影响利润的因素单价、单位变动成本、销量和固定成本中，每一个因素的变化都会引起利润的变化，但利润对它们的敏感性大小不同。有些因素发生微小的变化，就会使利润发生很大的变动，说明利润对该因素的变动非常敏感，这些因素被称为强敏感性因素；反之，有些因素虽有较大变化，但对利润的影响却不大，说明利润对该因素敏感性弱，这些因素被称为弱敏感性因素。用来反映利润对各因素敏感程度大小的指标称为敏感系数。某因素的敏感系数是指利润的变动率相当于引起利润变动的该因素变动率的倍数。其计算公式为：

$$\text{敏感系数} = \frac{\text{利润变动百分比}}{\text{某因素变动百分比}}$$

敏感系数绝对值大，说明该因素对利润的影响程度大；反之，敏感系数绝对值小，说明该因素对利润的影响程度小。确定敏感系数的目的，是使经理人员清楚地知道，在影响利润的诸因素中，利润对哪个因素的敏感性高，对哪个因素的敏感性低，以便分清主次，及时采取必要的调整措施，确保目标利润的完成。

在【例 4-18】中，假定在原来单价、单位变动成本、销量和固定成本的基础上，各增加 20%，则各因素的敏感程度分别为：

（1）单价的敏感系数

当单价提高 20%时，$p=2\times(1+20\%)=2.4$（元）

$I=(2.4-1.2)\times 100\ 000-40\ 000=80\ 000$（元）

$$利润变动百分比=\frac{80\ 000-40\ 000}{40\ 000}\times 100\%=100\%$$

$$单价的敏感系数=\frac{100\%}{20\%}=5$$

（2）单位变动成本的敏感系数

当单位变动成本提高 20%时，$b=1.2\times(1+20\%)=1.44$（元）

$I=100\ 000\times(2-1.44)-40\ 000=16\ 000$（元）

$$利润变动百分比=\frac{16\ 000-40\ 000}{40\ 000}\times 100\%=-60\%$$

$$单位变动成本的敏感系数=\frac{-60\%}{20\%}=-3$$

（3）固定成本的敏感系数

当固定成本提高 20%时，$a=40\ 000(1+20\%)=48\ 000$（元）

$I=(2-1.2)\times 100\ 000-48\ 000=32\ 000$（元）

$$利润变动百分比=\frac{32\ 000-40\ 000}{40\ 000}\times 100\%=-20\%$$

$$固定成本的敏感系数=\frac{-20\%}{20\%}=-1$$

（4）销量的敏感系数

当销量增加 20%时，$x=100\ 000\times(1+20\%)=120\ 000$（件）

$I=(2-1.2)\times 120\ 000-40\ 000=56\ 000$（元）

$$利润变动百分比=\frac{56\ 000-40\ 000}{40\ 000}\times 100\%=40\%$$

$$销量的敏感系数=\frac{40\%}{20\%}=2$$

由上例分析可知，在影响利润的因素中，最敏感的是单价，其次是单位变动成本，再次是销量，最后是固定成本。其中敏感系数是正值的，表明该因素与利润是同方向变动；敏感系数是负值的，表明该因素与利润是反方向变动。

若在【例 4 - 18】中，各因素均降低 20%，它们的敏感系数绝对值大小顺序仍是单价、单位变动成本、销量和固定成本，只是符号相反。由以上敏感性分析可知，单价和单位变动成本是利润的最敏感因素，是经理人员要注意的两个重要环节。但也不能拘泥于敏感系数的高低，而忽视了销量的影响。在销路看好、生产又有保障的情况下，可以大幅度增加销量，而单价的增幅可能很小甚至不动。尤其是在市场供大于求，销路欠佳，销量大幅下跌时，宁可降低售价以打开（或保证）销路。

敏感性分析提供了各因素变动百分比和利润变动百分比之间的比例，但不能直接显示变化后的利润值。为了弥补这一不足，使经理人员能直接地了解各因素的敏感程度，可以用各因素变动敏感性分析表来揭示其敏感程度。在表中可以看出各因素变化后的利润值。如表 4 - 6 所示。

表 4 - 6　　用敏感性分析揭示各因素的敏感程度

利润（元） 变动率（%） 项目	- 20	- 10	0	10	20
单价	0	20 000	40 000	60 000	80 000
单位变动成本	64 000	52 000	40 000	28 000	16 000
固定成本	48 000	44 000	40 000	36 000	32 000
销售量	24 000	32 000	40 000	48 000	56 000

第四节　本量利关系图

一、本量利关系图的含义

在平面直角坐标系上使用解析几何模型反映本量利关系的图形，统称为本量利关系图。这些图不仅能够反映固定成本、变动成本、销量、销售收入、保本点、亏损区和利润区，而且还可以反映贡献毛益、安全边际以及相关范围，甚至可以提供单价、单位变动成本和单位贡献毛益的水平。本量利关系图将影响企业利润的有关因素及相应的关系，形象地用图形形式表现出来。利用它可以清楚地看到有关因素变动对利润的影响，从而有助于决策者在经营管理中提高预见性和主动性。所以该图具有简明、直观的优点，但由于它是依靠目测绘制而成，所以不可能十分精确，通常应结合其他方法一并适用。

二、本量利关系图的类型

本量利关系图的类型有很多，本教材主要介绍以下三种：

（一）基本式本量利关系图

基本式本量利关系图又称传统式本量利关系图，它是一种较为常见的、能够反映本量利基本关系的图形，在实际中应用最广泛。其特点是：它所反映的总成本是以固定成本为基础，能在图中清晰地反映出固定成本总额的不变性；同时能够揭示安全边际、保本点、利润以及亏损区的关系。按坐标图横轴所代表的业务量不同，又可将其分为标准式本量利关系图和金额式本量利关系图。

1. 标准式本量利关系图。标准式本量利关系图的绘制方法是：在直角坐标系中，以横轴表示销售量，以纵轴表示总成本和销售收入；在纵轴上确定固定成本的数值，并以此为起点，绘制一条平行于横轴的直线．即为固定成本线；以坐标原点为起点，以单价为斜率绘制销售收入线；以纵轴上的固定成本处为起点，以单位变动成本为斜率绘制出总成本线；销售收入线与总成本线的交点则为保本点。其图形如图 4－2 所示。

通过观察该图可以发现以下规律：

（1）在保本点不变的情况下，当销售量大于保本量 X_0 时，则企业盈利，并且销售量越大，企业的利润越大；反之，当销售量小于保本量 X_0 时，则企业亏损，并且销售量越小，企业亏损越大，在销售量等于零时，企业亏损最大，亏损额等于固定成本。

（2）在销售量不变的情况下，保本点越低，盈利区越大，亏损区越小，它反映产品的盈利性有所提高；反之，保本点越高，则盈利区缩小，亏损区变大，它反映了产品的盈利能力有所下降。

（3）在销售总成本既定的情况下，保本点受单价的影响。单价越高，保本点越低；反之保本点就越高。

（4）在销售收入既定的情况下，保本点的高低取决于固定成本和单位变动成本的多少。固定成本或单位变动成本越高，保本点越高；反之保本点就越低。

2. 金额式本量利关系图。金额式本量利关系图的横轴以销售额表示，销售收入线与横轴的夹角为 45°，反映的是销售收入与保本点等变量之间的关系，该图主要用于多产品条件下的本量利关系分析。其图形如图 4－3 所示。

以上各图能够清楚地反映销售收入弥补总成本从而形成利润或亏损的过程。但其缺点也是显而易见的，即无法反映贡献毛益与其他因素的关系。

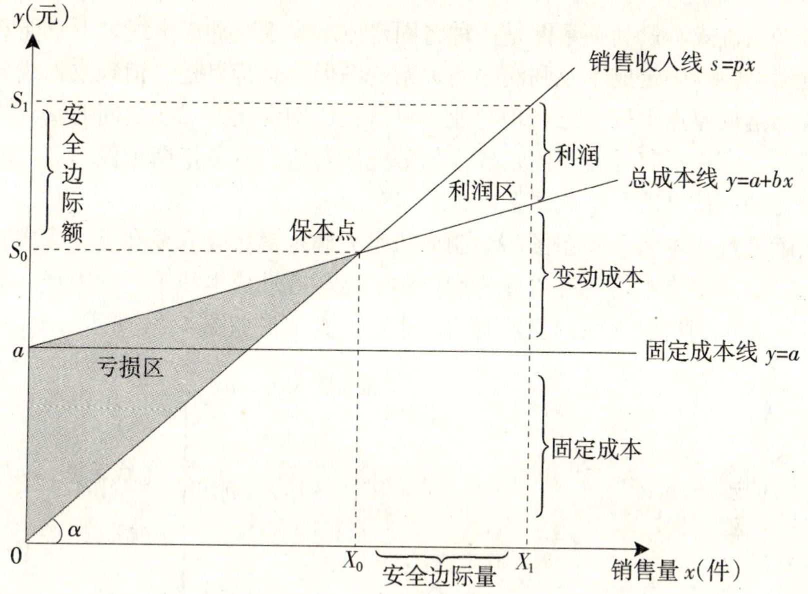

图 4－2　标准式本量利关系图

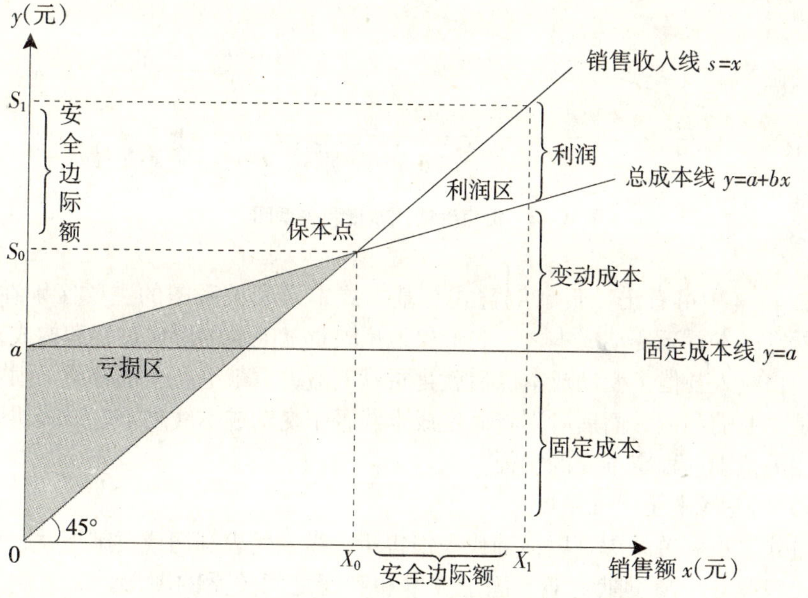

图 4－3　金额式本量利关系图

（二）贡献毛益式本量利关系图

贡献毛益式本量利关系图是一种将固定成本置于变动成本线之上，能直观地反映贡献毛益、固定成本及利润之间关系的图形。其特点是：销售收入线与变动成本线都是从原点出发，二者均与业务量呈正比例变化，二线之间的垂直距离就是贡献毛益，在贡献毛益与固定成本相等处所对应的业务量即为保本点。该图的缺陷是无法直接反映固定成本线。

贡献毛益式本量利关系图的绘制方法是先确定销售收入线和变动成本线，在纵轴上确定固定成本值，并以此为起点画一条与变动成本线平行的直线，即为总成本线，它与销售收入线的交点则为保本点。其图形如图 4－4 所示。

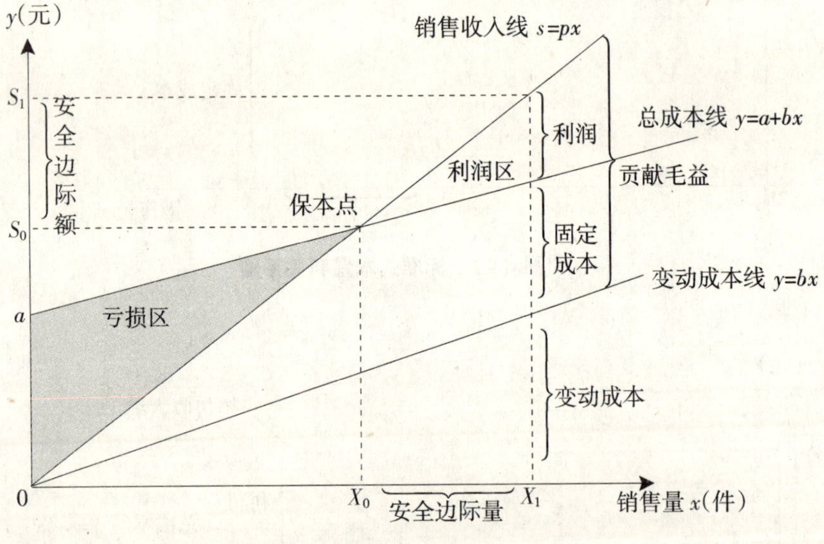

图 4－4 贡献毛益式本量利关系图

从图 4－4 中可看出，贡献毛益式与基本式本量利关系图的主要区别在于：前者将固定成本置于变动成本之上，形象地反映贡献毛益的形成过程和构成，即产品的销售收入补偿了变动成本以后就是贡献毛益，贡献毛益全部补偿了固定成本后便是企业的利润。而后者则将固定成本线置于变动成本线之下，以表明固定成本在相关范围内稳定不变的特征。

（三）利量式本量利关系图

利量式本量利关系图是以横轴代表销售量，纵轴代表利润或贡献毛益，用以直观地反映业务量与贡献毛益、固定成本和利润之间关系的图形。其绘制方法是：在直角坐标系中，先画一条贡献毛益线，即 $y = cx$，然后过纵轴上的负数的固定成本作一条平行线，即为利润线，$y = cx - a$，利润线与横轴的交点则为保本点。其图形如图 4－5 所示。

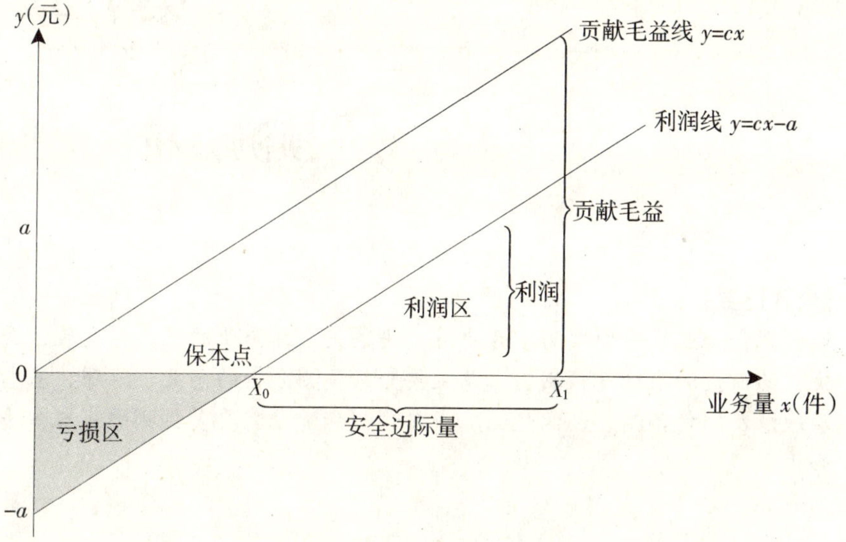

图 4－5 利量式本量利关系图

从利量式本量利关系图可知其特点是：业务量既可以用销售量表示，也可以用销售额表示。若是销售量，利润线的斜率为单位贡献毛益；若是销售额，利润线的斜率为贡献毛益率。通过观察该图可以看出：当销售量为零时，企业发生的亏损额最大，其数额等于固定成本。该图能清晰地反映业务量变动对利润的影响，具有简单明了的优点，因此西方企业界人士常常使用。其不足之处在于不能显示业务量变动对成本的影响。

【复习思考题】

1. 什么是本量利分析？成本、业务量和利润之间的关系如何？

2. 贡献边际有哪几种形式？如何计算？

3. 贡献边际率有何作用？它和变动成本率的关系如何？

4. 保本作业率如何计算？该指标有何作用？

5. 安全边际指标与利润的关系如何？

6. 影响保本点和保利点的因素有哪些？它们的变动对保本点和保利点会产生何影响？

第五章

预测分析

【内容提要】

现代企业经营管理离不开决策，决策关系到企业的生存与发展，而决策的前提和基础是预测。本章主要介绍预测分析的意义、程序、基本原理以及销售预测、利润预测、成本预测和资金需要量预测的基本方法和内容。

第一节 预测分析概述

一、预测分析的意义

预测分析是根据有关会计资料和其他资料，运用科学的方法，对事物的发展趋势和水平做出事先的预计和推测的过程。简言之，就是根据过去和现状预计未来，根据已知推测未知。因此，预测分析必须以已有的而不是还未发生的、真实的而不是虚构的事实和信息为依据，然后用科学的逻辑推理方法进行推测，从而得出比较接近于实际的数据或结论。

企业经营成败的关键是决策，而决策的基础是科学预测。预测分析是决策的先导和前提，直接为决策服务，没有科学的预测就不可能有符合客观发展规律的科学的决策。同时，预测分析又是企业编制全面预算的依据，全面预算的编制以销售预算为起点，而销售预算又以销售预测为依据。只有进行科学的市场预测，才能避免盲目生产或产品供不应求所造成的损失。

二、预测分析的基本原理

1. 可知性原理。虽然事物的发展变化多种多样，但还是各有其自身的变化规律可循，而且可以为人们所认识和掌握，也正是这种事物的可知性，使得人们可以进行预测。

2. 延续性原理。事物的发生、发展都是由量变引起质变的，在量变阶段又都是具有连续性的，即过去和现在一般都存在一定的联系。或者说，未来是过去和现在的继续和延伸。因此，了解过去和现在是预测未来的基础和出发点。

3. 相关性原理。事物之间常常是有内在联系的，正是这种内在规律性的联系使得一个事物的发展变化必然引起其他事物发展变化。因此，在掌握事物间内在规律性联系的基础上，就可以根据一个事物变化趋势或水平而推测另一个事物的变化趋势或水平。

4. 可控性原理。人们在掌握事物发展规律的情况下，可以发挥自己的主观能动性和创造性，创造一定条件使事物朝着人们主观愿望的方向发展。如果人们对认识和掌握事物的未来发展无能为力，只能听之任之，那么进行预测就没有任何的意义。

三、预测分析的方法

（一）定性分析法

定性分析法也称为非数量分析法，它是一种综合性的预测方法，即主要依靠具有丰富的实践经验及分析、推理能力都很强的专家或专业人员所做的主观判断。由于从事定性分析法的人员一般都是掌握较多的新信息和知识、经验又很丰富的专家，因此该方法也被称为专家预测法。这种方法一般不需要进行复杂的定量分析，适用于缺乏完备的历史资料或有关变量间缺乏明显数量关系等条件下的预测。

定性分析法通常又分为以下三种：

1. 个人判断法。该方法是直接向专家征询个人意见，然后经综合整理后得出预测结论的一种预测方法。但是专家的意见可能受其本身知识水平的高低、占有资料的多少、个人领悟能力的大小及责任感的强弱等诸多因素的影响，从而使他们得出的结论往往受到一定程度的限制，其预测的结论也往往因专家个人整体水平的差别而有较大的差异。所以，个人判断法存在一定不足之处。

2. 专家会议法。该方法是指邀请若干位专家，以座谈会的方式对预测对象的未来发展变化趋势或水平进行评估和推测的一种预测方法。其优点是信息量大、考虑的因素较全面，而且专家之间可以相互取长补短，集思广益，从而使预测结论更趋全面、具体。因此，这是一种能体现民主化的方法。但是这种方法也有一定的缺陷，即座谈会上有可能受到某一位权威人士或多数专家意见的较大影响，使持有不同意见的少数专家不愿意发表自己的不同见解，或使一些专家不愿在公开场合修正自己已经发表过的意见，这样在一定程度上影响所得出的结论的客观性。

3. 德尔菲法。德尔菲法（Dolphi Method）源于美国的兰德公司，后来为西方国家所广泛采用。该方法采用函询调查方法向若干专家分别征求意见，各位专家在互不通气的情况下，根据自己的观点和方法进行预测，然后企业将各位专家的判断汇集在一起，经过综合、整理后再通过匿名的方式反馈给各位专家，再次征求意见，请他们参考别人的意见修正自己的意见，如此反复多次，直至得出基本一致的意见为止。

（二）定量分析法

定量分析法，又叫数量分析法，是指在完整掌握与预测对象有关的各种要素定量资料的基础上，运用一定的数学方法进行数据的处理，据以建立能够反映有关变量之间规律性联系的各类预测模型以做出预测的方法体系。定量分析法又可以分为趋势预测分析法和因果预测分析法两类。

1. 趋势预测分析法。趋势预测分析法又称趋势外推分析法，是以某个指标本身过去的变化趋势作为预测的依据，而把未来看做过去与现在的延伸，即认为以往对有关指标发生影响的各种因素不但在目前而且在将来也会继续起作用，因而根据这种作用的延续趋势可以预测未来的发展和变化。所以这种方法是立足于延续性原理之上的。其具体做法是：以过去的信息为基础，运用一定的数学方法进行加工、整理和必要的延伸，以便确定有关指标在未来一定期间的预测值。从一定意义上说，趋势预测分析法主要特点是根据时间序列的发展趋势进行推测，因而又叫“时间序列分析法”。具体包括算术平均法、移动平均法、加权平均法、平滑指数法和修正的时间序列回归分析法等。

2. 因果预测分析法。该方法不是从一个指标孤立地进行预测，而是依据所掌握的资料，找出所要预测的变量及与其相关联的变量之间的关系，从而建立起相应的因果预测模型的一类相关预测方法。所以该方法是立足于相关性原理之上的。具体运用时，属于这种方法的有：本量利分析法、投入产出法、回归分析法和经济计量法等。

定量分析法与定性分析法两种方法各有其特点，往往需要相互检验和补充。一般应遵循定性分析为指导，定量分析作验证的原则，两者结合使用。定性分析法主要用于预测未来的变动方向，即所谓“质”的预测。预测结果反映专家和群众的心理因素，带有主观随意性，但是迅速灵活，可综合大量情况。对于某些不易或不能数量化的因素，则只能采用这种方法。定量分析法可以得到确定的预测值，但由于经济现象非常复杂，建立数学模型时不得不舍掉那些“不重要”的因素。应当看到，这些“不重要”的因素并不是一成不变的，今天不重要，明天或许就变得重要了。因此，建立数学模型需要十分小心，既不能使模型过于复杂，也不能遗漏影响事物变动的重要因素。在某些影响经济变动的因素很难或根本不能量化的情况下，数学模型也就无能为力了。

四、预测分析的内容

就管理会计而言，预测分析的内容主要包括销售预测、利润预测、成本预测和资金预测。

1. 销售预测。销售是企业重要的经营活动，关系到企业目标利润的实现和市场需求的满足，在市场经济条件下，销售预测具有极为重要的意义。广义的销售预测包括市场调查和销售量预测两方面；狭义的销售预测仅仅指后者。市场调查是指通过了解与特定产品有关的供销环境和各类市场的情况，做出该产品有无现实市场或潜在市场及市场大小的结论的过程，它是销售量预测的基础。销售量预测，是指根据市场调查得到的有关资料，通过对有关因素的分析研究，预计和测算特定产品在未来一定时期内的市场销售量水平及变化趋势，进而预测本企业产品未来销售量的过程。

2. 利润预测。利润预测是指在销售预测的基础上，根据企业未来发展目标和其他相关资料预计、推测或估算未来应当达到和可望实现的利润水平及变动趋势的过程。

3. 成本预测。成本预测是指根据企业未来发展目标和有关资料，运用专门方法推测与估算未来成本水平及发展趋势的过程。成本预测包括多项内容，如全部成本预测和单项成本预测；设计成本预测和生产成本预测；目标成本预测、成本变动趋势预测及决策成本预测等。

4. 资金预测。资金预测是指在销售预测、利润预测和成本预测的基础上，根据企业未来经营发展目标并考虑影响资金的各项因素，运用一定的方法预计、推测企业未来一定时期内或一定项目所需要的资金额、来源渠道、运用方向及其效果的过程。广义的资金预测包括全部资金需要量及其来源预测、现金流量预测、资金分布预测和资金运用效果预测。狭义的资金预测是指资金需用量预测，具体包括固定资产项目投资需用量预测、流动资金需用量预测和追加资金需用量预测。本章只介绍追加资金需要量的预测。

五、预测分析的程序

预测分析的一般程序分为以下几步：

1. 确定预测目标。预测必须首先搞清楚对什么进行预测，将达到什么目的，这需要根据企业经营的总体目标来设计和选择。其次，在确定预测目标的同时，还应根据预测的具体对象和内容确定预测范围、期限和数量单位等。

2. 收集和整理资料。当预测目标确定以后，应着手收集有关经济的、技术的、市场的计划资料和实际资料。在占有大量资料的基础上，按照一定方法对资料进行加工、整理、归纳，尽量从中发现与预测对象有关的各因素的相互依存关系。

3. 选择预测方法。正确选择预测方法是保证预测精确度的关键，要根据不同的预测对象和内容选择不同的预测方法，不能一成不变。对于可以建立数学模型的预测对象，应反复筛选比较，以确定最佳的定量预测方法；对于无法进行定量分析的预测对象，应结合以往经验选择最佳的定性预测方法。

4. 进行分析、预测。应用选定的预测方法和建立的模型，分别进行定性和定量分析、判断，提出实事求是的预测结果。

5. 检查验证。经过一段时间，对上一阶段的预测结果进行验证和分析评价，即比较实际数与预测数，计算误差，并分析原因，以便检验预测方法是否科学有效，及时修正预测方法、完善预测模型。

6. 修正预测值。由于数据不充分或不确定因素引起的定量预测误差，可以用定性分析方法考虑这些因素，并修正定量预测结果。对于定性预测结果，应用定量方法加以验证、修改和补充，使预测更接近实际。

7. 报告预测结果。根据上一阶段的修正、补充，以一定的形式通过一定的程序将最后的预测结果报告给有关管理部门。

第二节　销售预测

一、销售预测的意义

在现代市场经济条件下，企业生产经营方针不是“以产定销”，而是在研究市场的基础上，自觉满足社会需要，以需定销、以销定产，努力适应和开发市场。作为商品经营者的企业必然十分重视在未来一定时期内哪些产品适销对路，企业在市场上占有多大的份额，经营某项业务能为企业带来多少利润、成本多高、需要多少资金等。因此，在企业预测系统中，销售预测处于先导地位，它对于指导利润预测、成本预测和资金预测，进行长短期经营决策，安排经营计划，组织生产等都起着重要的作用。

企业进行销售预测时，应该充分研究和分析影响本企业产品销售的各个因素。影响销售的因素很多，概括起来可分为内部和外部两类。前者包括产品价格、产品功能和质量、企业生产能力、推销方法等；后者包括市场环境、经济发展趋势和竞争对手情况等。

二、销售预测的定性分析法

（一）判断分析法

判断分析法就是邀请具有丰富经验的经济专家、推销商或本企业的经理人员、推销人员等对产品的销售情况进行分析研究，并做出推测和判断的一种方法。一般适用于不具备完整可靠的历史资料、无法进行定量分析的情况，如对新产品的销售预测。按照具体进行的方式，可以分为推销人员判断法、专家判断法和经理人员判断法。

1. 推销人员判断法。推销人员判断法又称为意见汇集法，是由企业的推销人员根据他们的调查，将各个顾客或各类顾客对特定预测对象的销售预测值填入卡片或表格，然后由销售部门经理对此进行综合分析以完成预测销售任务的一种方法。

这种方法的依据是：基层销售人员最熟悉市场，能直接倾听顾客的意见，因而能够提供直接反映顾客要求的信息。这种方法的优点是所需时间短、费用低、比较实用。但是这种方法是建立在假定推销人员能够向企业反映真实情况基础上的，而推销人员的素质各异，对于形势的估计有可能过于悲观或乐观，从而干扰预测值。因此，在运用该法时应注意两点：一是尽量把企业过去的预测与实际销量资料、企业的未来规划以及未来的社会经济发展趋势的信息都提供给推销人员，以供他们参考；二是组织多人对同一产品或市场进行预测判断，再将这些数据加以平均处理，以消除人为的偏差。

2. 专家判断法。专家判断法是由见识广博、知识丰富的经济专家，根据他们多年的实践经验和判断能力对特定产品的未来销售量进行判断和预测的一种方法。这里的专家指本企业或同行高级领导人、销售部门经理及其他外界专家，但是不包括推销员和顾客。专家判断法根据形式不同又可以分为个人判断法、专家会议法和德尔菲法三种。

3. 经理人员判断法。这种方法是由企业经理人员、推销主管人员、各地区销售经理，根据实际经验和知识广泛交换意见、集思广益进行预测的一种方法。这种方法的优点是快捷、实用，但缺点是主观因素较多，做出的估计和判断易受乐观或悲观心理状态相互感染的影响。

（二）产品寿命周期推断法

产品寿命周期是指产品从投入市场开始一直到退出市场的过程，一般要经过萌芽期、成长期、成熟期和衰退期四个阶段。产品寿命周期推断法就是利用产品销售量在不同寿命周期阶段上的变化趋势，进行销售预测的一种定性分析法。

1. 萌芽期。产品刚研发成功而进入市场，顾客对其性能、质量还不太了解，因此销售量一般比较小。但是经过企业一定时间的推广，产品逐渐被消费者所认可，销售量才能逐步上升。

2. 成长期。随着企业广告费的投入，同时加上企业管理和售后服务的完善，产品已经被消费者所熟悉和接受，在市场上占有一席之地，消费者对企业产品需求激增，此阶段销售量迅速增长。

3. 成熟期。成熟期分为成熟前期和成熟后期两个阶段，成熟前期产品的销售增长率逐渐减小并趋于零，市场达到基本饱和，销售量达到最大并趋于稳定；而成熟后期产品销售增长率开始小于零，此时销售量趋于下降。

4. 衰退期。由于产品老化，其市场逐渐缩小并趋于萎缩，加之新产品的出现，使得消费者大幅减少产品的购买，此阶段产品销售量急剧下降，趋于被淘汰。

产品处于哪个阶段，通常采用销售增长率指标进行判断。在一般情况下，处于萌芽期的产品销售增长率不太稳定，成长期的产品销售增长率最大，成熟期产品销售增长率比较稳定，衰退期的产品销售增长率为负数。所以，可以根据产品销售增长率来判断产品处于的寿命周期阶段。

了解产品寿命周期各阶段销售量的特点，可以指导预测方法的正确选择。如在萌芽期，由于历史资料缺乏，可采用判断分析法进行预测；成长期可采用因果分析法和修正的时间序列回归分析法；成熟期由于销售量比较稳定，可采用各种平均法进行预测。

【例 5-1】 某市有居民 100 万户，企业通过市场调查把四种耐用消费品所处的市场阶段与已拥有的户数的资料列表如表 5-1 和表 5-2；又根据市场调查，本企业摩托车在本市的市场占有率为 20%，对外地的供应约为 1.5 万辆。要求：（1）预测该市四种耐用消费品平均每年需求量；（2）预测本企业在计划期的摩托车销售量。

表 5-1 耐用消费品的市场阶段划分

寿命周期	介绍期	成长期	成熟期		衰退期
			前期	后期	
年数	1~5年	1~5年	1~5年	1~5年	1~3年
商品普及率	0.1%~5%	5%~50%	50%~80%	80%~90%	逐步减小

表 5-2 本市四种商品所处市场阶段

产品名称	空调机	摩托车	电冰箱	洗衣机
所处寿命周期阶段	介绍期 (2年)	成长期 (3年)	成熟前期 (3年)	成熟后期 (3年)
已有户数(万户)	2.1	16.5	51	81

解:(1)列表计算该市四种耐用消费品的平均年销售量,如表5-3所示。

表 5-3 本市四种耐用消费品的平均年需要量预测计算表

商品名称	所处市场阶段	已有户数比重	各阶段的购买潜在量(以每户1台或1辆计)	该市平均每年需要量
空调机	介绍期(2年)	2.1	100×(5%-2.1%)=2.9(万)	2.9/2=1.45(万)
摩托车	成长期(3年)	16.5	100×(50%-16.5%)=33.5(万)	33.5/3=11.17(万)
电冰箱	成熟前期(3年)	51	100×(80%-51%)=29(万)	29/3=9.7(万)
洗衣机	成熟后期(3年)	81	100×(90%-81%)=9(万)	9/3=3(万)

(2)计算本企业计划期的摩托车销售量。

预测销售量=本市平均销售量×本企业市场占有率+本企业对外地供应量
=11.17×20%+1.5
=3.734(万)

由于统计方法提供的数据存在一定程度的误差,计算结果只能做预测分析的主要依据,同时要考虑其他因素变化对销售量或销售额的影响,这样才能得出接近客观实际的预测结论。

另外,目前随着市场的发展,产品的寿命周期不断缩短,企业在销售预测中,应该灵活掌握各种预测方法。当然,产品寿命的周期性并不是绝对的,个别产品也可能出现例外，如中途夭折（没有进入成长期）、成长缓慢、未老先衰和持久成熟等。此外，不论哪种产品都不可能永世不衰，研究产品寿命周期要考虑产品升级换代的时机预测。

三、销售预测的定量分析法

（一）趋势外推分析法

1. 算术平均法。算术平均法又称为简单平均法，它是直接将若干期实际销售量的算术平均值作为销售量预测值的一种预测方法。该方法的原理是一视同仁地看待 n 期内各期销售量对未来预测销售量的影响。其计算公式为：

$$预测销售量 = \frac{各期销售量之和}{期数}$$

即
$$\overline{Q}_{n+1} = \frac{\sum Q_t}{n}$$

式中：$\overline{Q}_{n+1}$表示预测销售量；Q_t 表示第 t 期实际销售量；n 表示期数。

这种方法的优点是计算过程简单，缺点是没有考虑远近期销售量的变动对预测期销售状况的不同程度的影响，从而使不同时期资料的差异简单平均化。所以，该法只适用于各期销售量比较稳定、没有季节性变动的食品和日常用品等的预测。

【例 5－2】 某企业生产一种产品，2005 年 1～6 月每月的销售量资料见表 5－4。

表 5－4　　该企业销售资料　　单位：吨

月份	1	2	3	4	5	6	合计
销量	180	200	190	210	180	220	1 180

要求：按算术平均法预测 7 月份的销售量。

解：7 月份的销售量 $= \frac{180+200+190+210+180+220}{6} = 196.67$（吨）

2. 移动平均法。移动平均法是指在掌握 n 期销售量的基础上，按照事先确定的期数（记作 m）逐期分段计算 m 期的算术平均数，并以最后一期的平均数作为第 $n+1$ 期的预测销售量的一种预测方法，即预测值等于最近 m 期销售量的算术平均数。

所谓“移动”是指预测值随着时间的不断推移，计算的平均值也在不断顺延。此法假定预测值主要受最近期销售量的影响。预测销售量计算公式为：

$$\overline{Q}_{n+1}=\frac{Q_{n-m+1}+Q_{n-m+2}+\cdots+Q_{n-1}+Q_n}{m}$$

【例 5－3】 按【例 5－2】资料，要求：按照移动平均法预测 7 月份的销售量（假定 $m=4$）。

解：7 月份的销售量 $=\frac{190+210+180+220}{4}=200$（吨）

移动平均法虽然能够克服算术平均数忽视远近期销售量对预测值影响程度不同的缺点，有助于消除远期偶然因素的不规则影响，但是仍然存在代表性差的弱点，因为只考虑了 n 期数据中的最后 m 期的资料。此方法适用于销售业务略有波动的产品预测。

也有的观点认为，这样计算出的平均值只反映预测前一期的销售水平，应当在此基础上按趋势值对其进行修正。假设趋势值用 b 表示，则其计算公式为：

b＝最后移动期的平均值－上一个移动期的平均值

修正的移动平均法按照以下公式进行预测：

预测销售量＝最后 m 期的算术平均数＋趋势值

【例 5－4】 按【例 5－2】中的销售量资料和【例 5－3】的计算结果。要求：按照修正的移动平均法预测 7 月份的销售量。

解：【例 5－3】中的最后移动期的平均值为 200 吨。

上一个移动期的平均值 $=\frac{200+190+210+180}{4}=195$（吨）

趋势值 $b=200-195=5$

则 7 月份的预测销售量 $=200+5=205$（吨）

3. 加权平均法。加权平均法是指在掌握全部 n 期销售资料的基础上，按近大远小的原则确定各期权数，并据以计算加权平均销售量的一种预测方法。一般来说，距离预测期越近的实际资料对其影响越大，距离预测期越远的实际资料对其影响越小，因此确定权数时是遵循近大远小的原则。预测销售量计算公式为：

$$\overline{Q}=\frac{\sum(Q_t\cdot W_t)}{\sum W_t}$$

且满足：$W_{t+1}>W_t$（$t=1,2,\cdots,n-1$）

权数的确定有两种方法：

（1）自然权数法。该法要求按照自然数 1，2，…，n 的顺序确定权数，即令 $W_1=1$，$W_2=2$，…，$W_n=n$。

则上述预测销售量公式可变为：

$$\overline{Q}=\frac{\sum(Q_t\cdot W_t)}{\sum W_t}$$

(2) 饱和权数法。该方法要求各期数权数之和为 1，即令$\sum W_t=1$（$0<W_t<1$）。如当 $n=3$ 时，可令 $W_1=0.2$，$W_2=0.3$，$W_3=0.5$；当 $n=5$ 时，可令 $W_1=0.04$，$W_2=0.08$，$W_3=0.13$，$W_4=0.25$，$W_5=0.5$，…；依次类推。

按照此法，预测销售量公式可变为：

$$\overline{Q}=\sum(Q_t\cdot W_t)$$

加权平均法的优点是既可以利用 n 期全部历史数据，又充分考虑了远近期间对未来的不同影响。缺点是不能按照统一的方法确定各期的权数值。

【例 5－5】 按照【例 5－2】的销售量资料。要求分别用自然数权数、饱和权数，采用加权平均法预测 7 月份的销售量。

解：(1) 在自然权数下

$$\sum(Q_t\cdot W_t)=180\times1+200\times2+190\times3+210\times4+180\times5+220\times6=4\ 210$$

$$\sum W=\frac{n(n+1)}{2}=21$$

则 7 月份预测销售量$=\frac{4\ 210}{21}=200.48$（吨）

(2) 在饱和权数下，假定权数分别为：$W_1=0.04$，$W_2=0.08$，$W_3=0.13$，$W_4=0.2$，$W_5=0.25$，$W_6=0.3$

则：$\sum W=1$

7 月份的预测销售量$=180\times0.04+200\times0.08+\cdots+220\times0.06=200.9$（吨）

4. 移动加权平均法。移动加权平均法是指在掌握 n 期销售量的基础上，按照事先确定的期数（记作 m）逐期分段计算 m 期的加权平均数来预测销售量的一种预测方法。

【例 5－6】 按【例 5－2】的销售资料，要求：用移动加权平均法预测 7 月份的销售量（假定 $m=4$）。

解：(1) 在自然权数法下

$$\sum(Q_t\cdot W_t)=190+1+210\times2+180\times3+220\times4=2\ 030$$

$$\sum W=\frac{n(n+1)}{2}=\frac{4\times5}{2}=10$$

7月份的预测销售量 = 203（吨）

（2）在饱和权数下，假定权数分别为：$W_1 = 0.1$，$W_2 = 0.15$，$W_3 = 0.25$，$W_4 = 0.5$，则：

7月份的预测销售量 = 190 × 0.1 + 210 × 0.15 + 180 × 0.25 + 220 × 0.5 = 205.5（吨）

5. 平滑指数法。平滑指数法是指在综合考虑有关前期预测销售量和实际销售量信息的基础上，利用事先确定的平滑系数预测未来销售量的一种预测方法，实质上它也是一种加权平均法，它是以平滑系数 α 和（$1-\alpha$）为权数进行加权。其计算公式为：

某期预测销售量 = 平滑系数 × 前期实际销售量 +（1 - 平滑系数）× 前期预测销售量

即
$$\overline{Q} = \alpha \cdot Q_{t-1} + (1+\alpha) \cdot \overline{Q}_{t-1}$$

α 表示平滑系数，这是一个经验数据，取值范围为［0，1］，通常情况下在0.3～0.7之间。平滑系数具有修匀实际数包含的偶然因素对预测值的影响的作用，通常由预测者根据过去销售实际数与预测值之间的差异的大小确定，因而有一定的主观因素。平滑系数取值越大，则近期实际值对预测结果的影响就越大；平滑系数取值越小，则近期实际数对预测结果的影响就越小。因此，进行近期预测或销售量波动较大时的预测，应采用较大的平滑系数；进行长期预测或销量波动较小的预测，可采用较小的平滑系数。

【例 5-7】 按照【例 5-2】的资料，原来6月份的销售量预测值为230吨，平滑指数为0.6。要求：按照平滑指数法预测7月份的销售量。

解：由计算公式得：

7月份的预测销售量 = 220 × 0.6 + 230 ×（1 - 0.6）= 224（吨）

6. 修正的时间序列回归法。通过分析一段时间销售量和时间的函数关系，来建立回归模型并据此进行预测的方法称为时间序列回归法。

这种方法由于将时间作为自变量，其值是单调递增的，形成等差数列，因而可以利用这一特点对时间值进行修正，简化回归系数的计算公式。凡是利用修正的时间自变量计算回归系数的方法都可以称为修正的时间序列回归法。修正的时间序列回归法又包括：修正的回归直线法、修正的二次曲线回归法和修正的对数曲线回归法等。在此只介绍修正的直线回归法。

前面已述及一般的直线回归法原理，将此法用于销售预测时，预测模型为：

$$y = a + bx$$

其中：a 和 b 为回归系数，y 为销售量（因变量），x 为未经过修正的时间自变量。根据直线回归法原理，回归系数的计算公式为：

$$a=\frac{\sum y-b\sum x}{n}$$

$$b=\frac{n\sum xy-\sum x\sum y}{n\sum x^2-(\sum x)^2}$$

如果按照时间序列的特点对 x 值进行修正，使得 $\sum x=0$，则可使回归系数计算公式简化为：

$$a=\frac{\sum y}{n}$$

$$b=\frac{\sum xy}{\sum x^2}$$

在修正的直线回归法下，销售预测回归模型仍为 $y=a+bx$，但因为回归系数是按照修正的 x 值计算的，所以公式中的 x 为经过修正的时间自变量。要确定修正的时间自变量 x 值，需要分以下两种情况讨论：

1. 如果 n 为奇数，则取 x 的间隔期为 1，将 $x=0$ 置于历史观察值的中间，其余前后各期以该期为中心。例如当 n 为 7 时，第 4 期为中心，令该期的 x 值为 0，在该期以前各期的 x 值一次递减，在该期以后的各期 x 依次递增。结果见表 5-5。

表 5-5　　各期修正 x 值结果

时期	1	2	3	4	5	6	7	$n=7$
修正 x	-3	-2	-1	0	1	2	3	$\sum x=0$

2. 如果 n 为偶数，则取 x 的间隔期为 2，将 $x=1$ 和 $x=-1$ 置于历史观察值中间的上下两期。其余各期以 2 为间隔依次递增。例如，当 n 为 6 时，分别令第 3 期、第 4 期的 x 值为 -1 和 +1，其余各期依次类推。结果见表 5-6。

表 5-6　　各期修正 x 值结果

时期	1	2	3	4	5	6	$n=6$
修正 x	-5	-3	-1	+1	+3	+5	$\sum x=0$

利用修正的直线回归法进行销售量预测的步骤如下：

（1）判断 n 的奇偶性，确定修正的 x 值；

（2）列表计算 n、$\sum x$、$\sum x^2$、$\sum y$ 和$\sum xy$；

（3）利用公式计算回归系数 a 和 b；

（4）将 a、b 的值代入 $y = a + bx$，建立销量预测模型；

（5）确定未来第 k 期的 x 值；

（6）未来第 k 期的 x 值代入销量预测模型，预测该期的销售量。

【例 5－8】 按照【例 5－2】的资料。要求：（1）按照修正的时间序列回归法建立销售量预测模型；（2）分别预测 7、8 月份的销售量。

解：（1）依题意整理和计算有关数据见表 5－7。

表 5－7　　有关数据计算表

月份	销售量 y	修正的 x	xy	x^2
1	180	－5	－900	25
2	200	－3	－600	9
3	190	－1	－190	1
4	210	+1	+210	1
5	180	+3	+540	9
6	220	+5	+1 100	25
$n=6$	$\sum y = 1\ 180$	$\sum x$	$\sum xy = 160$	$\sum x^2 = 70$

代入公式可得到回归系数：

$$a = \frac{\sum y}{n} = \frac{1\ 180}{6} \approx 196.67$$

$$b = \frac{\sum xy}{\sum x^2} = \frac{160}{70} \approx 2.29$$

则回归模型为：$y = 196.67 + 2.29x$

（2）7 月份的 x 值为 +7，则 7 月份的预测销售量 = 196.67 + 2.29 × 7 = 212.7（吨）

8 月份的 x 值为 +9，则 9 月份的预测销售量 = 196.67 + 2.29 × 9 = 217.28（吨）

（二）因果预测分析法

因果预测分析法又叫相关预测分析法，是利用事物发展的因果关系来推测事物发展趋势的一种预测方法。它是根据已掌握的历史资料，找出预测对象的变量与其相关事物的变量之间的依存关系，建立相应的因果预测的数学模型，据以预测计划期的销售量。产品的销售一般总会与社会经济的某些因素相关，甚至有些因素对产品销售起决定性作用。利用这些变量间的函数关系，选择最恰当的相关因素建立起预测销售量的数学模型，往往比采用趋势分析法获得更为理想的预测结果。

一般来说，因果分析预测法的基本步骤有：

1. 确定影响变量的主要因素；

2. 根据有关资料确定销售量与相关因素之间的数量关系，建立因果预测模型；

3. 根据未来有关变量因素的变动情况，预测销售量。

因果预测采用的方法很多，最常用而且比较简单的是最小二乘法，亦称回归直线分析法。该方法的优点是简便易行，成本低廉。如果预测对象的影响因素有两个或者两个以上，需要采用多元线性回归法，本书不作介绍。这里只介绍一元线性回归法，适用于只有一个相关因素的情况。

具体做法是，以 y 表示预测对象的销售量，以 x 表示预测对象的相关因素变量，建立模型如下：

$$y = a + bx$$

则根据最小二乘法可以求出系数：

$$a = \frac{\sum y - b\sum x}{n}$$

$$b = \frac{n\sum xy - \sum x\sum y}{n\sum x^2 - (\sum x)^2}$$

应用因果预测分析法，一般还要进行相关程度判定，即通过计算相关系数公式来检验预测变量与相关因素变量的相关性，以判断预测结果的可靠性。只有预测变量和相关因变量之间存在足够的相关性，才能利用回归直线分析法进行预测。根据数学知识，相关系数 R 的计算公式如下：

$$R = \frac{n\sum xy - \sum x\sum y}{\sqrt{[n\sum x^2 - (\sum x)^2]}\cdot\sqrt{[n\sum y^2 - (\sum y)^2]}}$$

相关系数 R 的取值范围是［0，1］，其绝对值越大，相关关系越密切。一般来说，可以按照以下标准判断：

$0.7 \leqslant |R| \leqslant 1$，为较高程度相关；

$0.3 \leqslant |R| < 0.7$，为中等程度相关；

$0 < |R| < 0.3$,为较低程度的相关。

【例 5-9】 某企业通过调查发现，甲产品的销售量与当地居民人均月收入有关，已知本地区连续 6 年的历史资料见表 5-8，该企业生产甲产品的市场占有率为 25%，假设 2006 年居民人均月收入为 700 元。

表 5-8　　该地区人均月收入和销售量的历史资料

年份	2000	2001	2002	2003	2004	2005
人均月收入	350	400	430	500	550	600
销售量	10	11	12	14	15	16

要求：（1）用直线回归法建立甲产品的销售量预测模型；

（2）预测 2006 年本地区甲产品的销售量；

（3）预测 2006 年本企业甲产品的销售量。

解：（1）根据所给资料，列表计算见表 5-9。

表 5-9　　有关数据计算表

年份	人均月收入 x	销售量 y	xy	x^2	y^2
2000	350	10	3 500	122 500	100
2001	400	11	4 400	160 000	121
2002	430	12	5 160	184 900	144
2003	500	14	7 000	250 000	196
2004	550	15	8 250	302 500	225
2005	600	16	9 600	360 000	256
$n=6$	$\sum x = 2\ 830$	$\sum y = 78$	$\sum xy = 37\ 910$	$\sum x^2 = 1\ 042$	$\sum y^2 = 1\ 042$

相关系数为：

$$R = \frac{6 \times 37\ 910 - 2\ 830 \times 78}{\sqrt{(6 \times 1\ 042 - 2\ 830^2) \times (6 \times 1\ 042 - 78^2)}} \approx 0.9969$$

因为相关系数趋近于 1，表明 Q 与 x 之间基本正相关，可以建立回归模型。代入公式得出：

$$a = \frac{\sum y - b\sum x}{n}$$

$$= \frac{78 - 0.02 \times 2\ 830}{6} \approx 1.28$$

$$b = \frac{n\sum xy - \sum x \sum y}{n\sum x^2 - (\sum x)^2}$$

$$= \frac{6 \times 37\ 910 - 2\ 830 \times 78}{6 \times 1\ 042 - 2\ 830^2} \approx 0.02$$

则甲产品的预测销售量的模型为：$y = 1.28 + 0.02x$

(2) 2006年本地区甲产品的预测销售量 $= 1.28 + 0.02 \times 700 = 15.28$（吨）

(3) 2006年本企业甲产品的预测销售量 $= 15.28 \times 25\% = 3.82$（吨）

第三节　利润预测

一、利润预测的意义

利润预测是企业经营预测的主要目标之一，它是在销售预测的基础上，根据企业未来发展目标和其他相关资料，预计、推测或估算未来应当达到和可能实现的利润水平及其变动趋势的过程。

企业进行利润预测的目的和意义在于，将预测的利润与目标利润相比较，研究目标利润制定得是否科学合理、先进可行，以及应在哪些方面采取措施确保目标利润的实现。总之，利润预测是为规划目标利润服务的，规划好企业的最优目标利润就可以落实产量、成本、价格等方面的指标，作为编制全面预算的基础。本节主要介绍的利润预测是围绕规划目标利润来加以阐述的，具体包括目标利润的预测、实现目标利润的措施以及利润敏感性分析。

二、目标利润的预测

（一）目标利润的概念

目标利润是指企业在未来一段时间内，经过努力应该达到的最优化利润控制目标。它是企业未来经营必须考虑的重要战略目标之一。目标利润应体现以下原则：

1. 可行性。它应该能反映企业未来可能实现的最佳利润水平，既先进又合理。

2. 客观性。为保证目标利润具有最大的可实现性，在预测目标利润时必须以客观存在的市场环境、技术发展状况为背景，要以现实数据为依据，不能脱离现实。

3. 严肃性。目标利润要经过反复测算、验证调整后才能最终确定，确定后的目标利润应保持相对稳定，不可随意更改。

4. 指导性。目标利润对业务量、成本、价格等因素有指导性，制约着上述几个因素的未来发展。目标利润一经确定，就应及时组织落实为实现目标利润在产量、成本、价格等方面必须达到的各项指标和措施，并作为编制全面预算的基础。

（二）目标利润的预测步骤

预测目标利润，企业可以选择先进、合理的利润率作为预测目标的依据。一旦目标利润确定以后，应该尽量避免随意更改，并将其纳入全面预算体系，作为落实各项指标的依据。利润预测的步骤大致如下：

1. 调查研究，确定利润率标准。选择确定利润率的标准，必须注意从以下三个方面的结合去考虑：

第一，从可供选择的利润率的计算口径上看，主要包括销售利润率、产值利润率和资金利润率；

第二，从可供选择的利润率指标的时间特征上看，主要包括近期平均利润率、历史最高水平的利润率和上级指令性利润率；

第三，从可供选择的利润率指标的空间特征看，主要包括国际、全国、同行业、本地区和本企业的利润率。

利润标准不宜定得过高或偏低，否则会挫伤企业各方面的积极性和创造性。

2. 计算目标利润基数。将选定的利润率乘以企业预期应达到的有关业务量及资金指标，便可以计算出目标利润基数。计算公式是：

目标利润基数 = 有关利润率指标 × 相关预计指标

（1）如果按照销售利润率计算，则有：

目标利润基数 = 预定的销售利润率 × 预计产品销售额

（2）如果按照产值利润率计算，则有：

目标利润基数 = 预定的产值利润率 × 预计总产值

（3）如果按照资金利润率计算，则有：

目标利润 = 预定资金利润率 × 预计资金平均占用额

3. 确定目标利润修正值。目标利润修正值是对目标利润基数的调整额。一般可先将目标利润基数与测算利润进行比较分析，并按本量利分析的原理分项测算为实现目标利润而应采取的各项措施（包括单项措施和综合措施），即分别计算各因素的期望值，并分析其可行性。

如果期望值与实现可能性相差较大，则应适当修改目标利润，确定目标利润修正值；这个过程可反复多次，直至各项因素期望值均具有实现可能性为止。

4. 最终下达目标利润、分解落实纳入预算体系。最终下达的目标利润应该为目标利润基数与修正值的代数和。它应反映或能适应预算期企业可望实现的生产经营能力、技术质量保证、物资供应、人力配备及资金流转水平以及市场环境等约束条件。按调整措施修订后的诸因素测算的期望利润应与目标利润口径一致。用公式表示为：

$$最终下达的目标利润 = 目标利润基数 + 目标利润修正值$$

目标利润一经确定就应立即纳入预算执行体系，层层分解落实，以作为采取相应措施的依据。

【例 5-10】 某企业只经营一种产品，单价为 100 万元，单位变动成本为 60 万元，固定成本为 300 000 万元。2005 年实现销售 10 000 件，获得利润为 100 000 万元。企业按照同行业先进资金利润率（20%）预测 2006 年企业目标利润基数，预计 2006 年企业资金占额为 800 000 万元。要求：按照资金利润率计算目标利润基数。

解：2006 年目标利润基数 = 800 000 × 20% = 160 000（万元）

若经过反复测算，目标利润的修正值为 1 228 元，则：

最终下达的目标利润 = 160 000 + 1 228 = 161 228（元）

三、目标利润实现措施预测

企业提出的目标利润能否最终确定，要取决于企业未来各种现实可能的条件，为此需要分别测算实现目标利润的各项措施，并分析其可行性，把具有可行性的目标利润确定下来，分解落实纳入预算体系。实现目标利润的措施有单项措施和综合措施。

（一）单项措施预测

实现目标利润的单项措施是指在考虑某一因素变动时，假定其他因素保持不变。

1. 增加销售量。即将销售量作为未知数，其他因素作为已知数，依据本量利分析公式计算实现目标利润（税前利润）的销售量为：

$$目标销售量 = \frac{固定成本 + 目标利润}{单价 - 单位变动成本}$$

【例 5-11】 某企业生产甲产品，固定成本为 10 000 元，单价 24 元，单位变动成本为 14 元，销量 1 800 件，实现利润 8 000 元。假设企业欲使利润增加

50%，即达到 12 000 元，企业采取单项措施。要求：计算销售量应增加到多少才能实现目标利润。

解：实现目标利润的销售量为：

$$目标销售量=\frac{10\,000+12\,000}{24-14}=2\,200（件）$$

因此，如果其他条件不变，销售量应增加到 2 200 件才能实现目标利润。

2. 降低单位变动成本。即将单位变动成本作为未知数，其他因素作为已知数，依据本量利分析公式计算实现目标利润（税前利润）的单位变动成本为：

$$目标单位动成本=单价-\frac{固定成本+目标利润}{销售量}$$

【例 5-12】 按照【例 5-11】的资料。要求：计算单位变动成本降到多少才能实现目标利润。

解：实现目标利润的单位变动成本为：

$$目标单位变动成本=24-\frac{10\,000+12\,000}{1\,800}\approx 11.78（元）$$

因此，如果其他条件不变，单位变动成本应降到 11.78 元才能实现目标利润。

3. 降低固定成本。即将固定成本作为未知数，其他因素作为已知数，依据本量利分析公式计算实现目标利润（税前利润）的固定成本为：

$$目标固定成本=（单价-单位变动成本）\times 销售量-目标利润$$

【例 5-13】 按照【例 5-11】的资料。要求：计算固定成本降到多少才能实现目标利润。

解：实现目标利润的固定成本为：

$$\begin{aligned}目标固定成本&=（24-14）\times 1\,800-12\,000\\&=6\,000（元）\end{aligned}$$

因此，如果其他条件不变，固定成本应降到 6 000 元才能实现目标利润。

4. 提高价格。即将销售价格作为未知数，其他因素作为已知数，依据本量利分析公式计算实现目标利润（税前利润）的价格为：

$$目标价格=单位变动成本+\frac{固定成本+目标利润}{销售量}$$

【例 5-14】 按照【例 5-11】的资料。要求：计算价格应提高到多少才能实现目标利润。

解：实现目标利润的价格为：

$$目标价格=14+\frac{10\,000+12\,000}{1\,800}\approx 26.22（元）$$

因此，如果其他条件不变，产品单价应提高到 26.22 元才能实现目标利润。

（二）综合措施预测

在企业经营活动中，影响利润的因素是多方面的，而且各因素之间也是相互联系的，企业很少采取单项措施来提高利润，多数情况下是采用综合措施以实现目标利润。综合措施具体有：

1. 增加销售量，降低价格。

【例 5－15】 某企业只生产一种产品，单价是 10 元，单位变动成本是 6 元，固定成本是 2 000 元，销售和管理费用（全部为固定成本）1 000 元，销售量是 1 000 件，利润为 1 000 元。假设企业有剩余生产能力，可以进一步增加产量，由于售价偏高使销路受到限制。为了打开销路，企业准备降价 10%，争取实现利润1 500元。要求：计算降价后要实现目标利润，需要的销售量。

解：依据本量利关系公式有：

$$[10\times(1-10\%)-6]x-(2\ 000+1\ 000)=1\ 500$$

$$x=1\ 500\text{（件）}$$

因此，在单价降低 10%，同时销售量提高 500 件时才能实现目标利润。如果销售部门认为降价 10% 后可以使销售量达到 1 500 件，生产部门也可以将其生产出来，则目标利润可以落实。否则，还需继续分析，想其他办法进一步落实。

2. 采取新技术降低单位变动成本。

【例 5－16】 按照【例 5－15】的资料，另外，假设销售部门认为，上述 1 500件销售量达不到，降价 10% 只能使销售量增至 1 300 件。为此，需要在降低成本上挖潜。要求：计算变动成本应降至多少才能实现目标利润。

解：依据本量利关系公式有：

$$[10\times(1-10\%)-b]\times1\ 300-(2\ 000+1\ 000)=1\ 500$$

$$b=5.54\text{（元）}$$

因此，为了实现目标利润，在降价 10% 的同时，还需要使单位变动成本由原来的 6 元降到 5.54 元，而此时的销售量为 1 300 件。

3. 降低单位变动成本，压缩固定成本。

【例 5－17】 按照【例 5－15】的资料，另外，假设生产部门认为，通过努力单位变动成本可能降到 5.60 元，因此企业还要压缩固定成本支出。要求：计算还需要压缩多少固定成本才能实现目标利润。

解：依据本量利关系公式有：

$$[10\times(1-10\%)-5.60]\times1\ 300-a=1\ 500$$

$$a=2\ 920\text{（元）}$$

因此，为了实现目标利润，在降价10%、销售量增至1 300件、单位变动成本降至5.60元的同时，还需要压缩固定成本80（3 000－2 920）元。

由此我们可以看到，影响利润的诸多因素是相互联系的，从一个因素再到另一个因素要采用综合措施寻求增收节支的办法。

四、经营杠杆系数在利润预测中的应用

经营杠杆分析是本量利分析的重要内容之一，它是企业经营管理的重要方法，尤其是在预测和决策分析时。经营杠杆分析涉及的因素有销售量、成本和利润等。

（一）经营杠杆的含义

根据成本性态分析原理，在相关范围内产销量的变化不会改变固定成本总额，但随着产销量的变动，单位固定成本呈反方向变动趋势。因此，当企业在相关范围内产销量增加时，一方面会直接引起利润的增加；另一方面由于单位产品分摊的固定成本减少，从而间接地使利润再增加，结果导致利润的变动幅度将大于产销量的变动幅度。

可见，在其他因素不变的条件下，由于固定成本的存在，产销量一定程度的变动会使利润以更大的幅度变动，人们将这种利润变动率大于产销量变动率的特殊现象称为经营杠杆效应。这如同人们借助杠杆，只要给予一个较小的力就可以举起较重的物体一样。

经营杠杆与企业的成本结构有关。在企业的成本总额中，固定成本总额比重大，经营杠杆功能强，则销售量变动对企业利润的影响程度就强，企业经营的风险加大；反之，固定成本总额比重小，经营杠杆功能则较弱，则销售量变动对企业利润的影响程度就弱，企业经营的风险也会相应降低。利用经营杠杆的变动，可以对企业经营活动进行预测分析，同时也可以反映企业的经营风险的大小。

（二）经营杠杆系数

经营杠杆分析中经营杠杆效用的高低以及经营风险的大小通常采用经营杠杆系数来衡量。经营杠杆系数（DOL），是指在一定业务量基础上，利润的变动率相当于产销量变动率的倍数，又称经营杠杆率，其计算公式为：

$$经营杠杆系数=\frac{利润变动率}{销量变动率}$$

【例5－18】 某企业有关资料如下：2003年销售量为10 000件，单位边际贡献为40元，固定成本为300 000元；2004年销售量为20 000件，单位边际贡献和固定成本均不变；2005年销售量为30 000件，单位边际贡献和固定成本仍

然不变。要求：计算第二年、第三年的经营杠杆系数。

解：三年的利润分别为：

40×10 000－300 000＝100 000（元）

40×20 000－300 000＝500 000（元）

40×30 000－300 000＝900 000（元）

第二年利润变动率＝（500 000－100 000）/100 000＝400%

第三年利润变动率＝（900 000－500 000）/500 000＝80%

第二年销售量变动率＝（20 000－10 000）/10 000＝100%

第三年销售量变动率＝（30 000－20 000）/20 000＝50%

因此第二年经营杠杆系数＝400%/100%＝4

第三年经营杠杆系数＝80%/50%＝1.6

上述公式计算经营杠杆系数，必须以掌握利润变动率和产销量变动率为前提，这不便于利用经营杠杆系数进行预测。为了事先能够确定经营杠杆系数，实践中可按简化公式计算：

$$经营杠杆系数=\frac{基期贡献毛益}{基期利润}$$

【例 5－19】 按照【例 5－18】的资料。要求：按照简化公式计算经营杠杆系数。

解：第二年的经营杠杆系数＝40×10 000/100 000＝4

第三年的经营杠杆系数＝40×20 000/500 000＝1.6

经营杠杆系数的变动规律有：

（1）只要固定成本不等于零，则经营杠杆系数恒大于 1。

（2）在前后期单价、单位变动成本和固定成本不变的情况下，产销量越大，经营杠杆系数越小；产销量越小，经营杠杆系数越大。所以产销量的变动与经营杠杆系数的变动方向相反。

（3）在同一产销量水平上，经营杠杆系数越大，利润变动幅度越大，风险也就越大。

（三）经营杠杆系数在利润预测中的应用

1. 预测产销量变动对利润的影响。在已知经营杠杆系数、基期利润和产销量变动率的情况下，可以按下列公式预测未来利润变动率和利润预测额：

未来利润变动率＝产销量变动率×经营杠杆系数

预测利润额＝基期利润×（1＋产销量变动率×经营杠杆系数）

【例 5－20】 按照【例 5－18】的资料，同时假定第四年预计销售量变动率为+10%。要求：预测第四年的利润变动率和利润额。

解：第四年的经营杠杆系数=40×30 000/（40×30 000-300 000）=1.33

预测第四年的利润变动率=1.33×（+10%）=+13.3%

预测第四年的利润=900 000×（1+13.3%）=1 019 700（元）

2. 预测为实现目标利润应采取的调整产销量措施。在已知经营杠杆系数、基期利润和目标利润或目标利润变动率的情况下，可以按下列公式预测销售量变动率：

销售量变动率=（目标利润-基期利润）/（基期利润×经营杠杆系数）

或=目标利润变动率/经营杠杆系数

【例5-21】 某企业上年利润为200 000万元，预测下一年的经营杠杆系数为2，目标利润为240 000万元。要求：测算为确保目标利润的实现销售量的变动率。

解：利润变动率=（240 000-200 000）/200 000=20%

销售量变动率=20%/2=10%

第四节　成本预测

一、成本预测的意义

成本是衡量企业经济效益的重要指标，必然是会计管理的主要对象之一。在现代经济条件下，成本管理工作不仅要反映实际耗费、分析成本超支或降低的原因，而且更应该着眼于规划未来，进行成本预测，确定目标成本，从而控制成本的形成过程，降低成本、提高质量、实施全面成本管理。

成本预测是根据企业未来的发展目标和现实条件，参考其他资料，运用专门的方法对企业未来成本水平及其发展趋势进行的推测与估算。它要综合考虑企业盈利、销售、供应、生产、运输、储备等方面的情况，动员企业各方面力量挖掘内部潜力，提出降低消耗、完成目标成本的方案，为成本决策和实施成本控制提供信息。成本预测既可围绕企业成本总规划开展，也可以按阶段、品种的成本管理进行。

二、成本预测的步骤

1. 提出目标成本草案。目标成本是指一定时期内在确保利润目标实现的前提下，产品成本应达到的标准。它的形式可以是"标准成本"、"计划成本"、"定额成本"。目标成本规划着企业未来降低成本的努力方向，一般具有效益性、可控性、目的性和先进性的特点。目标成本的提出与测定应经过反复测算才能完成。对于目标成本的预测一般有两种方法：

（1）按照目标利润进行预测。这种方法以事先确定的目标利润为前提，通过市场调查，根据销售预测和国内外同类企业的情报资料，考虑具有竞争能力的价格水平，按照预计销售收入扣除目标利润就可以得到所需的目标成本，在西方国家亦称“倒剥皮”法。该方法有利于使目标成本与目标利润的水平保持一致，并符合市场竞争的需要。其公式是：

$$\begin{aligned}目标成本 &= 预计售价 \times 预测销售量 - 目标利润 \\ &= 预计销售收入 - 目标利润\end{aligned}$$

（2）以先进的成本水平作为目标成本。确定目标成本还可以从本企业历史最好的成本水平或国内外同类产品先进水平中选择标准，也可以按照上年实际水平扣减成本降低率作为目标成本。这种方法可以直接确定单位目标成本，但是无法与目标利润联系起来。

我国企业常常采用后一种方式预测目标成本，西方国家多采用前一种方式，二者结合起来应用可以相互补充，更有实践意义。

2. 预测成本的发展趋势。目标成本提出来以后，企业还需要利用各种方法，建立相应的成本预测数学模型来预测本企业在当前情况下产品成本可能达到的水平，以检验现有条件下实现目标成本的可能性和现实性。

3. 拟订降低成本可行性方案，制定正式目标成本。动员企业内部各部门，针对存在的问题，群策群力、挖掘潜力，拟订出降低成本水平的各种可行性方案，力求尽量缩小预测成本和目标成本的差距。对降低成本各种可行性方案进行技术性经济分析，从中选出最佳方案，并据以制定正式的目标成本，为成本预测提供依据。

三、成本预测的方法

成本预测的方法有很多，在此主要讲历史资料分析法。历史资料分析法是指在掌握有关成本等历史资料的基础上，采用一定方法进行数据处理，建立有关成本模型，并据此预测未来成本的一种方法。作为预测依据的历史资料，所选用的时期不宜过长，也不宜过短。因为如果过长会失去可比性，过短则不能反映成本变动趋势，通常以最近三到五年的资料为宜。历史资料分析法具体包括高低点法、加权平均法和回归分析法三种。

（一）高低点法

高低点法是将成本费用的发展趋势用 $y = a + bx$ 方程表示，选用一定时期历史资料中最高业务量和最低业务量的总成本之差与两者业务量之差进行对比，先

求出系数 a、b 的值，然后据以预测计划期成本。计算公式如下：

$$y = a + bx$$

$$b = \frac{y_2 - y_1}{x_1 - x_2}$$

$$a = y_2 - bx_2$$

$$或 = y_1 - bx_1$$

其中，x_2、x_1 分别代表高低点业务量，y_2、y_1 分别代表高低点业务量的总成本。

【例 5－22】 某机床厂只产销甲种机床，最近五年的产量及成本数据如表 5－10所示。

表 5－10　　产品历年成本资料

年　度	产量（x）（台）	单位变动成本（b）（元）	固定成本总额（a）（元）
1	20	600	4 000
2	75	300	5 200
3	60	450	5 400
4	45	550	4 800
5	100	400	6 000

若计划年度（第 6 年）产量为 120 台。要求：采用高低点法预测计划年度产品总成本和单位成本。

解：（1）找出产量最高与最低年度的产量和总成本数，计算其差异，如表 5－11所示。

表 5－11　　高、低点产量、成本差异计算表

	高点（第 5 年）	低点（第 1 年）	差异
产量（台）	100	20	80
总成本（元）	6 000 + 40 000 = 46 000	4 000 + 12 000 = 16 000	30 000

$$b = \frac{y_2 - y_1}{x_2 - x_1} = \frac{30\ 000}{80} = 375（元）$$

$$a = y_2 - bx_2 = 46\ 000 - 375 \times 100 = 8\ 500（元）$$

(2) 计算计划期总成本和单位成本。

计划期总成本预测值（y）$= a + bx$

$= 8\ 500 + 375 \times 120$

$= 53\ 500$（元）

计划期单位成本预测值 $= 53\ 500/120$

$= 445.83$（元）

(二) 回归分析法

回归分析法是应用数学中的最小二乘法原理来预测成本，当企业历史资料中，单位产品成本忽高忽低、变动幅度较大时采用此法较为适宜。其公式如下：

$$y = a + bx$$

$$a = \frac{\sum y - b\sum x}{n}$$

$$b = \frac{n\sum xy - \sum x\sum y}{n\sum x^2 - (\sum x)^2}$$

【例 5－23】 按【例 5－22】的资料，要求：用回归分析法预测计划年度（第 6 年）的产品总成本和单位成本。

解：(1) 编制回归分析计算表，如表 5－12 所示。

表 5－12　　回归分析计算表

年度	产量 x（台）	总成本 y（元）	xy（元）	x^2（元）
1	20	16 000	320 000	400
2	75	27 700	2 077 500	5 625
3	60	32 400	1 944 000	3 600
4	45	29 550	1 329 750	2 025
5	100	46 000	4 600 100	10 000
$n = 5$	$\sum x = 300$	$\sum y = 151\ 650$	$\sum xy = 10\ 271\ 250$	$\sum x^2 = 21\ 650$

(2) 计算回归系数的值并预测成本。

$$b = \frac{n\sum xy - \sum x\sum y}{n\sum x^2 - (\sum x)^2}$$

$$= \frac{5 \times 1\ 027\ 250 - 300 \times 151\ 650}{5 \times 21\ 650 + 300 \times 300} = 321(\text{元})$$

$$a=\frac{\sum y-b\sum x}{n}$$

$$=\frac{151\ 650-321\times 300}{5}=11\ 070(\text{元})$$

计划年度机床总成本预测值 = 11 070 + 321 × 120
= 49 590（元）

计划年度机床单位成本 = 49 590/120
= 413.25（元）

（三）加权平均法

加权平均法是根据过去若干年的单位变动成本和固定成本总额的历史资料，按照其时间远近给予不同的权数，用加权平均法计算计划期的产品成本。如前所述，权数的确定有两种方法：自然权数法和饱和权数法。其公式如下：

$$y=\frac{\sum aW_i}{\sum W_i}+\frac{\sum bW_i}{\sum W_i}$$

此法适用于掌握详细的固定成本和变动成本历史资料，且各期成本水平变动较频繁的企业采用，所计算的结果比按总成本时间序列计算的结果误差相对较小。

【例 5－24】 按【例 5－22】的资料，要求：用加权平均法预测计划年度的总成本和单位成本，且权数依次为 0.03、0.07、0.15、0.25 和 0.5。

解：把资料代入计算公式得：

计划年度机床总成本预测值 =（4 000 × 0.03 + 5 200 × 0.07 + 5 400 × 0.15 + 4 800 × 0.25 + 6 000 × 0.5）+（600 × 0.03 + 300 × 0.07 + 450 × 0.15 + 550 × 0.25 + 400 × 0.5）× 120 = 58 774（元）

计划年度机床单位成本 = 58 774/120 = 489.78（元）

第五节　资金需要量预测

一、资金需要量预测的意义

资金是企业生产经营活动中各种资产的货币表现，拥有必要数量的资金是企业进行生产经营活动的必要条件。资金预测是企业财务预测的一项重要内容。通过资金预测，企业可以保证资金供应，合理组织资金运用，提高资金的利用效果，使企业有意识地把生产经营活动引导到以最少的资金占用取得最佳的经济效益的轨道上来。所以科学地进行资金预测，不仅能为企业生产经营活动的正常开展测定相应的资金需要量，而且能为经营决策、节约资金耗费、提高资金利用效果创造条件。广义的资金预测包括资金需要量及来源预测、现金流量预测、资金运动状况预测和投资效果的预测；狭义的资金预测是指资金需要量预测，具体包括固定资产项目投资需要量预测、流动资金需要量预测和追加资金需要量预测。本节主要介绍追加资金需要量预测。

二、追加资金需要量预测

追加资金需要量预测的方法很多，这里主要介绍销售百分比法和回归直线分析法。

（一）销售百分比法

销售百分比法是指以未来销售收入变动的百分比为主要参数，考虑随销售量变动的资产和负债项目及其他因素对资金的影响，从而预测未来追加资金需要量的一种定量分析法。

采用销售百分比预测资金需要量时应具备的前提条件是：第一，资产负债表上的大部分项目与销售收入有直接的正比关系；第二，各资产现实的规模与其销售水平相当；第三，预测期的销售结构、价格水平与基期保持相同。

销售百分比法的预测步骤是：

1. 分析基期资产负债表有关项目，区分敏感项目和非敏感项目。

企业资产负债表中的许多项目，与销售收入保持着固定的比例关系，它们随着销售收入的增加而增加，随其减少而减少，这些项目通常被称为敏感项目；另外一些项目，与销售收入的增减变化没有关系，保持相对稳定，这些项目被称为非敏感项目。

(1) 资产类项目。敏感资产项目通常包括：流动资产中的货币资金、正常的应收账款、存货等项目，这些项目一般会随着销售额的增长而增加。因为较多的销售量需要占用较多的存货，发生较多的应收账款，从而对货币资金需要量增加。固定资产项目则视企业现有生产能力是否还有潜力可利用而定，如果对固定资产项目的利用已达到饱和状态，则增加产销量就需要追加固定资金投入，此时固定资产项目则为敏感资产项目；反之，如果企业生产能力尚未充分利用，在未来扩大产销量时，则不需要增加固定资产上的资金投入，此时固定资产项目为非敏感项目；至于长期投资、无形资产和其他资产项目一般与销售量增加无关，属于非敏感项目。

(2) 负债和权益类项目。敏感负债项目通常包括：流动负债中的应付账款、应付费用等，这些项目一般会随着销售额的增长而增加。而应付票据、长期负债和所有者权益则一般不随着销售量的增减而变化，属于非敏感项目。

2. 计算基期资产负债表上敏感项目占基期销售收入的百分比。

$$敏感资产占销售收入百分比=\frac{敏感资产总额}{基期销售收入}\times 100\%$$

$$敏感负债占销售收入百分比=\frac{基期负债总额}{基期销售收入}\times 100\%$$

3. 确定计划期随销售量增加需要追加的资金。

$$\begin{matrix}单位销售额增加\\需增加的资金\end{matrix}=\begin{matrix}资产占销售\\收入百分比\end{matrix}-\begin{matrix}负债占销售\\收入百分比\end{matrix}$$

4. 确定计划期企业内部资金来源。内部资金来源包括计划期所提取的折旧（应扣减计划期用于更新改造的金额）和留存收益两项目。

5. 确定预测期追加的资金需要量。

假设基期销售收入总额为 S_0，计划期的销售收入总额为 S_1，基期随销售额变动而变动的资产项目总额为 A，基期随销售额变动而变动的负债项目总额为 L，计划期提取的折旧减去用于固定资产更新改造后的余额为 D_1，基期的税后销售利润率为 R_0，计划期股利发放率为 d_1，计划期的零星资金需要量为 M_1，则预测期资金需要量可以按照以下公式计算：

$$追加资金需要量=\left(\frac{A}{S_0}-\frac{L}{S_0}\right)(S_1-S_2)-D_1-S_1R_0(1-d_1)+M_1$$

【例 5－25】 某甲公司在基期的实际销售额为500 000元，税后净利为20 000元，发放普通股股利10 000元。假定基期固定资产利用率已达到饱和状态。该公司基期期末简略资产负债表如表 5－13 所示。

表 5－13　　　　甲公司资产负债表

××年 12 月 31 日　　　　单位：元

资　产		负债和所有者权益	
现金	12 000	应付账款	52 000
应收账款	85 000	应付税款	25 000
存货	115 000	长期负债	120 000
厂房（净额）	150 000	普通股股本	200 000
无形资产	48 000	留存收益	13 000
资产总计	410 000	负债和所有者权益总计	410 000

若该公司在计划期销售收入总额增至750 000元，并仍按基期股利发放率支付股利；折旧准备提取数为20 000元，其中70%用于改造现有厂房设备；计划期零星资金需要量为15 000元。要求：预测计划期需要追加资金的数量。

解：(1) 分析资产负债表各项目

敏感资产项目有：现金、应收账款、存货和厂房随销售量变动而变动；

非敏感资产项目是无形资产。

敏感负债项目有：应付账款、应付税款；

非敏感负债项目：长期负债、普通股股本和留存收益。

(2) 计算销售百分比

A =（12 000 + 85 000 + 115 000 + 150 000）= 362 000（元）

L =（52 000 + 25 000）= 77 000（元）

敏感资产占销售收入百分比 = 362 000/500 000 = 72.4%

敏感负债占销售收入百分比 = 77 000/500 000 = 15.4%

(3) 单位销售额增加的资金 = 72.4% − 15.4% = 57%

(4) 确定内部资金来源

750 000 ×（20 000/500 000）×（1 − 10 000/20 000）= 15 000（元）

(5) 确定追加的资金需要量

追加的资金需要量 =（750 000 − 500 000）× 57% − 20 000 ×（1 − 70%）− 15 000 + 15 000
= 136 500（元）

(二) 回归分析法

回归分析法就是应用最小二乘法的原理，对过去若干期间的销售额及资金总量（即资金占用总额）的历史资料进行分析，确定反映销售收入总额（x）和资金总量（y）之间相互关系的回归直线 $y = a + bx$，并据以预测计划期的资金需要量，具体计算方法同销售预测相同。

【例 5－26】 某企业近五年来销售收入和资金占用总量的历史资料如表 5－14 所示；另外，该公司计划年度的销售收入总额预测值为3 500 000元，已有资金800 000元。要求预测计划年度需要追加多少资金。

表 5－14　企业近五年销售收入和资金占用额　单位：元

年度	第一年	第二年	第三年	第四年	第五年
销售收入	2 400 000	2 600 000	2 550 000	2 700 000	3 000 000
资金占用	1 530 000	1 620 000	1 590 000	1 650 000	1 750 000

解：（1）根据回归分析原理，对企业近五年的历史资料数据加工、整理、制表计算，如表 5－15 所示：

表 5－15　　回归分析计算表

年　度	销售收入 x	资金占用 y	xy	x^2
1	240	153	36 720	57 600
2	260	162	42 120	67 600
3	255	159	40 545	65 025
4	270	165	44 550	72 900
5	300	175	52 500	90 000
$n=5$	$\sum x=1\ 325$	$\sum y=814$	$\sum xy=216\ 435$	$\sum x^2=353\ 125$

（2）利用上表计算回归系数，并建立预测模型：

$$b=\frac{n\sum xy-\sum x\sum y}{n\sum x^2-(\sum x)^2}=0.3625$$

$$a=\frac{\sum y-b\sum x}{n}=667\ 400(\text{元})$$

可以建立如下模型：

$$y=667\ 400+0.3625x$$

因此计划期需要资金总量 $=667\ 400+0.3625\times 3\ 500\ 000$

$=1\ 936\ 150$（元）

则追加的资金需要量 $=1\ 936\ 150-800\ 000$

$=1\ 136\ 150$（元）

需要注意的问题是，多数企业在其生产经营期间都要求有一定的现金储备，以确保现金收入一旦发生背离计划的差异时进行现金补充，使生产经营过程不因资金供应不足而受到影响。因此，上述计算在实际工作中还要考虑现金储备因素。

【复习思考题】

1. 什么是预测分析？它是如何分类的？
2. 简述预测分析的一般步骤和一般原则。
3. 什么是销售预测？销售预测有哪些主要方法？

4. 什么是成本预测？成本预测有哪些方法？试说明各种方法的适用性。

5. 什么是资金需要量预测？资金需要量预测有哪些主要方法？

6. 什么是趋势预测分析法？它具体可分为哪几种？试说明各种方法的适用性。

第六章

短期经营决策分析

【内容提要】

本章主要介绍短期经营决策的含义、分类、短期经营决策的常用方法及其应用。短期经营决策的分析方法有生产决策分析方法、定价决策分析方法和存货决策分析方法。生产决策分析方法包括贡献毛益分析法、差量分析法、相关成本分析法和成本平衡点分析法；定价决策分析方法主要有以成本为导向的定价方法、以市场需求为导向的定价方法和调价决策分析方法；存货决策分析方法主要研究经济批量的确定问题。

第一节　决策分析概述

一、决策分析的意义

决策是指在充分考虑各种可能的前提下，利用人们对客观规律的认识，在各备选方案中选出最优方案的过程。决策分析是管理会计的重要组成部分。

管理会计中的决策分析是指针对企业未来经营活动所面临的问题，由各级管理人员做出的有关未来经营战略、方针、目标、措施和方法的决策过程。它是企业经营管理的核心内容，是关系企业未来发展兴衰成败的关键所在。

决策分析是企业管理当局的主要职责，“管理的重心在经营，经营的重心在决策”的观念已日益被管理理论界和实务界所接受。在市场经济条件下，企业应时刻注视市场动态，根据需求变化正确地进行决策，合理地安排人、财、物的投放与利用，按市场经济规律组织经营。经营决策的正确与否，往往直接在企业效益上得到体现，甚至会影响到企业未来的长期发展。因此，企业经营管理者面临的不是是否应进行决策的问题，而是如何做出正确的决策、如何进行科学决策的问题。所以决策是管理的中心，可见决策分析在现代企业管理中是非常重要的。

二、决策分析的分类

决策分析贯穿于企业生产经营活动的始终，涉及的内容较多，按照不同的标准可进行不同的分类，本教材主要介绍以下几种：

1. 决策分析按时间长短可分为短期决策和长期决策。

短期决策是指在一个经营年度或经营周期内能够实现其目标的决策，如生产决策、定价决策、采购决策等。其主要特点是：资金投入量小、见效快、充分利用现有资源，所以短期决策又称短期经营决策。

长期决策是指超过一个经营年度的决策。其主要特点是：投入资金量大、方案影响时间长、见效慢、资金回收期长等，又称为长期投资决策。

2. 决策分析按重要程度可分为战略性决策与战术性决策。

战略性决策是指关系到企业未来发展方向、大政方针的全局性重大决策，如经营目标的制定、新产品的开发、生产能力的扩大等。这类决策取决于企业的长远规划和外部环境对企业的影响，它的正确与否，对企业的成败具有决定性意义。

战术性决策是指为达到预期的战略决策目标，对日常经营活动所采用的方法与手段的局部性决策，如零部件的自制与外购决策、生产结构的调整以及短期资金的筹措决策等。这类决策主要考虑怎样使现有的人、财、物得到最合理、最充分的利用，决策的正确与否，都不会对企业大局产生决定性的影响。

3. 决策分析按条件肯定程度可分为确定型决策、风险型决策和不确定型决策。

确定型决策是指决策所涉及的各种备选方案的条件都是已知的，且一个方案只有一个确定的结果。这类决策问题比较容易，只要进行比较分析即可。

风险型决策是指决策所涉及的各种备选方案的各项条件虽然也是已知的，但表现出若干种变动趋势，每一方案的执行都会出现两种或两种以上的不同结果，但每一状况出现的客观概率是可以依据有关数据预测出来。这类决策由于结果的不唯一性，使决策存在一定的风险。

不确定型决策是指决策所涉及的各种备选方案的各个条件只能以决策者的经验判断确定的主观概率作为决策依据。这种决策难度较大，需要决策者具有较高的知识水平和丰富的实践经验。

4. 决策分析按决策方案之间的关系可分为接受或拒绝方案决策、互斥方案决策和组合方案决策。

接受或拒绝方案决策是指只存在一个备选方案，决策只需要对这一个方案做出接受或拒绝的选择。这类决策又称单一方案决策。

互斥方案决策是指在两个或两个以上的备选方案中选择一个最优方案的过程。这类决策一旦选择某一方案，其他方案则必须放弃，即各备选方案之间是相互排斥的，该决策属于多方案决策。

组合方案决策是指在两个或两个以上的备选方案中，选择一组最优的组合方案，各备选方案可能同时被选中。这类决策也属于多方案决策。

三、决策分析的程序

决策分析是一个极为复杂的过程，其程序一般有以下五步：

（一）确定决策分析目标

决策目标是进行决策分析的前提。企业的经济活动是多方面的，对于多种不同业务活动的决策有不同的目标。决策的目标应该具有可以计量其成果、可以规定其时间、可以确定其责任等三项特征。所以，确定的决策目标应力求明确具体：哪些是必须达到的目标；哪些是希望实现的目标；为了实现目标有哪些可利用的资源；如何具体规定衡量和评价目标的标准和尺度；明确规定实现目标的期限和具体负责人等。

（二）设计各种备选方案

在明确提出决策分析目标的前提下，应拟订可供选择的各种备选方案。因此，确定决策目标之后，就必须根据目标在时间和成本允许的范围内，有针对性地尽可能列出多种可供选择的方案，以便进行比较，做出从中择优的决策。

（三）评价方案的可行性

在提出各备选方案之后，就要对这些方案加以比较和评价。为了便于比较、评价，首先必须收集与之相关的资料；其次是将所收集的相关资料进行整理、分析比较；最后根据所掌握的资料，利用数学模型进行加工计算，借以对各有关方案的经济效益进行科学的测算，评价其利弊得失，为正确地进行最优决策提供客观依据。

（四）选择最优方案

在综合比较各方案优缺点的基础上，全面权衡利弊得失，按照一定要求确定最终选择的标准及有关方案，筛选较为理想、相对最优的方案。

（五）实施论证

在决策已经实施以后，由于现实中存在着大量的不确定性因素，在预测中难以完全预料，因而，在决策的执行过程中还会发生许多新的情况，从而影响决策的预期效果。为此，必须有一套实施论证的办法，以保证决策的科学性。这套办法应包括规定标准、用标准衡量执行情况以及纠正偏差等三个步骤，即在决策的执行过程中要及时进行信息的反馈，不断对原方案进行修正，以提高决策的科学性，保证决策目标的实现。

决策离不开信息，管理会计人员为有效地帮助企业管理部门在制订经营方案中做出正确的判断和选择，就要对各种备选方案取得怎样的效果，进行科学的预测，以便为企业管理部门进行决策提供客观依据。因此，对各方案的经济效益进行分析评价，为决策提供主要依据，是现代管理会计必须着重研究的一个重要方面。本章主要就短期经营决策问题进行研究；至于长期投资决策问题将在第七章进行专门研究。

第二节 短期经营决策分析的相关概念

一、短期经营决策的含义

短期经营决策是指企业在现有的生产技术条件下，对通常仅影响当年经营效果的专门业务进行的决策。其核心问题是如何使企业现有资源得到充分合理的利用，以便取得最佳经济效益。其主要内容包括生产决策、存货决策和定价决策。

短期经营决策分析的主要目标侧重于从资金、成本、利润等方面对如何充分、合理地利用现有资源和经营环境，以取得最佳的经济效益和社会效益。在其他条件不变的情况下，判断某一方案优劣的主要标志就是看该方案能否使企业在一年内获得更多的利润。

短期经营决策与长期投资决策相比，其特点表现为：

(1) 从时间上讲，短期经营决策的目标可以在较短时间内实现，一般不超过一个经营年度或一个经营周期，决策结果的影响期较短；

(2) 从性质上讲，由于短期经营决策不涉及新的固定资产投资，属于经营决策的范畴；

(3) 从方法上讲，短期经营决策一般不考虑货币时间价值和风险因素。

二、短期经营决策分析的假设条件

为了简化短期经营决策的分析过程，必须假定存在以下条件：

1. 决策分析方案不涉及追加长期投资；

2. 决策目标已明确；

3. 所需预测资料已齐备；

4. 各种备选方案均具有技术可行性；

5. 只有单一方案和互斥方案两种决策形式；

6. 凡涉及市场购销的决策，均以市场具备提供材料或吸收有关产品的能力为前提；

7. 销量、价格、成本等变量均在相关范围内变动；

8. 各期产销平衡。

三、短期经营决策分析必须考虑的因素

短期经营决策必须通盘考虑生产经营能力、相关业务量、相关收入和相关成本四大因素。

（一）生产经营能力

生产经营能力是指在一定时期（通常一年）内和一定生产技术、组织条件下，企业内部各个环节直接参与生产过程的生产设备、劳动手段、人力资源和其他服务条件，能够生产各类产品的产量或加工处理一定原材料的能力。它是企业生产经营活动的基本依据，是企业自身各种条件综合配置和平衡的结果，也是企业技术能力和管理能力的综合。

企业生产经营能力的利用程度，由企业管理部门根据当前经营计划，经济和环境要求等因素来确定。生产经营能力具体包括以下几种表现形式：

1. 最大生产能力。最大生产能力又称理论生产经营能力，是指企业在不追加资金投入的前提下，百分之百地有效利用工程技术、人力及物力资源而可能实现的生产经营能力，它是生产经营能力的上限。

2. 正常生产能力。正常生产能力又称计划生产能力，即已经纳入企业年度计划，充分考虑到现有市场容量、生产技术、人力资源状况、管理水平以及可能实现的各种措施等情况所必须达到的生产能力。

3. 剩余生产能力。剩余生产能力又分为绝对剩余生产能力和相对剩余生产能力两种形式。

（1）绝对剩余生产能力，又称暂时未被利用的生产能力，它是指企业最大生产能力与正常生产能力之差，属于生产经营的潜力。

（2）相对剩余生产能力，是指由于受市场容量或经济效益原因的影响，决策规划的未来生产经营规模小于正常生产能力而形成的差量，也可以理解为因临时转变经营方向而闲置的那部分生产能力。

在短期经营决策分析中，本教材若无特殊说明，剩余生产能力均指绝对剩余

生产能力。

4. 追加生产能力。追加生产能力是指根据需要和可能，通过追加资金投入等措施而增加的，超过最大生产经营能力的那部分生产能力。

在短期经营决策中，生产能力是决定相关业务量和确认机会成本的重要因素。

(二) 相关业务量

相关业务量是指在短期经营决策中必须认真考虑的、与特定决策方案相联系的产量或销量。相关业务量对决策方案的影响往往是通过对相关收入和相关成本的影响实现的。如在半成品是否深加工的决策和是否接受特殊价格追加订货的决策中，都要认真考虑相关业务量问题，而不是笼统地考虑全部产量，并且有时计算某一产品的相关收入与相关成本所使用的相关业务量也不一定相同。

实践表明，在短期经营决策中，许多对具体决策方案的相关收入和相关成本的确认和计量所发生的失误，往往是由于对相关业务量的判断错误造成的。因此，相关业务量是短期经营决策中一个不容忽视的重要因素。

(三) 相关收入

相关收入是指与特定决策方案相联系的、能对决策产生重大影响的、在短期经营决策中必须予以充分考虑的收入，又称有关收入。如果某项收入只属于某个经营决策方案，即若有这个方案存在，就会发生这项收入，否则就不会发生这项收入，那么这项收入为相关收入。相关收入的计算要以特定决策方案的单价和相关业务量为依据。

与相关收入相对立的概念是无关收入。如果无论是否存在某决策方案，均会发生某项收入，则可以断定该项收入是该方案的无关收入。显然，在短期经营决策中，不能考虑无关收入，否则就有可能导致决策失误。

(四) 相关成本与无关成本

在短期经营决策中还要正确区分相关成本和无关成本，否则也会导致决策失误。

1. 相关成本。相关成本是指与特定决策方案相联系的、能对决策产生重大影响的、在短期经营决策中必须予以考虑的成本，又称有关成本。如果某项成本只属于某个经营决策方案，即若某方案存在，就会发生该项成本，否则就不会发生该项成本，那么这项成本则为相关成本。相关成本包括：增量成本、边际成本、机会成本、重置成本、付现成本、专属成本、可分成本、加工成本、可延缓成本和可避免成本等。

(1) 增量成本。增量成本又称狭义的差量成本，是指企业在原来基础上由于生产能力利用程度的不同，多（或少）产销一定数量产品所发生的成本。在不增加固定成本的情况下，某一决策方案的增量成本就是该方案的相关变动成本。

在生产决策中增量成本是较为常见的相关成本。例如开发新产品的决策、是否接受特殊价格追加订货的决策等，最基本的相关成本就是增量成本。

（2）边际成本。经济学中的边际成本是指对连续性成本函数中的业务量所求的一阶导数。即当业务量发生微小变化时所引起的成本变动额。在管理会计中，边际成本是指业务量增加一个经济单位所引起的成本增加额。由此看来，在相关范围内，边际成本实质上就是单位变动成本，它是增量成本的特殊形式。

（3）机会成本。它是指以经济资源的稀缺性和多种选择机会的存在为前提，在经济决策中应由中选方案负担的、按所放弃的次优方案潜在收益计算的那部分资源损失，又称机会损失。

作为一项经济资源均可有多方面的用途，但在一定时空条件下，任何一项资源又总是有限的，选择某一方案必然意味着放弃其他方案获利的机会。因此，以次优方案的可能收益作为中选方案的“损失”，可以全面评价决策方案所得与所失的关系。所以，机会成本应作为管理会计决策的相关成本来考虑。但由于机会成本并没有构成企业的实际支出，因而在财务会计实务中，对机会成本不在任何会计账户中予以登记。

在短期经营决策的生产决策中，机会成本是较为常见的相关成本。在进行亏损产品是否停产的决策、是否接受特殊价格追加订货的决策和有关产品是否深加工的决策时，若现有的相关生产能力可以转移，则将这些生产能力转移的方案所获得的收益，对于继续利用这些能力的方案来讲就是其机会成本。

（4）重置成本。它是指目前从市场上重新取得某项现有的资产所需支付的成本。它是相对于历史成本而言的，在短期经营决策的定价决策以及新设备替换旧设备的长期投资决策中，需要考虑以重置成本作为相关成本。

（5）付现成本。它是指企业由于某项决策而必须在未来时期以现金支付的各项成本，又称现金支出成本。在未来现金短缺、支付能力不足、筹资又十分困难的情况下，对那些急需上马的方案进行决策时，必须以付现成本作为方案取舍的标准，而不是以总成本为标准。因为在资金紧张的条件下，尽管付现成本较低的方案，其总成本比较高，但是可以用较少的资金及时取得急需的资产，一旦把握住时机，就可以提前取得收益，抵偿多支出的成本，甚至及时开发并占领市场。而总成本较低的方案往往付现成本较高，若企业不能及时筹集到足够的现金，就无法使方案实施，导致错失良机。

（6）专属成本。它是指那些能够明确属于特定决策方案的固定成本或混合成本。它往往是为了弥补生产能力不足的缺陷，增加有关设备、装备等长期资产而发生的。专属成本的确认与取得设备、装备等的方式有关，若采用租入的方式，则专属成本就是与此相关的租金成本；若采用购买方式，则专属成本的确认还必须考虑有关设备、装备等本身的性质，如果取得的装备等是专用的，即只能用于特定方案，则专属成本就是这些装备的全部取得成本；如果取得的装备等是通用的，则专属成本就是与使用这些装备有关的主要使用成本，例如固定资产折旧费、摊销费等。

(7) 可分成本。它是指在联产品生产决策中必须考虑的，由于对已经分离的联产品进行深加工而追加发生的变动成本。它的计算需要考虑单位可分成本与相关的联产品深加工业务量两大因素。

(8) 加工成本。这里的加工成本是指在半成品是否深加工决策中必须考虑的，由对半成品进行深加工而追加的变动成本。其计算通常要考虑单位加工成本与相关的深加工业务量两大因素。至于深加工所需要的固定成本，在经营决策中应列为专属成本。

(9) 可延缓成本。它是指在短期经营决策中对其暂缓开支不会对企业未来的生产经营产生重大不利影响的那部分成本。企业生产经营过程中，有时已选定的某一决策方案是否立即执行，对企业的经营影响不大。这样，在企业财力比较紧张的情况下就可以推迟执行。那么，与该决策方案有关的成本即构成可延缓成本。由于可延缓成本具有一定弹性，在决策中应当充分予以考虑，例如娱乐室建设支出等。

(10) 可避免成本。它是指在短期经营决策中并非绝对必要，通过管理当局的决策可以改变其数额的成本。它与可延缓成本的不同在于：是否发生可避免成本完全取决于决策者；而可延缓成本只是在发生的时间上可以推迟，但将来注定要发生。酌量性成本属于可避免成本。例如管理当局采纳某方案，某项支出就会发生；如果该方案不被采纳，某项支出就不会发生。这样的支出就是可避免成本。如特殊定价决策中的专用设备支出，其发生与否完全取决于是否接受这项订货。还有广告费、职工培训费、新产品研制开发费等也属于部分可避免成本。

2. 无关成本。无关成本是与相关成本相对立的概念，又称不相关成本，它是指不受决策结果影响，与决策关系不大，过去已经发生或注定要发生的各种成本。如果无论是否存在某决策方案，均会发生某项成本，那么就可断定该项成本是上述方案的无关成本。在短期经营决策中，不能考虑无关成本，否则可能导致决策失误。因此了解和区分相关成本和无关成本是非常重要的。无关成本主要有：沉没成本、共同成本、联合成本、不可延缓成本和不可避免成本等。

(1) 沉没成本。又称旁置成本，它是指过去已经发生，但在目前和未来时期仍然继续发挥作用而不必支付现金的成本。它是过去决策的结果，与目前决策方案无直接关系。沉没成本可能是固定成本，也可能是变动成本。企业大多数固定成本（尤其是固定资产折旧费、无形资产摊销费）均属于沉没成本。但并不是说所有的固定成本都是沉没成本，例如与决策方案有关的新增固定资产折旧费属于相关成本；另外，在半成品是否深加工的决策中，半成品本身成本中的固定成本和变动成本均为沉没成本。

(2) 共同成本。它是与专属成本相对立的概念，是指应当由多个方案共同负担的注定要发生的固定成本或混合成本。例如一台设备用于制造两种或两种以上的产品，则该设备的折旧费、修理费对各种产品来讲是共同成本。需要注意的是，一项成本是专属成本还是共同成本，取决于决策分析的对象及范围。

(3) 联合成本。它是与可分成本相对立的概念，是指从原材料投入到各种联产品分离为止的成本，即在未分离前的联产品生产过程中发生的、应由所有联产品共同负担的成本。企业在生产过程中，投入一种原材料，可以同时生产出多种产品，这多种产品统称为联产品。如炼油厂投入石油，可提炼出汽油、煤油、柴油和沥青等，这些汽油、煤油、柴油和沥青等称为联产品，从投入石油到生产出汽油、煤油、柴油和沥青，这一过程发生的成本为联合成本。

(4) 不可延缓成本。它是与可延缓成本相对立的概念，是指在短期经营决策中若对其延缓开支就会对企业未来的生产经营产生重大不利影响的那部分成本，所以不可延缓成本具有较强的刚性。例如某企业生产用设备突然损坏，已无法修复，为此每天损失 2 000 元，企业必须立即购买一台同样的设备，其价款为 10 万元，这项决策必须实施，否则会造成重大的损失，所以与购置该台设备相关的成本都属于不可延缓成本。

(5) 不可避免成本。它是与可避免成本相对立的概念，是指在短期经营决策中若削减其开支就会对企业未来的生产经营产生重大影响的那部分成本。约束性成本属于不可避免成本。例如一定条件下的固定资产折旧费、经常性维修费、管理人员薪金、财产保险费等都属于不可避免成本。

第三节　生产决策分析方法

生产决策是企业生产管理中的一项重要内容，它是围绕产品的生产活动、如何合理有效地利用企业的现有生产资源为企业带来最大的经济效益问题而进行的决策，主要解决生产什么、生产多少、怎样组织生产的问题，其内容主要包括新产品开发决策、亏损产品是否停产的决策、是否接受特殊订货的决策、是否深加工的决策、零部件是自制还是外购的决策、生产工艺技术组织的决策等。下面结合生产决策的内容讲述生产决策分析的常用方法。

一、贡献毛益分析法

（一）贡献毛益总额分析法

当各备选方案的共同固定成本相等时，某方案利润的大小就取决于该方案贡献毛益总额的大小，因而可以通过比较各备选方案的贡献毛益总额来确定方案优劣，这种方法称为贡献毛益总额分析法。用公式表示为：

$$贡献毛益总额 = 相关收入 - 相关变动成本$$

由以上等式可知，当各备选方案的相关收入均不为零，相关成本全部为变动成本时，可以将贡献毛益总额作为决策的标准。若备选方案中有专属成本或机会成本的发生，且专属成本与机会成本之和又不相等，此时贡献毛益总额大的方案，利润未必大，因而还得用贡献毛益总额扣除专属成本和机会成本后的余额（称为剩余贡献毛益）的大小来比较。用公式表示为：

$$剩余贡献毛益总额 = 相关收入 - 相关成本$$

$$相关成本 = 相关变动成本 + 专属成本 + 机会成本$$

需要指出的是：采用以上分析法进行决策时，是以各备选方案的贡献毛益总额或剩余贡献毛益总额的大小作为方案取舍的标准，即应选择贡献毛益总额或剩余贡献毛益总额最大的方案为最优方案，不能以单位贡献毛益作为评价标准。这是因为，在生产能力一定的情况下，不同方案单位产品耗费的生产能力可能有所不同，因此各方案能够生产的产品总量也可能不同，单位贡献毛益大的方案其贡献毛益总额不一定大，如果用单位贡献毛益作为评价各备选方案优劣的指标，就可能导致决策失误。贡献毛益总额分析法可以用于生产决策中单一方案的决策，也可以用于多方案的互斥方案决策。

（二）单位资源贡献毛益分析法

单位资源贡献毛益分析法是指以各方案的单位资源贡献毛益作为决策评价指标的一种方法。该指标是个正指标，在决策时应选择单位资源贡献毛益最大的方案为最优方案。用公式表示为：

$$单位资源贡献毛益 = \frac{单位贡献毛益}{单位产品资源消耗定额}$$

在企业生产只受到某一项资源（如原材料、人工工时或机器台时等）的约束，并已知备选方案中各种产品的单位贡献毛益和单位产品资源消耗定额（如材料消耗定额、工时定额等）的条件下，可考虑采用单位资源贡献毛益法进行生产决策。单位资源创造的贡献毛益大的方案其贡献毛益总额一定大，反之则小。所以单位资源贡献毛益法实质上是贡献毛益总额分析法的另一种表现形式，一般用于多方案的互斥方案决策。

（三）应用举例

1. 开发新产品的决策。企业必须不断开发新产品，促进产品更新换代，才能在市场竞争中获得更大盈利。若需要追加大量投资开发新产品，则属于长期投资决策的范围。这里所讲的新产品开发决策是指企业利用现有的剩余生产能力或追加少量专属成本开发某种适销对路的新产品的决策。它属于互斥方案决策的类型，这种决策可在以下三种情况下进行：

（1）不需要追加专属成本，也不存在机会成本。在新产品开发的决策中，如果各备选方案不涉及追加专属成本，也不存在机会成本，可采用贡献毛益总额分析或单位资源贡献毛益分析法进行决策分析。

【例 6-1】 某企业现有剩余生产能力 4 000 台时，可用来生产甲产品或乙产品，此剩余生产能力的年固定资产折旧费为 9 000 元，其余预测资料如表 6-1 所示。试分析企业应选择哪一种产品的开发。

表 6-1　　甲、乙产品预测资料

项目＼品种	甲产品	乙产品
单　　价	150 元	80 元
单位变动成本	90 元	50 元
单位产品定额台时	10 台时/件	4 台时/件

从上述资料可知，两个备选方案都是利用现有剩余生产能力，因此现有剩余生产能力的年固定资产折旧费 9 000 元属于与决策无关的成本，即不管生产甲还是乙产品，此折旧费是相同的，即使不生产甲或乙产品，此折旧费也照样发生，因为购置设备的费用早已发生，与现在的决策无关。所以可采用贡献毛益总额分析法进行决策。具体分析见表 6-2。

计算结果表明，生产乙产品比生产甲产品可多获得贡献毛益 6 000 元，也就是说生产乙产品比生产甲产品可多给企业带来利润 6 000 元。所以应选择乙产品的生产。

【例 6-2】 某企业现有部分剩余生产能力，可用来生产甲产品或乙产品，其余预测资料如表 6-3 所示。试分析企业应选择哪一种产品的开发。

表 6-2 贡献毛益总额分析表 单位：元

项目 \ 方案	甲产品	乙产品
可利用剩余生产能力（台时）	4 000	4 000
单位产品定额台时（台时/件）	10	4
可生产量（件）	400	1 000
相关收入	60 000	80 000
相关成本	36 000	50 000
贡献毛益总额	24 000	30 000

表 6-3 甲、乙产品预测资料

项目 \ 品种	甲产品	乙产品
单　　价	100 元	80 元
单位变动成本	88 元	65 元
单位产品定额台时	2 台时/件	3 台时/件

从上述资料可知，【例 6-1】和【例 6-2】有些相似，不同的是不知道剩余生产能力的具体数，在这种情况下，无法计算贡献毛益总额，又不能用单位贡献毛益作为评价指标，所以，可采用单位台时贡献毛益作为决策的评价指标，具体分析见表 6-4。

$$\text{单位台时创造的贡献毛益} = \frac{\text{单位产品贡献毛益}}{\text{单位产品定额台时}}$$

表 6-4 单位资源贡献毛益分析表

项目 \ 方案	甲产品	乙产品
单价（元）	100	80
单位变动成本（元）	88	65
单位贡献毛益（元）	12	15
单位产品定额台时（台时/件）	2	3
单位台时创造的贡献毛益（元）	6	5

从以上计算结果可看出，生产甲产品比生产乙产品每台时可多获得贡献毛益 1 元，所以应选择甲产品的生产。

（2）需要追加专属成本。在新产品开发的决策中，如果备选方案涉及追加专属成本，可采用剩余贡献毛益总额分析进行决策分析。

【例 6－3】 根据【例 6－1】的资料，若生产甲产品需追加 10 000 元的专属成本，生产乙产品须追加 18 000 元的专属成本，试分析应选择哪一种产品的生产。

此时可采用剩余贡献毛益法进行分析，具体分析见表 6－5。

表 6－5　　剩余贡献毛益法分析表　　单位：元

项目 \ 方案	甲产品	乙产品
可生产量（件）	400	1 000
单位贡献毛益	60	30
贡献毛益总额	24 000	30 000
追加专属成本	10 000	18 000
剩余贡献毛益总额	14 000	12 000

从以上分析可知，生产乙产品的贡献毛益总额大于生产甲产品，但扣除其追加的专属成本后，生产乙产品的剩余贡献毛益小于生产甲产品，所以应选择甲产品的生产。

（3）需要压缩现有产品产销，从而产生机会成本。当需要压缩现有产品产销才能开发新产品时，被压缩的原有产品生产所带来的贡献毛益就构成了开发新产品的机会成本，可采用剩余贡献毛益法进行分析。

【例 6－4】 某企业原来只生产 D 产品，年产量为 2 000 台，单价为 400 元，单位变动成本为 250 元。该企业想充分利用剩余的甲材料 30 000 千克开发一种新产品。初步调查，市场上可供企业选择生产的产品有 A、B 两种产品，开发两种产品均须租赁专用设备，若开发 A 产品 3 000 件，每年需要支付租金80 000元，剩余甲材料足以保证生产；若开发 B 产品 6 000 件，每年需要支付租金90 000元，且需要压缩 D 产品 10%的产量。其他资料见表 6－6。试分析该企业应开发哪一种产品。

表 6－6　　预测资料

项　　目	A 产品	B 产品
单价（元）	200	100
单位变动成本（元）	160	70
甲材料的消耗定额（千克/件）	10	6

若开发B产品，利用剩余生产能力只能生产5 000件（即30 000/6＝5 000），另外1 000件B产品的生产则要压缩200台D产品的生产。则被压缩的200台D产品所带来的贡献毛益就构成了开发B产品1 000台的机会成本。根据以上资料编制分析表，见表6－7。

表6－7　剩余贡献毛益分析表　单位：元

项　　目	新产品A	新产品B
产销量（台）	30 000/10＝3 000	6 000
销售收入 减：增量成本	200×3 000＝600 000 160×3 000＝480 000	100×6 000＝600 000 70×6 000＝420 000
贡献毛益总额 减：专属成本 　　机会成本	120 000 80 000 0	180 000 90 000 2 000×10%×（400－250） ＝30 000
剩余贡献毛益	40 000	60 000

由上可知，开发B产品的剩余贡献毛益大，因此该企业应选择B产品的开发。

2. 特殊价格追加订货的决策。特殊价格是指低于正常价格甚至低于单位产品制造成本的价格。追加订货通常是指在计划执行过程中，由购买单位临时提出的额外订货任务，即正常订货以外的订货。是否接受特殊价格追加订货的决策是指企业在正常经营过程中，是否安排特殊价格追加订货生产任务所做的决策。在这种情况下，企业应充分考虑追加订货是否冲击正常订货、有无剩余生产能力以及剩余生产能力是否可转移等因素，来决定是否接受这种低价格的追加订货。对此分以下两种情况加以说明：

（1）简单条件下是否接受特殊价格追加订货的决策。所谓简单条件是指追加订货量小于或等于企业的剩余生产能力，剩余生产能力无法转移，且接受追加订货不需要追加专属成本。在此种情况下，只要特殊订货的单价大于该产品的单位变动成本，就可以接受该追加订货。

（2）复杂条件下是否接受特殊价格追加订货的决策。复杂条件主要分为以下几种情况：

第一，追加订货量小于或等于剩余生产能力，剩余生产能力无法转移，但需要追加专属成本。

在此种情况下，追加订货不会冲击正常订货任务，剩余生产能力又无法转移，不需要考虑机会成本。所以只要追加订货方案的贡献毛益大于追加的专属成本，即可接受追加订货。否则不接受追加订货。

第二，追加订货量小于或等于剩余生产能力，剩余生产能力可以转移，但不需要追加专属成本。

在此种情况下，应将剩余生产能力转移带来的收益作为追加订货方案的机会成本予以考虑。又由于追加订货不会冲击正常订货任务，不需要追加专属成本，所以只要追加订货方案的贡献毛益大于剩余生产能力转移的机会成本，即可接受追加订货。否则不接受追加订货。

第三，追加订货量大于剩余生产能力，剩余生产能力无法转移，不需要追加专属成本。

在此种情况下，由于订货量大于剩余生产能力，从而接受订货时会冲击正常订货任务，应将由此减少的正常收入作为追加订货方案的机会成本予以考虑。所以在此情况下，只要追加订货方案的贡献毛益大于冲击正常订货任务的机会成本，即可接受追加订货。否则不接受追加订货。

第四，追加订货量大于剩余生产能力，剩余生产能力可以转移，并需要追加专属成本。

在此种情况下，由于订货量大于剩余生产能力，从而接受订货会冲击正常订货任务，应将由此减少的正常收入作为追加订货方案的机会成本予以考虑，同时将剩余生产能力转移带来的收益也作为追加订货方案的机会成本予以考虑。所以在此情况下，只要追加订货方案的贡献毛益大于该方案的机会成本与专属成本之和，即可接受追加订货。否则不接受追加订货。

第五，其他组合。在实际中，还可能出现以上四种情况以外的其他组合，决策时要具体情况具体分析。

【例 6-5】 某企业原来生产甲产品，年生产能力为 10 000 件，每年有 35% 的剩余生产能力。正常销售价格为 60 元，有关资料见表 6-8。要求：在以下不相关情况下，做出是否接受特殊价格追加订货的决策。

表 6-8　　甲产品成本资料　　单位：元

项　　目	金　　额
直接材料	21
直接人工	15

续表

项　　目	金　　额
制造费用 其中：变动制造费用 　　　固定制造费用	 7 12
变动管理及推销成本	3
固定管理及推销成本	5

(1) 现有一用户提出订货3 000件，每件定价45元，剩余生产能力无法转移，追加订货不需要追加专属成本。

(2) 现有一用户提出订货3 500件，每件定价48元，剩余生产能力无法转移，该订货有特殊要求需要购置一台设备，年增加固定成本2 000元。

(3) 现有一用户提出订货4 000件，每件定价47元，剩余生产能力无法转移。

(4) 现有一用户提出订货5 000件，每件定价56元，接受订货需追加专属成本4 000元；若不接受追加订货可将设备出租，可获租金1 500元。

解：(1) 该项决策属于简单条件下是否接受特殊价格追加订货的决策。

$$甲产品的单位变动成本 = 21 + 15 + 7 + 3 = 46（元）$$

由上计算可知，定价45元小于单位变动成本46元，所以不应接受追加订货。

(2) 该项决策属于复杂条件下是否接受特殊价格追加订货的决策，要考虑追加专属成本，可采用剩余贡献毛益法，具体分析见表6－9。

表6－9　　剩余贡献毛益分析表　　单位：元

项　　目	接受追加订货方案	不接受追加订货方案
相关收入 减：相关变动成本	3 500 × 48 = 168 000 3 500 × 46 = 161 000	0 0
贡献毛益总额 减：专属成本	7 000 2 000	0 0
剩余贡献毛益	5 000	0

由上述分析可知，接受追加订货可获得5 000元的贡献毛益，即企业利润增加5 000元，故应接受追加订货。

（3）该项决策属于复杂条件下是否接受特殊价格追加订货的决策。追加订货量超过了现有剩余生产能力，冲击了正常的销量500件，所以接受该追加订货的机会成本为500×60=30 000元，可采用剩余贡献毛益法，具体分析见表6-10。

表6-10　剩余贡献毛益分析表　单位：元

项　目	接受追加订货方案	不接受追加订货方案
相关收入	4 000×47=188 000	0
减：相关变动成本	3 500×46=161 000	0
贡献毛益总额	27 000	0
减：机会成本	500×60=30 000	0
剩余贡献毛益	-3 000	0

由上述分析可知，接受追加订货可少得3 000元的贡献毛益，即企业利润减少3 000元，故不应接受追加订货。

（4）该项决策属于复杂条件下是否接受特殊价格追加订货的决策。该决策要考虑两项机会成本，一是追加订货量超过了现有剩余生产能力，冲击了正常的销量1 500件，所以接受该追加订货的机会成本为1 500×60=90 000元，二是租金收入1 500元；同时又追加了专属成本4 000元，可采用剩余贡献毛益法，具体分析见表6-11。

表6-11　剩余贡献毛益分析表　单位：元

项　目	接受追加订货方案	不接受追加订货方案
相关收入	5 000×56=280 000	0
减：相关变动成本	3 500×46=161 000	0
贡献毛益总额	119 000	0
减：机会成本	1 500×60+1 500=91 500	0
专属成本	4 000	0
剩余贡献毛益	23 500	0

由上述分析可知，接受追加订货可多得23 500元的贡献毛益，即企业利润增加23 500元，故应接受追加订货。

二、差量分析法

（一）差量分析法的含义

差量分析法是指在计算两个备选方案的差量收入和差量成本的基础上，计算出差别损益，以差量损益指标作为评价标准来选择最优方案的一种分析方法。

差量收入是指两个备选方案相关收入的差额；差量成本是指两个备选方案相关成本的差额；差量损益是差量收入与差量成本的差额。用公式表示为：

差量收入 = 甲方案相关收入 - 乙方案相关收入

差量成本 = 甲方案相关成本 - 乙方案相关成本

差量损益 = 差量收入 - 差量成本

差量损益为正数，应选择前方案，即应以甲方案为最优方案；差量损益为负数，应选择后方案，即应以乙方案为最优方案。

需要注意：应用差量分析法进行分析，在计算差量收入与差量成本时，必须首先确定哪个方案作为比较的基础，即哪个方案作为减数，哪个方案作为被减数，顺序不能颠倒，否则会得出错误的结论。该方法比较科学、简单适用，能够揭示中选的方案比放弃的方案多获得的利润或少发生的损失（即差量损益的绝对值）。该方法通常只适用于只有两个备选方案的互斥决策。若要按此法对两个以上互斥方案做出决策，就必须逐次进行筛选，故比较麻烦。

（二）应用举例

1. 开发新产品的决策

【例 6-6】 某公司使用一台设备，可以生产甲产品，也可以生产乙产品，其最大生产能力为 4 000 台时。生产甲产品需增加专属成本 10 000 元，生产乙产品需增加专属成本 15 000 元，两种产品的其他预测资料见表 6-12。试分析企业应选择开发哪种产品。

表 6-12　　甲、乙产品预测资料

项　目	甲产品	乙产品
单价（元）	100	60
单位变动成本（元）	80	46
单位产品定额台时（台/件）	5	2

根据以上资料，利用差量分析法进行以下分析（见表 6-13）：

表 6－13 差量分析表 单位：元

项目	甲产品	乙产品	差量
相关收入	100×4 000/5＝80 000	60×4 000/2＝120 000	－40 000
相关成本	74 000	107 000	－33 000
其中：增量成本	80×4 000/5＝64 000	46×4 000/2＝92 000	
专属成本	10 000	15 000	
差量损益			－7 000

从以上分析可知，差量损益小于0，应选择后方案，即应选择生产乙产品，可使企业比生产甲产品多获利润7 000元。

2. 亏损产品是否停产的决策。这里所说的亏损产品，是指按照传统的财务会计方法，即按全部成本法确定的成本大于其收入的产品。但从管理会计的角度出发，问题则不如此简单。因为这些亏损产品的成本中包含着一部分固定成本，这部分固定成本不会因停止亏损产品的生产而不发生，只会因停止这些亏损产品而转嫁到其他产品身上，从而加重其他产品的负担，致使企业利润总额减少或出现全面亏损。所以是否停止亏损产品的生产，需要具体分析具体研究。

（1）生产亏损产品的生产能力无法转移。所谓生产能力无法转移，是指当亏损产品停产以后，闲置下来的生产能力无法被用于其他方面，既不能转产，也不能将有关设备进行出租，或用于承揽零星加工业务等。此时继续生产亏损产品和停产亏损产品就构成了两个互斥方案。

【例6－7】 某企业同时生产甲、乙、丙三种产品，有关资料见表6－14，停产亏损产品，其生产能力无法转移。要求做出亏损产品是否停产的决策。

表 6－14 各种产品成本资料

项目	甲产品	乙产品	丙产品
销售量	2 000（件）	1 000（台）	800（件）
单价（元）	20	60	25
单位变动成本（元）	9	46	15
固定成本总额（元）	3 600（按各产品销售额比例分配）		

解：根据已知资料计算出甲、乙、丙三种产品的盈亏情况，见表6－15。

表 6-15　　甲、乙、丙三种产品盈亏情况　　单位：元

产品名称	甲	乙	丙	合计
销售收入	40 000	60 000	20 000	120 000
变动成本	18 000	46 000	12 000	76 000
贡献毛益	22 000	14 000	8 000	44 000
销售比重	40 000/120 000 = 2/6	60 000/120 000 = 3/6	20 000/120 000 = 1/6	1
固定成本	36 000 × 2/6 = 12 000	36 000 × 3/6 = 18 000	36 000 × 1/6 = 6 000	36 000
净利	10 000	-4 000	2 000	8 000

从上述计算结果可知，乙产品亏损 4 000 元，是否应停产呢？应注意到，企业的固定成本总额为 36 000 元，不管乙产品是否停产，其总额不变。即若停产乙产品，则其负担的固定成本 18 000 元将转嫁到甲、丙两种产品身上，所以固定成本是进行决策的无关成本。下面用差量分析法分析是否应停产乙产品，见表 6-16。

表 6-16　　差量分析表　　单位：元

项　目	继续生产乙产品	停产乙产品	差　量
相关收入	120 000	40 000 + 20 000 = 60 000	60 000
相关成本	76 000	18 000 + 12 000 = 30 000	46 000
差量损益			14 000

通过分析可知，应继续生产乙产品，因为继续生产乙产品比停产乙产品能为企业多带来利润 14 000 元，这一数额正好等于乙产品提供的贡献毛益额。

由此也可得出这样一个结论：在生产亏损产品的生产能力无法转移的情况下，只要亏损产品的贡献毛益大于零，则继续生产亏损产品比停产亏损产品要带来的利润多，其差额为亏损产品提供的贡献毛益额，所以不应停止亏损产品的生产。这是因为在这种情况下停产亏损产品，只能减少其变动成本，并不能减少其固定成本，若继续生产亏损产品，则亏损产品提供的贡献毛益就可以补偿部分固定成本，而停产亏损产品，则亏损产品负担的固定成本全部转嫁到其他产品身上，致使企业利润总额减少或出现全面亏损。反之，若亏损产品提供的贡献毛益小于零，则应立即停产亏损产品。

(2) 生产亏损产品的生产能力可以转移。如果亏损产品停产后，其闲置下来

的生产能力可以转移，如可以对外出租或用于转产其他产品、承揽零星加工业务等。此时继续生产亏损产品和转产其他产品（或出租）就构成了两个互斥方案。

【例 6－8】 依据【例 6－7】的资料，假设停产乙产品，可以将其生产能力转产丁产品，丁产品的预测资料见表 6－17。试分析是否应停产乙产品转产丁产品。

表 6－17 **丁产品预测资料** 单位：元

项　目	金　额
销售收入	25 000
变动生产成本	10 000
变动销售管理费用	900

根据已知资料，用差量分析法进行分析，见表 6－18。

表 6－18 **差量分析表** 单位：元

项　目	继续生产乙产品	转产丁产品	差　量
相关收入	60 000	25 000	35 000
相关成本	46 000	10 900	35 100
差量损益			－100

由上分析可知，应选择停产乙产品转产丁产品。因为停产乙产品转产丁产品能给企业多带来利润 100 元，所以应转产丁产品。

在此情况下也可用贡献毛益法进行分析。进行分析时就要考虑其相关的机会成本。确认生产能力转移有关的机会成本，要具体问题具体分析。如果闲置下来的生产能力用于转产或承揽零星加工业务，则与继续生产亏损产品方案有关的机会成本就是转产或承揽零星加工业务可望获得的贡献毛益；如果闲置下来的生产设备用于对外出租，则与继续生产亏损产品方案有关的机会成本就是可望获得的租金收入。然后进行比较，当亏损产品提供的贡献毛益大于其原生产能力转移有关的机会成本，则不应停产；否则就应停产亏损产品，并将原有生产能力转移。

3. 接受特殊价格追加订货的决策

【例 6－9】 依据【例 6－5】的资料（2）、（3）、（4），接受追加订货与拒绝追加订货就构成了两个互斥方案，可用差量分析法进行分析。

(1)

表 6-19　差量分析表　单位：元

项目＼方案	接受追加订货	拒绝追加订货	差　量
相关收入	3 500 × 48 = 168 000	0	168 000
相关成本	156 000	0	163 000
其中：增量成本	3 500 × 46 = 161 000	0	
专属成本	2 000	0	
差别损益			5 000

从计算分析可知，接受追加订货可多获利润 5 000 元，所以应接受追加订货。

(2)

表 6-20　差量分析表　单位：元

项目＼方案	接受追加订货	拒绝追加订货	差　量
相关收入	4 000 × 47 = 188 000	0	188 000
相关成本	191 000	0	191 000
其中：增量成本	3 500 × 46 = 161 000	0	
机会成本	500 × 60 = 30 000	0	
差别损益			-3 000

从计算分析可知，接受追加订货可少获利润 3 000 元，所以不应接受追加订货。

(3)

表 6-21　差量分析表　单位：元

项目＼方案	接受追加订货	拒绝追加订货	差　量
相关收入	5 000 × 56 = 280 000	0	280 000
相关成本	256 500	0	256 500
其中：增量成本	3 500 × 46 = 161 000	0	
专属成本	4 000	0	
机会成本	1 500 × 60 + 1 500 = 91 500	0	
差别损益			23 500

从计算分析可知，接受追加订货可多获利润 23 500 元，所以应接受追加订货。

4．产品是直接出售还是深加工的决策。某些企业生产的产品可按不同的加工程度组织经营，如深加工前的半成品、联产品既可以直接出售，也可以经深加工后再出售，因此，这类企业就面临着把半成品、联产品直接出售还是深加工后再出售的决策。

在产品加工程度的决策分析中，深加工前的半成品、联产品的成本属于沉没成本，是与决策无关的成本，相关成本只包括与深加工直接有关的成本。

【例 6－10】 某企业生产甲半成品 3 500 件，其单位变动成本为 4 元，单价 8 元，固定成本为 12 000 元。如果把甲半成品进一步深加工为产成品，单位售价为 16 元，但需要追加单位变动成本 4 元，追加固定成本 14 000 元；若不进一步加工，可将投资在其固定成本的资金购买债券，每年可获债券利息 3 000 元。要求作出甲半成品是直接出售还是深加工后再出售的决策。

根据以上资料，用差量分析法进行分析，见表 6－22。

表 6－22　　差量分析表　　单位：元

项目＼方案	甲半成品深加工	甲半成品直接出售	差　量
相关收入	16×3 500＝56 000	3 500×8＝28 000	28 000
相关成本	31 000	0	31 000
其中：增量成本	4×3 500＝14 000	0	
专属成本	14 000	0	
机会成本	3 000	0	
差别损益			－3 000

通过以上分析可知，深加工甲半成品为产成品后再出售，比将甲半成品直接出售少得利润 3 000 元，所以，应直接出售甲半成品。

【例 6－11】 某企业每年生产 1 000 件甲半成品，其单位完全生产成本为 18 元（其中单位固定制造费用为 2 元），甲半成品的单价为 20 元。企业目前已具备将 80%的甲半成品深加工为乙产成品的能力，但每深加工一件甲半成品需要追加 5 元的变动加工成本。乙产成品的单价为 30 元。假定加工过程中乙产成品的废品率为 1%。要求：在以下不相关情况下，作出甲半成品是否需深加工的决策：

（1）深加工能力无法转移；

（2）深加工能力可用于承揽零星加工业务，预计可获得贡献毛益 4 000 元；

（3）深加工能力无法转移，需追加 5 000 元专属成本，可使深加工能力达到 100%，并使废品率降低为零。

根据以上资料，用差量分析法进行以下分析：

（1）

表 6－23　差量分析表　单位：元

项　目	深加工	直接出售	差异额
相关收入	30×800×99%＋200×20＝27 760	1 000×20＝20 000	7 760
相关成本：	4 000	0	4 000
增量成本	800×5＝4 000		
差别损益			3 760

因为差别损益 3 760 元大于零，表明将甲半成品深加工后再出售比直接出售可多获利润 3 760 元，所以应选择将甲半成品深加工。

（2）

表 6－24　差量分析表　单位：元

项　目	深加工	直接出售	差异额
相关收入	30×800×99%＋200×20＝27 760	1 000×20＝20 000	7 760
相关成本：	8 000	0	8 000
增量成本	5×800＝4 000		
机会成本	4 000		
差别损益			－240

因为差别损益为－240 元小于零，表明将甲半成品深加工后再出售比直接出售可少得利润 240 元，所以应选择将甲半成品直接出售。

（3）

表 6－25　差量分析表　单位：元

项　目	深加工	直接出售	差异额
相关收入	1 000×30＝30 000	1 000×20＝20 000	10 000
相关成本：	10 000		10 000
增量成本	1 000×5＝5 000		
专属成本	5 000		
差别损益			0

由上可知，差别损益为0，表明将甲半成品深加工后再出售与直接出售二者给企业带来同样多的利润，所以深加工与直接出售两方案均可。

三、相关成本分析法

（一）相关成本分析法的含义

相关成本分析法是指在短期经营决策中，当各备选方案的相关收入均相同，通过比较各方案的相关成本指标，来选择最优方案的一种方法。

相关成本是个反指标，以此为标准应选择相关成本最小的方案为最优方案。该分析方法适用于两个或两个以上方案的决策。

（二）应用举例

1. 需要量确定时的零部件自制还是外购的决策。零部件自制或外购的决策是指企业在生产过程中，产品所需要的零部件可以依靠自身力量制造，也可以在市场上购买，两者选择其一的决策。它属于互斥决策的类型，通常涉及“自制零部件”和“外购零部件”两个备选方案。决策过程中需要量是已知的，不涉及相关收入，只需要考虑相关成本。

若企业零部件外购，自制零部件的设备等剩余生产能力无法转移，则不考虑机会成本；若企业零部件外购，自制零部件的设备等剩余生产能力可以转移，则剩余生产能力转移所产生的收益就构成了自制方案的机会成本，企业决策时必须予以考虑。同时，在自制或外购零部件时，若需追加专属成本，则追加的专属成本也属于决策相关的成本，决策时必须予以考虑。在以上情况下，只要年需要量是确定的均可采用相关成本分析法进行决策，否则不能使用。

【例6-12】 某企业年需要A零件2 000件，可以自制也可以外购。外购单位采购成本为21元，外购一次的差旅费为1 000元，每年外购4次。自制的单位产品成本为22元，自制每年需增加专属成本4 000元。如果外购，生产A零件的设备可以对外出租，每年可获租金6 000元。自制A零件的单位产品成本资料见表6-26。要求做出A零件自制还是外购的决策。

表6-26　　A零件成本资料　　单位：元

项目	金额
直接材料	8
直接人工	5
变动制造费用	4
固定制造费用	5
合计	22

据以上资料分析可知：自制A零件的单位产品成本是22元，其中直接材料、直接人工和变动制造费用合计为17元，属于相关成本，自制每年增加的专属成本4 000元也属于相关成本，出租设备的租金收入3 500元是自制方案的机会成本。而A零件分摊的5元的固定制造费用则属于无关成本，决策时无需考虑。外购的单位采购成本21元属于增量成本，外购的差旅费属于专属成本，二者均是与决策相关的成本。由于A零件的需要量是确定的，所以可采用相关成本分析法，见表6－27。

表6－27 相关成本分析表 单位：元

项目＼方案	自　制	外　购
增量成本	2 000×17＝34 000	2 000×21＝42 000
专属成本	4 000	1 000×4＝4 000
机会成本	6 000	
相关成本合计	44 000	46 000

由以上分析表可知，自制方案比外购方案的相关成本低2 000元，所以应选择自制方案。

2. 年产量确定时不同生产工艺技术方案的决策。企业在生产过程中，有时同一种产品可以采用机械化程度不同的设备进行生产。一般来说，生产设备越先进，其固定成本就越高，而由于其技术先进，其生产产品的单位变动成本就越低；反之，其固定成本则低，生产产品的单位变动成本就越高。在进行不同生产工艺方案的决策分析时，在生产规模一定的情况下要根据相关成本的大小来选择机械化程度不同的设备进行生产。

【例6－13】 某企业每年生产甲产品800件，有A、B、C三种机械化程度不同的设备可供选择，A设备的年专属固定成本为40 000元，单位变动成本为120元；B设备的年专属固定成本为28 000元，单位变动成本为190元；C设备的年专属固定成本为32 000元，单位变动成本为165元。要求做出选择何种设备生产甲产品的决策分析。

根据以上资料计算，使用每种设备生产800件甲产品的相关成本如下：

使用A设备的年相关成本＝40 000＋120×800＝136 000（元）

使用B设备的年相关成本＝28 000＋190×800＝180 000（元）

使用C设备的年相关成本＝32 000＋165×800＝164 000（元）

由此看出，使用A设备生产甲产品的相关成本最低，所以应选择A设备生产甲产品。

四、成本平衡点分析法

（一）成本平衡点分析法的含义

成本平衡点又称成本无差别点，是指两个方案总成本相等时的业务量。成本平衡点分析法是指在各备选方案的相关收入均相同，相关的业务量不确定的条件下，通过判断处于不同水平上的业务量与成本无差别点业务量之间的关系，做出互斥方案决策的一种方法。

$$成本平衡点业务量=\frac{两方案相关固定成本额}{两方案单位变动成本差额}$$

成本平衡点分析法应用的条件不但要求各备选方案收入相同、业务量不确定，而且要求各方案的业务量单位必须相同，方案之间的相关固定成本水平与单位变动成本水平相互矛盾（即第一个方案的相关固定成本大于第二个方案的相关固定成本，而第一个方案的单位变动成本又恰恰小于第二个方案的单位变动成本），否则不能使用。

在一定业务量范围内，决策的标准应选择相关成本最小的方案为最优方案。如果预计未来的业务量在成本平衡点之下，应选择固定成本较低的方案，在此种情况下总成本较低；如果预计未来的业务量在成本平衡点之上，应选择固定成本较高的方案，在此种情况下总成本较低；如果预计未来的业务量等于成本平衡点业务量，两方案均可，在此情况下两方案总成本相等。

（二）应用举例

1. 零部件需要量不确定条件下的自制或外购决策。若企业零部件外购，自制零部件的设备等剩余生产能力无法转移，则不考虑机会成本，否则应考虑其机会成本；在自制或外购零部件时，若需追加专属成本，则追加的专属成本也属于决策时必须予以考虑的相关成本。

在一般情况下，自制零部件的单位变动成本较低，则其相关固定成本较高；外购同一零部件的单位变动成本较高，则其相关固定成本较低，甚至没有。所以，当所需零部件业务量小于成本平衡点业务量时，应选择外购方案；当所需零部件业务量大于成本平衡点业务量时，应选择自制方案；当所需零部件业务量等于成本平衡点业务量时，自制与外购均可。

【例 6－14】 某企业需要一种 B 零件，可以自制也可以外购。外购单价为 45 元，年固定采购费用为 2 000 元；自制的单位变动成本为 20 元，自制每年需追加专属成本 42 000 元。要求分析 B 零件在何条件下应自制，在何条件下应外购。

由于B零件的年需要量不确定，所以应采用成本平衡点分析法。

$$成本平衡点业务量 = \frac{42\ 000 - 2\ 000}{45 - 20} = 1\ 600（件）$$

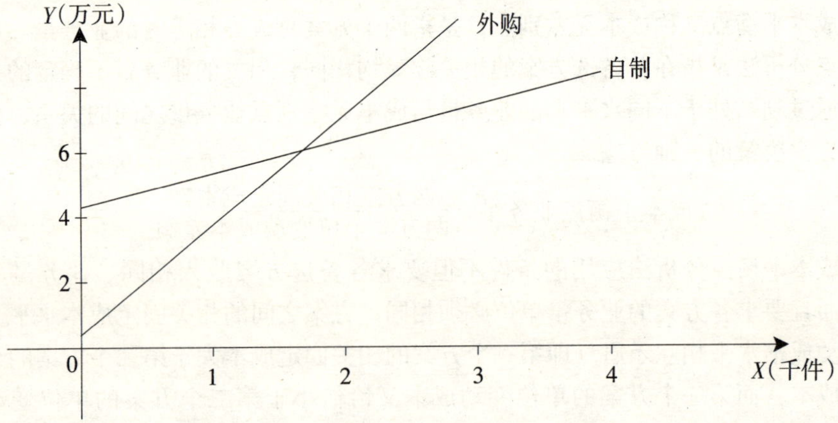

图 6－1 B零件自制和外购决策图解

当B零件的年需要量等于1 600件时，自制和外购均可，两方案的成本是相等的；当B零件的年需要量大于1 600件时，应选择自制方案，自制方案总成本较低；当B零件的年需要量小于1 600件时，应选择外购方案，外购方案总成本较低。图解见图6－1。

2. 年产量不确定时不同生产工艺技术方案的决策。不同生产工艺技术方案的决策是指企业在组织生产过程中，围绕不同的生产工艺技术方案所作的决策。它属于互斥方案的决策类型，各备选方案通常只涉及相关成本，而不涉及相关收入。

在一般情况下，用先进的设备或工艺组织生产，固定成本较高，但由于提高了劳动生产率，降低了人工费用等，所以其单位变动成本较低；而采用普通设备或工艺组织生产，固定成本较低，但其单位变动成本较高。因此生产一种产品，对企业来说就存在一个选择在何范围内用何种设备和工艺组织较为合算的决策。该决策可用成本平衡点法，当产量小于成本平衡点产量时，应采用单位变动成本较高而固定成本较低的方案进行生产；当产量大于成本平衡点产量时，应采用单位变动成本较低而固定成本较高的方案进行生产；当产量等于成本平衡点产量时，两种方案均可。

【例 6-15】 某企业生产 A 零部件，可采用普通车床和数控车床两种不同设备进行加工。两种设备的具体资料见表 6-28。要求根据以下不相关情况做出采用何种设备组织生产的决策。

（1）A 零部件年产量 1 000 件；

（2）A 零部件年产量 2 000 件；

（3）A 零部件年产量 1 500 件。

表 6-28　　**成本资料表**　　单位：元

设备名称	普通车床	数控车床
单位变动成本	6	3
固定成本	500	5 000

根据以上条件，计算成本平衡点业务量：

$$成本平衡点业务量 = \frac{5\ 000 - 500}{6 - 3} = 1\ 500（件）$$

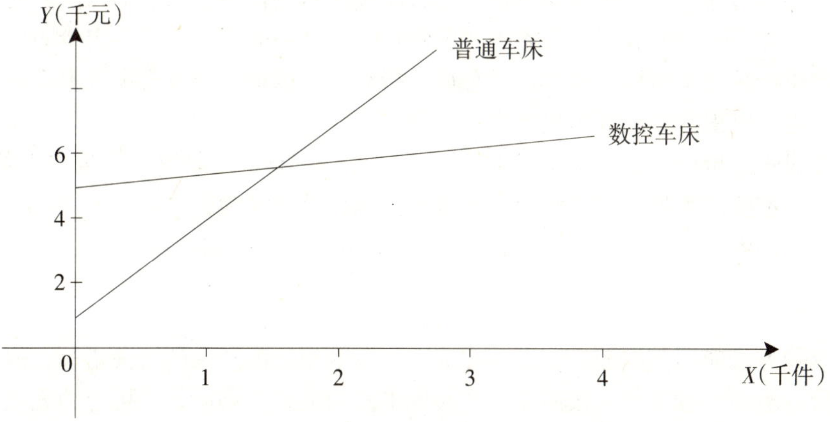

图 6-2　A 零件不同生产工艺决策图解

计算结果表明：（1）当 A 零部件年产量为 1 000 件时，应采用普通车床进行加工，这样可节约成本。

（2）当 A 零部件年产量为 2 000 件时，应采用数控车床进行加工，这样可节约成本。

（3）当 A 零部件年产量为 1 500 件时，采用普通车床或数控车床均可，两方案总成本相等。图解见图 6－2。

第四节　定价决策分析方法

一、定价决策应考虑的因素

管理会计中的定价决策只是在一定范围内才起作用的，而并非适用于确定所有商品的价格。本教材的定价决策所涉及的价格是指企业的可控制价格。企业可控制价格是指企业可以自行进行决定的价格，企业的经济效益与定价决策的好坏有着密切的联系。企业定价决策应充分考虑如下因素：(1) 商品的价值；(2) 成本消耗的水平；(3) 商品的质量水平；(4) 供求关系与竞争形式；(5) 价格弹性；(6) 产品所处的寿命周期阶段；(7) 定价目标的导向；(8) 国家的价格政策；(9) 定价的方法与策略。

二、以成本为导向的定价决策分析方法

以成本为导向的定价决策分析方法又叫按成本定价的方法。即以产品成本为基础，再加上一定的利润等因素来考虑制定产品价格的方法。产品定价的依据可以是单位产品成本指标，也可以是总成本指标；可以根据全部成本法提供的资料定价，也可以根据变动成本法提供的资料定价。

按成本定价的主要方法是成本加成定价法，一般是以单位产品成本为基础，再加上一定的成本加成率来确定产品价格。其计算公式为：

$$\text{产品价格}=\text{预计（目标）单位成本}\times(1+\text{成本加成率})$$

$$\text{成本加成率}=\frac{\text{加成内容}}{\text{加成基础}}$$

这种方法应用范围较广，因为加成率可以沿用标准产品的有关指标，故在长期定价时运用十分方便。按照单位产品成本的构成内容不同，又可分为完全成本法下的成本加成定价法和变动成本法下的成本加成定价法。

(一) 完全成本加成定价法

完全成本加成定价法的成本基础是单位产品的制造成本，加成内容包括期间成本和目标利润。用公式表示为：

$$\begin{aligned}\text{销售价格}&=\text{单位产品成本}+\text{单位目标利润额}\\&=\text{单位产品成本}(1+\text{成本加成率})\end{aligned}$$

$$\text{成本加成率}=\frac{\text{目标利润}+\text{期间成本}}{\text{产品制造成本}}\times100\%$$

【例 6－16】 某公司产销单一产品，预计年产销量为 1 000 件，目标利润 14 000元，其他资料见表 6－29。

表 6－29 成本资料表 单位：元

成本项目	单位成本	总成本
直接材料	20	20 000
直接人工	10	10 000
变动制造费用	10	10 000
固定制造费用	20	20 000
变动推销及管理费用	2	2 000
固定推销及管理费用	8	8 000

根据上述资料可计算出：

$$单位产品制造成本 = 20 + 10 + 10 + 20 = 60（元）$$

$$期间成本 = 2\ 000 + 8\ 000 = 10\ 000（元）$$

$$成本加成率 = \frac{14\ 000 + 10\ 000}{60 \times 1\ 000} \times 100\% = 40\%$$

$$产品价格 = 60 \times（1 + 40\%）= 84（元）$$

（二）变动成本加成定价法

变动成本加成定价法是以单位产品的变动成本为基础，以全部固定成本和目标利润为加成内容的一种定价方法。用公式表示为：

$$销售价格 = 单位变动生产成本 \times（1 + 成本加成率）$$

$$成本加成率 = \frac{目标利润 + 固定成本}{产品变动成本} \times 100\%$$

【例 6－17】 依据【例 6－16】的资料，确定产品价格。

$$单位产品变动生产成本 = 20 + 10 + 10 = 40（元）$$

$$固定成本 = 20\ 000 + 8\ 000 = 28\ 000（元）$$

$$成本加成率 = \frac{14\ 000 + 28\ 000}{40 \times 1\ 000} \times 100\% = 105\%$$

$$产品价格 = 40 \times（1 + 105\%）= 82（元）$$

成本加成定价法计算方便，容易理解，特别是在市场因素基本稳定的情况下，可以保证企业获取正常的预期利润。然而，成本加成定价法也有明显不足，它只考虑产品本身成本的补偿和获取预期利润情况，而忽视了产品的社会价值、市场供求和竞争情况，也没有考虑消费者的心理因素等，仅仅是从保证卖方利益

从表中计算可知，甲产品的价格为 50 元时，企业获取的利润最大，所以 50 元为最优价格。

四、以特殊要求为导向的定价决策方法

（一）保本定价法

保本定价法是指在一定的预期销售量下使总收入等于总支出时确定销售价格的一种方法，这个价格称为保本价格，用公式表示为：

$$保本价格 = 单位变动成本 + \frac{专属固定价格}{预计销量}$$

在市场经济条件下，有些企业生产经营的个别产品的价格在一定条件下可能定的较低，只有微利甚至只是为了保本，只要实际价格略大于保本价格，企业就不亏损。这种方法适用于竞争产品保守价格的制定和计算确定那些需要追加专属成本的特殊订货的最低可行价格。

（二）保利定价法

保利定价法是指根据本量利分析原理，用实现目标利润的价格计算公式进行定价的一种方法。用公式表示为：

$$保利价格 = 单位变动成本 + \frac{固定成本 + 目标利润}{预计销量}$$

五、调价决策分析方法

调价决策分析是研究以调价后的利润能否增加为标准来决定是否调价的一种决策。一般采用利润无差别点法。

利润无差别点是指某种产品为确保原有盈利能力，在调价后应至少达到的销售量指标。用公式表示为：

$$利润无差别点 = \frac{固定成本 + 调价前利润}{拟调单价 - 单位变动成本}$$

利润无差别点分析法又称利润平衡点分析法，是指利用调价后可望实现的销售量与利润无差别点销售量之间的关系进行调价决策的一种分析方法。若调价后可望实现的销售量大于利润无差别点销售量，则可考虑调价，调价后可多得利润；若调价后可望实现的销售量小于利润无差别点销售量，则不能调价，因为调价后可少得利润；若调价后可望实现的销售量等于利润无差别点销售量，则调价与不调价均可，二者的效益一样。

【例 6-19】 某企业生产一种丁产品，现行市场售价为 250 元，可销售 500 件，丁产品的单位变动成本为 130 元，年固定成本为 40 000 元，该企业最大生产

产能力为600件。丁产品的价格每变动1%，可使销售量变动4%，当产量超过企业最大生产能力时，扩大产量在200件以内将增加固定成本20%，要求采用利润平衡点法评价以下不相关条件下的调价方案是否可行。（1）单价降低5%；（2）单价降低10%。

解：（1）单价降低5%，则销量提高20%（5×4%）

预计销量＝500（1＋20%）＝600（件）

调价前利润＝（250－130）×500－40 000＝20 000（元）

拟调价格＝250（1－5%）＝237.5（元）

利润平衡点销量＝$\dfrac{40\ 000+20\ 000}{237.5-130}\approx 558$（件）

因为预计销量600件大于利润平衡点销量558件，又不超过企业最大生产能力，所以该调价方案可行。

（2）单价降低10%，则销量提高40%（10×4%）

预计销量＝500（1＋40%）＝700（件）

预计销量超过了企业最大生产能力，若扩大生产，其固定成本为：

固定成本＝40 000（1＋20%）＝48 000（元）

拟调价格＝250（1－10%）＝225（元）

利润平衡点销量＝$\dfrac{48\ 000+20\ 000}{225-130}\approx 716$（件）

因为预计销量700件小于利润平衡点销量716件，所以该调价方案不可行。

第五节　存货决策分析方法

一、存货成本

存货是指企业在日常活动中持有以备出售的产成品或商品、处在生产过程中的在产品、在生产过程或提供劳务过程中耗用的材料和物料等。

存货是企业重要的流动资产。企业总有储存存货的需要，因为企业在实际生产经营过程中很难做到随时购入生产或销售所需要的、并且价格较优惠的各种存货。加强存货的管理，使存货保持合理的储备水平，既有利于保证企业的生产经营活动的正常进行，又有利于节约资金占用，加速资金周转，提高企业的经济效益。存货的范围很广，本节主要研究库存材料的采购问题，即研究在保证生产需要的前提下，如何确定采购材料的数量才能使企业的存货总成本最低。与存货有关的成本主要是取得成本、储存成本和缺货成本三个部分。

（一）取得成本

取得成本是指为取得某种存货而发生的成本，通常用 TC_a 来表示。取得成本又分为订货成本和购置成本。

1. 订货成本。订货成本是指为取得订单而发生的成本，主要有办公费、差旅费、邮资、信息费、电话费等支出。订货成本中有一部分与订货次数无关，如常设采购机构的基本支出等，称为订货的固定成本，用 F_1 表示；另一部分与订货次数有关，如差旅费、邮资等，称为订货的变动成本，每次订货的变动成本用 K 表示，每年订货次数等于存货年需要量 D 除以每次进货量 Q。订货成本的计算公式为：

$$订货成本 = F_1 + \frac{D}{Q} \cdot K$$

在存货的决策中，订货的固定成本是无关成本，订货的相关成本即为订货的变动成本。

2. 购置成本。存货的购置成本是指存货本身的价值，其数额等于年购置数量 D 与单位采购成本 U 的乘积，用公式表示为：

$$购置成本 = D \cdot U$$

由此看，存货的取得成本等于订货成本与购置成本之和，用公式表示为：

$$取得成本 = 订货成本 + 购置成本$$

$$TC_a = \left(F_1 + \frac{D}{Q} \cdot K\right) + DU$$

（二）储存成本

储存成本是指为保存存货而发生的成本，包括仓库费用、保险费用、存货破损和变质费用以及存货占用资金所应计的利息等，通常用 TC_a 来表示。

储存成本也分为固定成本和变动成本。固定储存成本与储存的存货数量无关，如仓库折旧费、仓库保管员的固定月工资等，通常用 F_2 表示。变动储存成本与储存的存货数量有关，如存货占用资金的应计利息、存货破损和变质损失、存货的保险费用等，通常单位变动储存成本用 K_c 来表示。变动储存成本就等于存货平均储存量与单位变动储存成本的乘积，其计算公式为：

$$变动储存成本 = \frac{Q}{2} \cdot K_c$$

储存存货的总成本用公式表示为：

$$储存成本 = 固定储存成本 + 变动储存成本$$

$$TC_c = F_2 + \frac{Q}{2} \cdot K_c$$

(三) 缺货成本

缺货成本是指由于存货供应中断而造成的损失，包括材料供应中断造成的停工损失、产成品库存短缺造成的拖欠发货损失和丧失销售机会的损失，如果生产企业紧急采购代用材料解决库存材料中断之急，那么缺货成本表现为紧急额外购入成本（紧急额外购入的开支会大于正常采购的开支）。缺货成本通常用 TC_s 表示。

如果以 TC 来表示存货的总成本，其计算公式为：

存货成本 = 取得成本 + 储存成本 + 缺货成本

$$TC = TC_a + TC_c + TC_s$$

$$TC = \left(F_1 + \frac{D}{Q} \cdot K + D \cdot U\right) + \left(F_2 + \frac{Q}{2} \cdot K_c\right) + TC_s$$

企业存货的最优化管理，即使上式总成本 TC 达到最小值。

二、存货决策分析

这里的存货决策分析是指按照存货管理的目的，需要通过合理的进货批量和进货时间，使存货的总成本最低。使存货的总成本最低的进货量叫做经济订货量或经济批量。有了经济订货量，就很容易地找出最适宜的进货时间。

影响存货总成本的变量有很多，为了先研究简单的问题，再扩大到复杂的问题，需要设立一些假定条件，在此基础上建立经济订货量的基本模型。

(一) 经济订货量的基本模型

1. 假定条件。经济订货量基本模型需要设立的假定条件是：

(1) 企业能够及时补充存货，即需要存货时便可立即取得存货。

(2) 能集中到货，而不是陆续入库。

(3) 不允许缺货，即无缺货成本，TC_s 为零，这是因为良好的存货管理本来就不应该出现缺货成本。

(4) 年需求量稳定，并且能预测，即 D 为已知常量。

(5) 存货单价不变，不考虑现金折扣，即 U 为已知常量。

(6) 企业现金充足，不会因现金短缺而影响进货。

(7) 所需存货市场供应充足，不会因买不到需要的存货而影响其他。

2. 经济订货量的基本模型。有了上述假设条件后，存货总成本的公式可以简化为：

$$TC = \left(F_1 + \frac{D}{Q} \cdot K + D \cdot U\right) + \left(F_2 + \frac{Q}{2} \cdot K_c\right)$$

当 F_1、K、D、U、F_2、K_c 为常量时，TC 的大小取决于 Q。假设与 Q 相

关的存货总成本 TC_Q，则用公式表示为：

$$TC_Q = \frac{D}{Q} \cdot K + \frac{Q}{2} \cdot K_c$$

根据极值原理，当$\frac{D}{Q} \cdot K = \frac{Q}{2} \cdot K_c$时，$TC_Q$ 达到最小值，此时存货的进货量则为经济订货量，用 Q^* 表示，计算公式为：

$$Q^* = \sqrt{\frac{2KD}{K_c}}$$

这一公式称为经济订货量的基本模型，与经济订货量相关的总成本 TC_Q 的最小值用公式表示为：

$$TC_Q = \frac{D}{Q^*} \cdot K + \frac{Q^*}{2} \cdot K_c = Q^* \cdot K_c$$

即：$TC_Q = \sqrt{2KDK_c}$

每年订货次数 N 的计算公式为：

$$N = \frac{D}{Q^*} = \frac{D}{\sqrt{\frac{2KD}{K_c}}} = \sqrt{\frac{DK_c}{2K}}$$

最佳订货周期 t^* 为：

$$t^* = \frac{360}{N}$$

经济订货量占用的资金是指最高订货量与最低订货量占用资金的平均数，用 I^* 表示，计算公式为：

经济订货量占用资金 = 平均经济订货量 × 单位购置成本

$$I^* = \frac{Q^*}{2} \cdot U$$

【例 6－20】 某企业每年需要甲材料 3 600 千克，甲材料单位采购成本为 10 元，单位储存成本为 2 元，一次订货成本为 25 元，试计算有关指标如下：

$$Q^* = \sqrt{\frac{2KD}{K_c}} = \sqrt{\frac{2 \times 3\ 600 \times 25}{2}} = 300(\text{千克})$$

$$N = \frac{D}{Q^*} = \frac{3\ 600}{300} = 12(\text{次})$$

$$TC_Q = \sqrt{2KDK_c} = \sqrt{2 \times 25 \times 3\ 600 \times 2} = 600(\text{元})$$

$$\text{或} = K_c \cdot Q^* = 2 \times 300 = 600(\text{元})$$

$$t^* = \frac{360}{N} = \frac{360}{12} = 30(天)$$

$$I^* = \frac{Q^*}{2} \cdot U = \frac{300}{2} \times 10 = 1\ 500(元)$$

(二) 基本模型的扩展

经济订货量的基本模型是在上述假设条件下建立的，但在实际生活中，很难满足此假设条件的要求，为此需要研究复杂条件下的经济批量问题，并确定出其模型。

1. 订货提前期。在一般情况下，企业生产经营所需要的存货由于受购货地点、交通条件、资金的供给等客观因素的影响，不可能随用随时补充，因此，为了保证企业生产经营活动的连续正常进行，不能等到存货消耗完以后再去订货，而需要在存货还有剩余时提前订货。为此，需要研究在存货不能及时补充，而经济订货量基本模型的其他假设条件不变的情况下如何提前订货的问题。

在提前订货的情况下，企业再次发出订货单时，尚有的存货库存量若正好在交货时间内耗用完，会使存货成本最低，这样既能保证存货的正常耗用，又不会因为存货储量过多形成资金占用上的浪费，此时的存货库存量称为再订货点，用 R 表示，其数量应等于交货时间 L 和每日平均需要量 d 的乘积。用公式表示为：

$$R = L \times d$$

【例 6 - 21】 续前例，企业订货日至到货期的时间为 10 天，每日存货需要量为 10 公斤，再订货点为：

$$R = L \times d = 10 \times 10 = 100\ (公斤)$$

这就是说，企业库存还有 100 公斤存货时，就应再次订货，等到下次订货到达时，则这 100 公斤的存货刚好用完。此时有关存货的每次订货量、订货次数、订货时间间隔等并无变化，与瞬间补充时相同。订货提前期的情形见图 6 - 3。这说明订货提前期对经济订货量并没有影响。

2. 存货陆续供应和使用。在建立经济批量的基本模型时，是假设存货集中到货而不是陆续入库，故存货增加时其数量的变化为一条垂直的直线。而实际中，各批存货往往是陆续入库的，使存量陆续增加。在这种情况下需要对经济批量的基本模型进行修改。

设每日送货量为 p，每批订货数量仍为 Q，则该批存货全部到达所需天数，即送货期为$\frac{Q}{p}$；存货每日耗用量为 d，则送货期内的全部耗用量为$\frac{Q}{p} \cdot d$；由于存货边送边用，所以每批送完时，最高库存量为 $Q - \frac{Q}{p} \cdot d$；则平均库存量为

$\frac{1}{2}\left(Q-\frac{Q}{p}\cdot d\right)$。这样与批量有关的总成本为：

$$TC_Q=\frac{D}{Q}\cdot K+\frac{1}{2}\left(Q-\frac{Q}{p}\cdot d\right)\cdot K_c$$

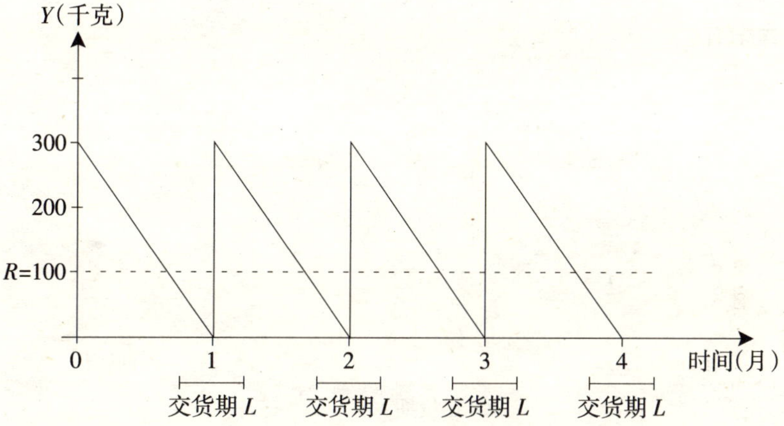

图 6－3　订货提前期模型图解

根据极值原理，在订货变动成本与储存变动成本相等时，TC_Q 有最小值，用公式表示为：

$$\frac{D}{Q}\cdot K=\frac{1}{2}\left(Q-\frac{Q}{p}\cdot d\right)\cdot K_c$$

故陆续供应和使用经济订货量的模型为：

$$Q^*=\sqrt{\frac{2KD}{K_c}\cdot\frac{p}{p-d}}$$

在此情况下，与经济订货量有关的总成本为：

$$TC_Q=\sqrt{2KDK_c\cdot\frac{p-d}{p}}$$

存货数量的变动见图 6－4。

【例 6－22】 某零件的年需要量为 3 600 件，每日送货量为 30 件，每日耗用量为 10 件，单价为 10 元，一次订货成本为 25 元，单位储存变动成本为 2 元。试计算经济订货量与其总成本。

$$Q^*=\sqrt{\frac{2KD}{K_c}\cdot\frac{p}{p-d}}=\sqrt{\frac{2\times25\times3\,600\times2}{2}\times\frac{30}{30-10}}=367(\text{件})$$

$$TC_Q = \sqrt{2KDK_c \cdot \frac{p-d}{p}} = \sqrt{2 \times 25 \times 3\,600 \times 2 \times \left(1 - \frac{10}{30}\right)} = 490(元)$$

陆续供应和使用经济订货量的模型，还可以用于自制和外购的决策。自制零件属于边送边用的情况，这时就可借用陆续供应或瞬时补充的模型。

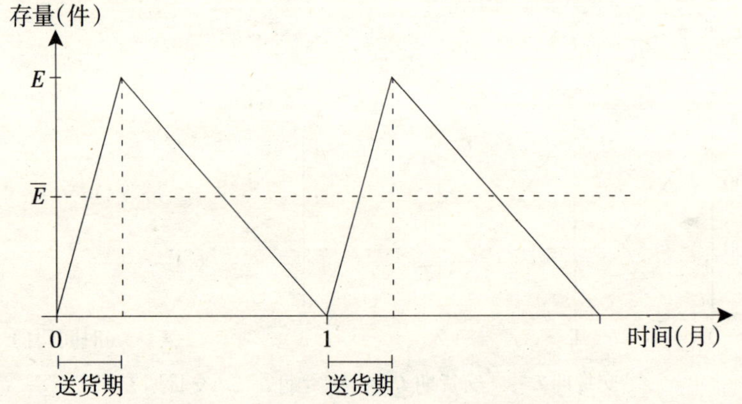

图 6-4　存货陆续供应和使用模型图解

3. 保险储备。上述分析假定存货的供需是稳定且确知的，即每日需求量不变，交货时间也固定不变。实际上，每日需求量可能变化，交货时间也可能变化。按照某一订货批量（如经济批量）和再订货点发出订单后，如果需求增大或送货延迟，就会发生缺货或供货中断。为防止由此造成的损失，就需要多储备一些存货以备应急之需，这些多储备的存货称为保险储备。这些存货在正常情况下不动用，只有当存货过量使用或送货延迟时才动用。保险储备如图 6-5 所示。

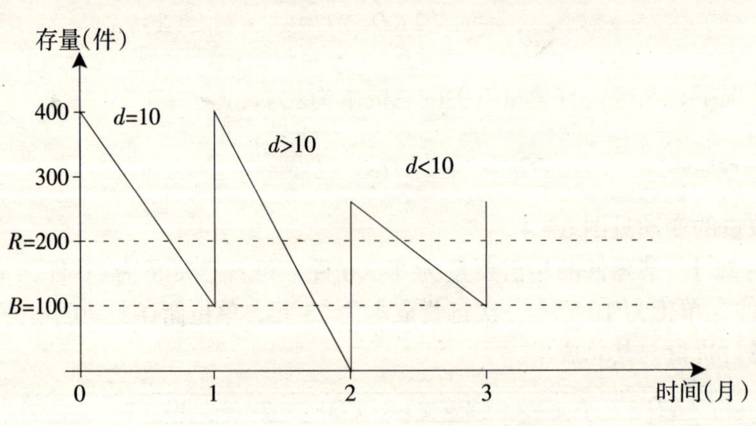

图 6-5　保险储备模型图解

在图 6-5 中，年需要量 D 为 3 600 件，已计算出经济订货量 Q^* 为 300 件，每年订货 12 次。又知全年日平均需要量 d 为 10 件，平均每次交货时间 L 为 10 天。为防止需求变化引起缺货损失，设保险储备量 B 为 100 件，再订货点由此而相应提高为：

$$
\begin{aligned}
R &= \text{交货时间} \times \text{平均日需要量} + \text{保险储备} \\
&= L \cdot d + B \\
&= 10 \times 10 + 100 \\
&= 200\text{（件）}
\end{aligned}
$$

在第一个订货周期里，$d = 10$，不需要动用保险储备；在第二个订货周期内，$d > 10$，需求量大于供货量，需要动用保险储备；在第三个订货周期内，$d < 10$，不仅不需要动用保险储备，正常储备也未用完，下次存货即已送到。

建立保险储备，虽然可以使企业避免缺货或供应中断造成的损失，但存货平均储备量加大却使储备成本提高。所以研究保险储备的目的就是要找出合理的保险储备量，使缺货或供应中断损失和储备成本之和最小。其具体方法是先计算出不同保险储备量的总成本，然后再对总成本进行比较，选定其中最低的总成本对应的保险储备量。

若设与此有关的总成本为 $TC(S,B)$，缺货成本为 C_S，保险储备成本为 C_B，则：

$$TC(S,B) = C_S + C_B$$

设单位缺货成本为 K_U，一次订货缺货量为 S，年订货次数为 N，保险储备量为 B，单位存货储存成本为 K_c，则：

$$
\begin{aligned}
C_S &= K_U \cdot S \cdot N \\
C_B &= B \cdot K_c \\
TC(S,B) &= K_U \cdot S \cdot N + B \cdot K_c
\end{aligned}
$$

在实际中，缺货量 S 是有概率的，可根据其概率求其平均数；保险储备可根据其对应的总成本大小选定。

【例 6-23】 假设 $D = 3\ 600$ 件，$K_c = 2$ 元，$K_U = 4$ 元，$L = 10$ 天，经济批量 $Q = 300$ 件，每年订货次数 $N = 12$ 次，交货期内的存货需要量及其概率分布见表 6-32。

表 6-32　　**预测资料**

需要量 d	70	80	90	100	110	120	130
概率 P	0.01	0.04	0.20	0.5	0.20	0.04	0.01

第一，先计算不同保险储备的总成本：

$$平均日需求量\ d=\frac{3\,600}{360}=10（件）$$

（1）不设保险储备量

即 $B=0$，再订货点为 100 件。此情况下，当日需求量为 100 件或者 100 件以下时，不会发生缺货，其概率为 0.75（0.01 + 0.04 + 0.20 + 0.50）；当需求量为 110 件时，缺货 10 件，其概率为 0.20；当需求量为 120 件时，缺货 20 件，其概率为 0.04；当需求量为 130 件时，缺货 30 件，其概率为 0.01。因此，$B=0$ 时缺货的期望值 S_0 为：

$$S_0=(110-100)\times0.2+(120-100)\times0.04+(130-100)\times0.01=3.1(件)$$

总成本 TC（S，B）为：

$$\begin{aligned}TC(S,B)&=K_U\cdot S\cdot N+BK_c\\&=4\times3.1\times12+0\times2=148.8(元)\end{aligned}$$

（2）设保险储备量为 10 件

即 $B=10$，再订货点 $R=100+10=110$（件）。此情况下，当日需求量为 110 件或者 110 件以下时，不会发生缺货，其概率为 0.95（0.01 + 0.04 + 0.20 + 0.50 + 0.20）；当需求量为 120 件时，缺货 10 件，其概率为 0.04；当需求量为 130 件时，缺货 20 件，其概率为 0.01。因此，$B=10$ 时缺货的期望值为 S_0：

$$S_0=(120-110)\times0.04+(130-110)\times0.01=0.6(件)$$

总成本 TC（S，B）为：

$$\begin{aligned}TC(S,B)&=K_U\cdot S\cdot N+BK_c\\&=4\times0.6\times12+10\times2=48.8(元)\end{aligned}$$

（3）设保险储备量为 20 件

即 $B=20$，再订货点 $R=100+20=120$（件）。在此情况下，当日需求量为 120 件或者 120 件以下时，不会发生缺货，其概率为 0.99（0.01 + 0.04 + 0.20 + 0.50 + 0.20 + 0.04）；当需求量为 130 件时，缺货 10 件，其概率为 0.01。因此，$B=20$ 时缺货的期望值为 S_0：

$$S_0=(130-120)\times0.01=0.1(件)$$

总成本 TC（S，B）为：

$$\begin{aligned}TC(S,B)&=K_U\cdot S\cdot N+BK_c\\&=4\times0.1\times12+20\times2=44.8(元)\end{aligned}$$

（4）设保险储备量为 30 件

即 $B=30$，再订货点 $R=100+30=130$（件）。此情况下可满足最大需求，不会发生缺货，即 $S_0 = 0$：

$$TC(S,B) = K_U \cdot S \cdot N + BK_c$$
$$= 4 \times 0 + 30 \times 2 = 60(\text{元})$$

第二，比较上述不同保险储备下的总成本，以其最低者为最佳。

当 $B = 20$ 件时，总成本为 44.8 元，在总成本中是最低的，故应选择保险储备量为 20 件，或者说应确定再订货点为 120 件。

以上举例解决了由于需求量变化引起的缺货问题。至于由于延迟交货引起的缺货，也可以通过建立保险储备量的方法来解决。确定其保险储备量时，可将延迟的天数折算为增加的需要量，其余计算过程与前述方法相同。

【复习思考题】

1. 什么是决策分析？其如何分类？
2. 短期经营决策常用的方法有哪些？其评价指标是什么？各有何优缺点？
3. 短期经营决策必须考虑的因素有哪些？怎样理解相关业务量、相关成本和相关收入的关系？举例说明在什么情况下会发生增量成本、机会成本、专属成本等。
4. 为什么在是否深加工的决策中，联产品的成本是无关成本？
5. 什么是特别订货？企业接受特别订货一般应符合哪些条件？

第七章

长期投资决策分析

【内容提要】

本章主要介绍长期投资决策的概念及特点、长期投资决策需要考虑的相关因素、货币时间价值的计算、现金流量的计算、长期投资决策的分析方法及应用。长期投资决策的分析方法包括贴现的决策分析方法和非贴现的决策分析方法。在进行长期投资决策时，以贴现的决策分析方法为主，以非贴现的决策分析方法为辅。

第一节　长期投资决策概述

一、长期投资决策的意义

投资活动是企业经营活动的一项重要内容，它是指企业投入财力，以期在未来一定时期内获取报酬或更多收益的活动。按其投资的对象不同可分为对内投资和对外投资。对外投资是指企业向企业外部有关单位投入资金或实物等，以期获得收益，实现资金增值的行为。如购买其他企业的股票、债券等。对内投资是指企业为扩大生产经营能力或获利能力，而对企业内部进行的投资，如投资兴办新企业或扩大原有企业，包括购建厂房、设备等。管理会计中涉及的投资决策，通常是指对内投资。

长期投资是企业为特定的生产经营目的而进行的资金支出，其获取报酬或收益的持续期间超过一年以上，能在较长时间内影响企业经营获利能力的投资行为。长期投资决策分析是指拟订长期投资备选方案，用科学的方法对各备选方案进行分析、评价，最后选择最优方案的过程。正确地计算和评价投资项目的经济效益是进行长期投资决策的关键，长期投资决策一旦做出，就要编制资本支出预算，对最优方案进行系统化、表格化的集中和概括。因此，长期投资决策又叫资本支出决策或资本预算决策。

可见，长期投资决策是涉及企业生产经营全面性和战略性问题的决策，其最终目的是为了提高企业总体经营能力和获利能力。长期投资决策对企业来说是具有长远意义的决策。正确地进行长期投资决策，有助于企业生产经营长远规划的实现；有助于企业保持和提高生产经营能力、获利能力，提高市场竞争能力；有助于改变企业未来的成本结构，为企业带来丰厚的经济效益。

长期投资决策必须十分重视决策的科学化，因为如果战略性决策出现失误，那么在战术上（生产经营上）无论怎样努力，也是难以补救的。对长期投资决策方案应进行正确地分析、论证，具体分析其经济效益性，是最优长期投资方案达到技术与经济统一的重要一环。

二、长期投资决策的特点

1. 从内容上看，长期投资决策主要是对固定资产方面进行的投资决策。如为了生产新产品而购置设备、新建厂房等。

2. 从时间上看，长期投资的回收时间长。长期投资决策一旦做出，便会在较长时间内影响企业，一般的项目投资需要几年、甚至几十年才能收回资金，对企业长远利益起着决定性的影响，因此企业在进行某项长期投资时，必须认真进行可行性研究。

3. 从金额上看，长期投资一般需要较多的资金，对企业现金流量、财务成果以及资本构成有很大影响，因此企业必须合理安排资金预算，适时筹措资金，防止发生财务困难。

4. 从变现能力上看，长期投资变现能力差。长期投资不管是购建设备，还是新建厂房，一旦完成，要想改变，不是无法实现，就是付出代价太大。因此又称长期投资决策具有不可逆转性。

5. 从投资风险上看，长期投资风险大。长期投资项目投入使用后的收益情况，受企业内外各种因素的制约，这些因素之间的关系是错综复杂的，而且由于投资项目寿命长，对未来各因素的变化也很难预测准确，因而投资的风险自然较大，企业也有必要采用专门的方法进行风险决策。

三、长期投资决策的类型

（一）按长期投资决策的对象不同分类

按长期投资决策的对象不同，可分为以下三类：

1. 项目投资决策。项目投资决策是一种以特定项目为对象，直接与固定资产的购建或更新改造项目有关的长期投资行为。换言之，它是以形成或改善企业生产能力为最终目的，至少涉及一个固定资产项目的投资。

2. 证券投资决策。证券投资决策是指通过让渡资金的使用权而获取某种有价证券，以收取利息、股利等为目的的一种投资行为，包括长期债券投资和长期股票投资。

3. 其他投资决策。其他投资决策是指项目投资和证券投资以外的长期投资。例如联营投资等。

长期投资决策的这种分类是企业最基本的分类。管理会计中主要研究项目投资决策，这类决策对企业本身未来的生产经营能力和创利能力产生直接的影响。

（二）按长期投资决策的性质不同分类

按长期投资决策的性质不同，可分为以下两类：

1. 发展性投资决策。发展性投资决策是指增加新的生产能力的投资决策。例如新建厂房或增加生产线等。

2. 重置性投资决策。重置性投资决策是指为了维持原有的生产能力而进行的投资决策。例如是否更新原有设备的决策、对原有设备是否进行大修理的决策等。

（三）按长期投资决策的重要程度不同分类

按长期投资决策的重要程度不同，可分为以下两类：

1. 战略型投资决策。战略型投资决策是指对企业的全局或命运形成重大影响，将会改变企业经营方向，关系到企业未来发展前途的投资决策。例如现有生产规模的扩大、新技术的引进等决策。

2. 战术型投资决策。战术型投资决策是指仅限于企业局部范围变化或个别条件改善之类的投资决策。例如现有设备是否更新的决策、是否大修理的决策等。

四、长期投资决策的程序

1. 投资项目的提出。企业管理当局应鼓励各级部门广泛提出各种投资项目，以便从中找出足够的、有利可图的投资机会，从而使有限的资本得到充分合理的利用。为此，企业必须对投资项目进行系统的分析研究，确定符合企业长期目标的投资项目系列。

2. 投资项目的评价。投资项目的评价是指对于每项投资从技术、经济和社会效益等方面进行可行性分析和评价。可行性分析通常包括生产可行性分析、市场销售可行性分析和财务可行性分析等。财务可行性分析主要是在销售和生产可行性分析的基础上，分析投资项目的预期利润和现金流量，着重于投入资金的筹集方式以及资金成本，评价投资项目的经济效益，以决定投资项目的取舍。本章着重介绍投资项目的财务可行性分析中的投资项目经济评价方法。

3. 投资项目的决策。投资项目经过评价后，应送交有关部门审批。决策人员在审批项目时应根据项目的性质，对技术的先进性、经济上的合理性和社会影响等方面进行全面分析，集思广益，综合权衡利弊，尽可能减少失误。

4. 投资项目的实施。对于审批通过的投资项目，企业应当责成有关部门及时筹资，付诸实施。在执行过程中，企业还应当对施工进度、工程质量和成本开支严加控制，以便长期投资项目按投资预算保质保量的如期完成。

5. 投资项目的再评价。在投资项目实施过程中，要继续严密注视作为决策依据的信息是否可靠，情况是否发生变化，预测是否准确，投资是否仍然有利。一旦发现上述不利情况，就应对原方案重新审议，必要时应修改原方案或终止投资，以避免造成重大损失。投资项目完成后，企业仍要继续观察评价，以考核原项目提出者和投资执行者的工作业绩，并检查原预测是否准确，原决策是否正确，以便改进以后的预测、决策的程序和方法，使之更加科学有效。

五、长期投资项目的相关概念

1. 投资项目。管理会计中长期投资决策的研究对象是项目投资决策，而这类投资的具体对象则称为投资项目，简称项目。管理会计中的项目投资是指对生产性固定资产的投资。不事先确定投资项目，就无法确定投资的时空坐标。即无法确定为谁投资，何时投资，投入多少金额。

2. 投资项目的主体。投资主体是各种投资人的统称，是具体投资行为的发出者。从企业项目投资的角度看，其直接投资主体就是企业本身。企业主体在进行项目投资决策时，首先关心的是全部资金的投入和收回情况，而其投入的资金来源于企业的所有者和债权人，所以还应考虑他们的要求，分别从自有资金提供者和借入资金投资者的立场去分析问题，提供有关信息。

3. 项目计算期。项目计算期是指投资项目从开始建设到最后报废清理结束整个过程所经历的全部时间，即该项目的有效持续期间。项目计算期分为建设期和生产经营期两个阶段，通常以年为单位。项目计算期的第一年年初一般记为0年，称为建设起点；第一年年末记为1；第二年年末记为2；以此类推。最后一年年末称为终结点，假定项目最终报废清理均发生在终结点上。项目计算期用公式表示为：

项目计算期=建设期+生产经营期

4. 原始总投资与投资总额

(1) 原始总投资，又称初始投资，是企业为使项目完成达到设计生产能力、开展正常经营而垫支的全部现实资金，包括建设资金投资和流动资金投资两项内容。

建设资金投资是指在建设期内按一定生产经营规模和建设内容进行的投资，包括固定资产投资、无形资产投资和开办费投资等三项内容。无形资产投资是项目用于取得无形资产而发生的支出。开办费投资是指为组织项目投资的企业在其筹建期内发生的，不能计入固定资产和无形资产价值的那部分投资。固定资产投资是项目由于购置或安装固定资产而发生的投资，固定资产投资与固定资产原值是不同的，固定资产原值可能包括建设期的资本化借款利息。二者的关系是：

固定资产原值=固定资产投资+建设期资本化利息

流动资金投资是指项目投产前后分次或一次投入于流动资产项目的资金，又称垫支流动资金或营运资金投资。

(2) 投资总额。它是一个反映投资总体规模的价值指标，其数额等于原始投资与建设期资本化利息之和。

5. 投资项目的类型。工业企业的投资项目主要可分为以新增生产能力为目的的新建项目和以恢复或改善生产能力为目的的更新改造项目两大类。显然，前者属于外延式扩大再生产的类型；后者中的更新项目属于简单再生产，改造项目属于内涵式扩大再生产的类型。

新建项目按其涉及的内容还可以进一步细分为单纯固定资产投资项目和完整工业投资项目。单纯固定资产投资项目简称固定资产投资，其特点是：在投资中只包括为取得固定资产而发生的支出，不涉及周转资本的投入；完整工业投资项目不仅包括固定产投资，而且还包括涉及的流动资金投资，也可能包括无形资产投资或开办费投资。因此，不能将项目投资简单地等同于固定资产投资。

更新改造项目与单纯固定资产项目不同，在建设起点除了发生新设备的投资外，还往往发生旧设备的余值收回，此外还要涉及追加投入流动资金。

6. 项目投资资金的投入方式。从时间上看，投资主体投入项目资金的方式有一次投入和分次投入两种形式。一次投入是指在项目计算期的第一年年初或年末集中进行；分次投入是指在两个或两个以上的年度分别投入，或虽然只涉及一个年度，但是在该年的年初和年末分别进行。

资金投入方式与项目计算期的构成有关，同时也受到投资项目具体内容的制约。建设投资既可以采用年初预付的方式，也可以采用年末结算的方式；因此该项投资必须在建设期内一次或分次投入。而单纯固定资产投资项目，若建设期为零，则固定资产的投资方式只能是一次投入；若固定资产是分次投入的，则意味着建设期一定大于一年。

流动资金投资必须采取预付的方式，因此该项投资最迟必须在建设期末（即投产日）完成，亦可在试产期内有关年份的年初分次追加投入。正因为如此，在实务中，即使其完整工业项目的建设期为零，其原始投资也可能采用分次投入的方式。

【例 7-1】 某企业拟新建一条生产线，需要在建设起点一次投入固定资产投资 100 万元，无形资产投资 10 万元。建设期 1 年，建设期资本化利息 6 万元，全部计入固定资产价值。该生产线使用年限为 8 年。投产第一年预计流动资金投资 15 万元；投产第二年流动资金投资 5 万元。要求计算该项目的下列指标：

解：(1) 项目计算期 = 1 + 8 = 9（年）

(2) 固定资产原值 = 100 + 6 = 106（万元）

(3) 流动资金投资额 = 15 + 5 = 20（万元）

(4) 建设投资 = 100 + 10 = 110（万元）

(5) 原始总投资 = 110 + 20 = 130（万元）

(6) 投资总额 = 130 + 6 = 136（万元）

(7) 该项目的流动资金分两次投入，第一次在项目计算期的第二年年初投入，第二次在项目计算期的第三年年初投入。

第二节　现金流量

一、现金流量的意义

这里讲的现金流量是指投资项目的现金流量，它是长期投资决策分析中的一个重要因素，投资收益的评价分析就是在现金流量的基础上进行的。所以现金流量估计的正确与否，直接关系到投资方案评价的可靠性。

在管理会计中，现金流量是指投资项目在其计算期内因资本循环而引起的企业在一定期间内的现金流入量和现金流出量的统称。它是以收付实现制为基础，反映广义的现金内容，包括货币资金以及因项目需要而投入企业的非货币资源的变现价值（或重置价值）。例如，一个项目需要使用原有的厂房、设备和材料等，则相关的现金流量是指它们的变现价值。但是，管理会计中长期投资决策所涉及的现金，不是指财务会计中的库存现金，而是区别于观念货币的现实货币；此外，它与财务会计现金流量表所涉及的现金流量相比，无论是在具体内容上，还是计算口径上都存在很大差异，不能混为一谈。

在长期投资决策中，以现金流量作为评价长期投资决策优劣的指标具有重要的意义：

1. 现金流量所揭示的未来期间投资项目现实货币资金收支运动，可以序时动态地反映项目投资的流向与回收之间的投入产出关系，使决策者处于投资主体的立场上，便于更完整、准确、全面地评价具体投资项目的经济效益。

2. 利用现金流量指标代替利润指标作为反映投资效益的信息，可以摆脱贯彻财务会计上的权责发生制时面临的困境。因为各期利润的多少，在一定程度上受存货估价、费用分摊和折旧计提方法的影响，所以利润的预计比现金流量的预计具有较大的主观随意性。以利润指标作为评价基础会影响评价结果的准确性。

3. 在整个投资有效期内，利润总计等于现金净流量总计。所以不仅可以用现金净流量取代利润作为评价净收益的指标，而且在投资决策分析中，现金流动状况比盈亏状况更重要。因为有利润的年份不一定产生多余的现金用来进行其他项目的再投资。一个项目能否维持下去，不取决于一定期间内是否盈利，而取决于有没有现金用于各种支付。所以在投资决策分析中要重视现金流量的分析。

二、确定现金流量应考虑的因素

确定项目的现金流量，就是在收付实现制的基础上，预计并反映现实货币在项目计算期内未来各年中的收支动向及数量的过程。在现实生活中，要说明一个具体投资项目的现金流量究竟应当包括哪些内容并反映其具体数量，或要回答如何确定其现金流量的问题，并不是十分简单的事，必须视特定的决策角度和现实的时空条件而定。影响投资项目现金流量的因素很多，概括起来有以下几方面：

1. 不同项目之间存在的差异。在现实生活中，不同投资项目在其项目类型、投资构成内容、项目计算期构成、投资方式和投资主体等方面均存在较大差异，可能出现多种情况的组合，因而就可能有不同组合形式的现金流量。

2. 不同出发点的差异。即使就同一个投资项目而言，也可能有不同角度的现金流量。譬如从不同的投资主体角度看，有全部投资现金流量和自有资金现金流量的区别。

3. 不同时间的差异。由于投资计算期的阶段不同，各阶段上的现金流量的内容也可能不同；不同的现金流入量或现金流出量项目在其发生时间上也存在不同特征，如有些项目发生在年初，而有些则发生在年末；有些属于时点指标，有些则属于时期指标。此外，固定资产的折旧年限与经营期的长短也可能发生差异。

4. 相关因素的不确定性。由于投资项目的投入物与产出物的价格、数量等受到未来市场环境等诸多不确定因素的影响，我们不可能完全预测出它们的未来变动趋势和发展水平，这就必然影响现金流量估算的准确性。

三、确定现金流量的假设

由于上述影响现金流量因素的存在，给长期投资项目现金流量的确定带来了极大的困难。为简化现金流量的计算过程，克服确定现金流量的困难，特作以下假设：

1. 投资项目的类型假设。假设投资项目的类型只包括单纯固定资产投资项目、完整工业投资项目和更新改造项目三种类型。

2. 财务可行性假设。假设投资决策是从企业投资者的立场出发，投资者确定现金流量就是为了进行项目财务可行性研究。

3. 全投资假设。在确定项目的现金流量时，站在企业投资者的立场上，考虑全部投资的运动情况，假设将项目所需要的资金全部视为自有资金，即使实际存在借入资金，也将其作为自有资金对待。

4. 建设期投入全部资金假设。不论项目的原始投资是一次投入还是分次投入，除特殊说明外，假设它们都是在建设期内投入的。

5. 经营期与折旧年限一致假设。在项目投资中，假设固定资产的折旧年限与经营期相同。

6. 时点指标假设。为便于货币时间价值的计算，在长期投资决策中，不论是时点指标还是时期指标，均假定为时点指标，即流出在期初，收回在期末。

四、现金流量的内容

就同一个投资项目而言，从不同角度进行分析，其现金流量的构成内容是不同的。主要介绍以下两种情况现金流量的构成。

（一）现金流量从其构成内容角度划分

一个投资项目的现金流量从其构成内容角度来划分，可分为现金流入量和现金流出量两部分，其具体内容为：

1. 现金流入量。一个投资项目的现金流入量是指该方案所引起的企业现金流入的增加额。具体包括：

(1) 营业收入。它是指项目投产后每年实现的全部销售收入或业务收入。从理论上来讲，构成现金流入的营业收入应是本期的现金收入和本期收回前期的应收账款，本期发生的赊销收入不应计入本期的现金流入。但为了简化计算，可假定正常经营年度内每期的赊销额和当期收回前期的应收账款大体相等。营业收入是经营期主要的现金流入项目。根据前面的假设，营业收入均作为每期期末的时点数。

(2) 回收固定资产残值。指投资项目的固定资产在报废处理时所回收的价值。此项现金流入一般发生在项目计算期的最后一年的年末。即发生在项目计算期的终结点上。

(3) 回收的流动资金。指生产经营期结束时回收的原垫付的流动资金，此项现金流入只能发生在项目计算期的终结点上。

2. 现金流出量。一个投资项目的现金流出量是指该项目所引起的企业现金流出的增加额。具体包括：

(1) 建设投资。指在项目建设期内所发生的固定资产、无形资产和开办费等项投资的总和。

(2) 垫付的流动资金。指项目投产前后分次或一次投入于流动资产项目的资金。垫付的流动资金均假定发生在建设期内。为简化分析，一般假定发生在建设期的期末，或者说发生在经营期的期初。

(3) 付现的营运成本。指在生产经营期内每年发生的用现金支付的成本。它是当年的总成本扣除非付现成本（即折旧、无形资产摊销等）后的差额。

(4) 支付的各项税费。指在生产经营期内企业实际支付的流转税、所得税款等。

(二) 现金流量从其所处的阶段划分

项目的整个投资与收回，就是一个现金流转的过程。投资项目的现金流量按其所处的阶段来划分，一般包括三部分：

1. 初始现金流量。初始现金流量是指项目在开始投资时发生的现金流量，具体包括：

(1) 固定资产投资。包括固定资产的购入或建造成本、运输费用和安装费用等。

(2) 流动资产投资。包括对原材料、在产品、产成品、现金和应收账款等流动资产的垫支，又称垫支营运资金。

（3）所得税费用。在固定资产更新时，原有固定资产处理会产生收益或损失，从而影响应税收益，所得税的支付也影响现金流量。但在本章分析中，我们假定不存在有关的税收的影响。

（4）其他投资费用。指与投资项目有关的筹资费用，如谈判费、注册费、职工培训费等。

2. 营业现金流量。营业现金流量是指项目投入使用后，在其有效期内进行生产经营所引起的现金流量，一般按年度进行计算。其内容主要包括：

（1）营业收入。是指项目投产后每年实现的全部销售收入或业务收入，是经营期主要的现金流入项目。

（2）付现成本。付现成本是指在经营期内动用货币资金支付的成本费用和税金。这是生产经营阶段上最主要的现金流出项目。

3. 终结点现金流量。终结点现金流量是指投资项目寿命完结时发生的现金流量，主要包括：

（1）固定资产残值收入或变价收入。

（2）垫支流动资金的收回。

五、现金净流量的计算

现金净流量是指在项目计算期内每年现金流入量与现金流出量的差额，一般现金流入量用正值表示，现金流出量用负值表示，现金净流量用 NCF_t 表示。计算公式为：

$$\text{某年现金净流量}(NCF_t) = \text{该年现金流入量} - \text{该年现金流出量}$$

1. 建设期现金净流量。建设期内发生的主要是投资支出，现金净流量一般为负值，其简化公式为：

$$\text{建设期某年现金净流量}(NCF_t) = -\text{该年发生的投资额}$$

2. 经营期现金净流量。在生产经营期内，现金净流量一般为正值，其简化公式为：

$$\begin{matrix}\text{生产经营期某}\\\text{年现金净流量}\end{matrix} = \begin{matrix}\text{该年税}\\\text{后利润}\end{matrix} + \begin{matrix}\text{该年}\\\text{折旧}\end{matrix} + \begin{matrix}\text{该年}\\\text{摊销额}\end{matrix} + \begin{matrix}\text{该年}\\\text{利息}\end{matrix} + \begin{matrix}\text{该年}\\\text{回收额}\end{matrix}$$

【例 7-2】 某企业进行一项固定资产投资，在建设期期初一次投入 600 万元，建设期 1 年，该投资从银行贷款，利率为 10%。该项目的生产经营期为 8 年，该固定资产报废时预计残值为 28 万元。生产经营期每年可获税后利润 120 万元。要求计算该投资在项目计算期内每年的现金净流量。

解：项目计算期 = 1 + 8 = 9（年）

固定资产原值 $= 600 + 600 \times 10\% = 660$（万元）

年折旧额 $= \dfrac{660 - 28}{8} = 79$（万元）

建设期每年现金流量：

$NCF_0 = -600$（万元）

$NCF_1 = 0$

经营期每年现金流量为：

$NCF_{2-8} = 120 + 79 = 199$（万元）

$NCF_9 = 120 + 79 + 28 = 227$（万元）

项目计算期内每年的现金净流量用表 7－1 表示为：

表 7－1 **项目计算期内每年现金净流量** 单位：万元

年份	投资额	税后利润	折旧	回收残值	现金净流量
0	－600				－600
1	0				0
2		120	79		199
3		120	79		199
4		120	79		199
5		120	79		199
6		120	79		199
7		120	79		199
8		120	79		199
9		120	79	28	227

【例 7－3】 某公司要投资建一个分厂，投资款均为贷款，建设期两年。第一年年初固定资产投资 300 万元，第二年年初固定资产投资 200 万元；第一年应计贷款利息 30 万元，第二年应计贷款利息 53 万元。第二年年末投入流动资金 80 万元，该项目生产经营期为 10 年，预计期满报废时有残值 43 万元。生产经营期各年预计实现税后利润情况见表 7－2。要求计算该投资在项目计算期内每年的现金净流量。

表 7－2 **预计税后利润表** 单位：万元

年份	3	4	5	6	7	8	9	10	11	12
税后利润	20	25	40	40	50	50	35	30	20	20

解：项目计算期 = 2 + 10 = 12（年）

固定资产原值 =（300 + 200）+（30 + 53）= 583（万元）

年折旧 = $\frac{583-43}{10}$ = 54（万元）

项目计算期内每年的现金净流量计算见表 7 – 3。

表 7 – 3　项目计算期内每年现金净流量计算表　单位：万元

年份	投资额	税后利润	折旧	回收残值	回收流动资金	现金净流量
0	-300					-300
1	-200					-200
2	-80					-80
3		20	54			74
4		25	54			79
5		40	54			94
6		40	54			94
7		50	54			104
8		50	54			104
9		35	54			89
10		30	54			84
11		20	54			74
12		20	54	43	80	197

【例 7 – 4】 某企业新建一条生产线，用贷款在第一年年初投资 62 万元，建设期为一年，建设期应计贷款利息 8 万元。该生产线使用期 8 年，期满有残值 2 万元。在生产经营期，该生产线每年可为企业增加营业收入 28 万元，每年增加付现营业成本 14 万元，所得税税率为 33%。要求计算项目计算期内每年现金净流量。

解：项目计算期 = 1 + 8 = 9（年）

年折旧 = $\frac{62+8-2}{8}$ = 8.5（万元）

税前利润 = 28 –（14 + 8.5）= 6.5（万元）

税后利润 = 6.5 × 33% = 2.145（万元）

建设期每年现金净流量为：

$NCF_0 = -62$（万元）

$NCF_1 = 0$

经营期每年现金净流量为：

$NCF_{2-8}=2.145+8.5=10.545$（万元）

$NCF_{9}=2.145+8.5+2=12.545$（万元）

项目计算期内每年的现金净流量见表 7－4：

表 7－4　　项目计算期内每年现金净流量计算表　　单位：万元

年份	投资额	税后利润	折旧	回收残值	现金净流量
0	－62				－62
1	0				0
2		2.145	8.5		10.545
3		2.145	8.5		10.545
4		2.145	8.5		10.545
5		2.145	8.5		10.545
6		2.145	8.5		10.545
7		2.145	8.5		10.545
8		2.145	8.5		10.545
9		2.145	8.5	2	10.545

第三节　货币时间价值

一、货币时间价值的含义

货币时间价值是长期投资决策分析中必须予以考虑的又一重要因素。它是指货币经历一定时间的投资和再投资后所增加的价值。也就是说等量资金在不同的时点上其价值量是不同的，现在的价值高于未来的价值，它所揭示的是在一定时空条件下，运动中的货币具有增值的规律性，即作为资本的货币在使用过程中随着时间的推移会产生增值。例如现在的 1 元钱和一年后的 1 元钱其经济价值是不等的，现在的 1 元钱要高于以后期间 1 元钱的价值。因为将现在的 1 元钱存入银行，1 年后可得到 1.10 元（假设存款利率为 10%），这 1 元钱经过一年的投资增加了 0.10 元，这就是货币时间价值。

货币时间价值的一般表现形式，从相对量来看，就是在不考虑风险和通货膨胀条件下的社会平均资本利润率，在一定条件下可视同存款利息率；从绝对量来看，就是使用货币资本的机会成本，即利息。但是，时间价值和利息或利率并不能混为一谈。各种投资在具有风险或是在通货膨胀条件下进行时，投资报酬率或利率不仅包括时间价值，还包括风险价值和通货膨胀的因素。为了便于理解，以下均假定没有风险和通货膨胀，那么利息、利率或折现率等便可以从不同角度反映或代表货币的时间价值。

长期投资决策涉及不同时点上的货币收支，只有在考虑货币时间价值的基础上，将不同时点上的货币量换算成同一时点上的货币量才具有可比性。

二、货币时间价值的计算

货币时间价值有两种计算方法，一种是单利计算，即只对本金计息；另一种是复利计算，即不仅对本金计息，而且对累积的利息也要计息。

（一）单利的计算

按照单利计算方法计算利息时，不管时间多长，所生利息均不加入本金重复计算利息。

设本金为 P，利息率为 i，计算期为 n，本金与利息之和为 F_n。则 n 个时期的利息为：

$$I = n \cdot P \cdot i$$

n 个时期后的本利和为：$F_n = I + P = P(1 + n \cdot i)$

【例 7－5】 某企业存入银行 120 000 元，存款利率为 4%，期限为 60 天，则到期时利息、本利和是多少？

解：$I = n \cdot P \cdot i = 120\ 000 \times 4\% \times \dfrac{60}{360} = 800$（元）

$F_n = I + P = 120\ 000 + 800 = 120\ 800$（元）

（二）复利的计算

按照复利计算方法计算利息时，每经过一个计息期，要将所生利息加入到本金中再计利息，逐期滚算，俗称“利滚利”。所谓的计息期是指相邻两次计息的时间间隔，可以是年、季、月等。

1. 复利终值。所谓终值是指现在一定数量的货币资金在未来某一时点的价值。复利终值是指在复利计息方法下，现时的一定量货币在未来一定时点上的总价值，也就是本利和，用 F_n 表示。具体分析为：

第一期：$F_1 = P(1 + i)$

第二期：$F_2 = P(1 + i)(1 + i) = P(1 + i)^2$

第三期：$F_3 = P(1 + i)^2(1 + i) = P(1 + i)^3$

……

第 n 期：$F_n = P(1 + i)^n$

所以复利终值的计算公式为：

$$F_n = P(1+i)^n$$

上式中 $(1+i)^n$ 称为复利终值系数，用符号 $(F/P,i,n)$ 表示，它是指单位资金按每一期间的投资报酬率 i 计算，经过 n 期后的总价值。上述公式变换为：

$$F_n = P\cdot(F/P,i,n)$$

第 n 年的总利息 I 为：$I = F_n - P$

在实际工作中，复利终值系数不需要每次计算，可以利用事先编制好的复利终值系数表，见本教材附表一。

【例 7-6】 某人将 300 000 元投入于一项事业，年报酬率为 3%，经过 3 年后的总价值为多少？利息是多少？

解：查表知利率为 3%、三年的复利终值系数为 1.098。

3 年后的总价值为：

$F_n = P\cdot(F/P,\ i,\ n)$

$= 300\ 000\times(F/P,\ 3\%,\ 3) = 300\ 000\times1.098 = 329\ 400$（元）

3 年的总利息为：

$I = F_n - P = 329\ 400 - 300\ 000 = 29\ 400$（元）

【例 7-7】 某企业从银行取得 200 万元的贷款额度，第一年年初取得贷款 100 万元，第二年年初取得贷款 50 万元，第三年年初取得贷款 50 万元。该贷款利息率为 8%，按年复利计算，第四年年末一次还本付息。要求计算出第四年年末应偿还的本利和。

解：第一年年初贷款 100 万元要计算四年的利息；第二年年初贷款 50 万元要计算三年的利息；第三年年初贷款 50 万元要计算两年的利息。查复利系数表可知：

$(F/P,\ 8\%,\ 4) = 1.36$

$(F/P,\ 8\%,\ 3) = 1.26$

$(F/P,\ 8\%,\ 2) = 1.166$

第四年应偿还的本利和为：

$F_4 = 100(F/P,\ 8\%,\ 4) + 50(F/P,\ 8\%,\ 3) + 50(F/P,\ 8\%,\ 2)$

$= 100\times1.36 + 50\times1.26 + 50\times1.166 = 257.3$（元）

【例 7-8】 某人有 1 200 元，有一报酬率为 8%的投资机会，经过多少年才可以使现有货币增加 1 倍？

解：据题意知：

$1\ 200\times2 = 1\ 200(F/P,\ 8\%,\ n)$

则：（F/P，8%，n）=2

查复利终值系数表知：（F/P，8%，9）=1.999

所以 $n=9$

即9年后可使现有货币增加1倍。

2. 复利现值。所谓现值是指未来一定数量的货币资金在现在某一时点的价值。复利现值是指复利计息方法下，未来某一时点一定量资金的现在价值。

复利终值的计算是已知本金求本利和，而复利现值的计算则是已知本利和求本金。因此，复利现值与复利终值互为逆运算。由此可推导出复利现值的计算公式为：

$$P = \frac{F_n}{(1+i)^n} = F_n \cdot \frac{1}{(1+i)^n}$$

上式中$\frac{1}{(1+i)^n}$称为复利现值系数，用符号（P/F，i，n）表示，复利现值系数见本教材附表二。其公式变换为：

$$P = F_n(P/F, i, n)$$

【例7-9】 某人拟在5年后获得本利和10 000元，假设投资报酬率为10%，问现在应投入多少元？

解：查表知利率为10%、期限为5年的复利现值系数为0.621。

$P = F_n$（P/F，i，n）

=10 000×（P/F，10%，5）

=10 000×0.621=6 210（元）

（三）年金的计算

年金是在相等时间间隔内，连续收入或付出相等金额的系列款项。如分期偿还贷款、发放养老金、零存整取储蓄业务、债券利息、保险金、分期支付工程款等都属于年金形式。作为年金应同时具备以下条件：（1）等额性。即各期发生的款项在数额上必须是相等的。（2）连续性。即在一定时间内每间隔一段时间必须发生一次收（付）款业务，形成系列，不得中断。即必须是两笔或两笔以上的收付款项。（3）等间隔性。即各期发生款项的间隔时间必须相同。（4）同方向性。即各期发生的款项必须是相同的收支方向。要么都是收入，要么都是付出，不能在一系列款项中既有收入也有付出。

年金包括普通年金、先付年金、递延年金和永续年金等多种形式，其中普通年金应用最广泛，其他几种形式的年金是在普通年金的基础上推算出来的。

1. 普通年金。普通年金又称后付年金，是指在相等时间间隔的每期期末连续收入或付出相等金额的系列款项，用 A 表示。普通年金的收付形式见图7-1。

横线表示时间的延续，用数字标出各期的顺序号；竖线的位置表示支付的时点，竖线下端数字表示支付的金额。

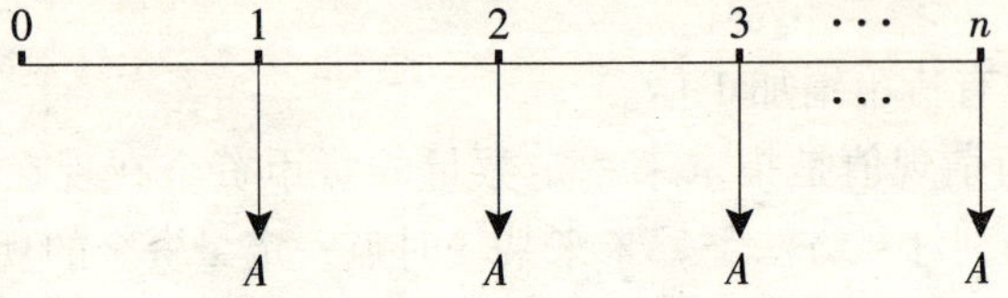

图 7－1　普通年金的收付形式

（1）普通年金终值。普通年金终值是指一定时期内每期期末系列等额收付款项的复利终值之和。普通年金终值收付形式如图 7－2 所示。

设每期末支付的款项为 A，利率为 i，期数为 n。

由图 7－2 可知，普通年金终值 F_A 为：

$$F_A = A(1+i)^{n-1} + A(1+i)^{n-2} + \cdots + A(1+i)^2 + A(1+i) + A$$

等式两边同乘（$1+i$）：

$$(1+i)F_A = A(1+i)^n + A(1+i)^{n-1} + A(1+i)^{n-2} + \cdots + A(1+i)^2 + A(1+i)$$

上述两公式相减：

$$(1+i)F_A - A = A(1+i)^n - A$$

则：$F_A = A \cdot \dfrac{(1+i)^n - 1}{i}$

式中$\dfrac{(1+i)^n - 1}{i}$称为普通年金终值系数，用符号（F/A，i，n）。普通年金终值系数见本教材附表三。其公式变换为：

$$F_A = A \cdot (F/A, i, n)$$

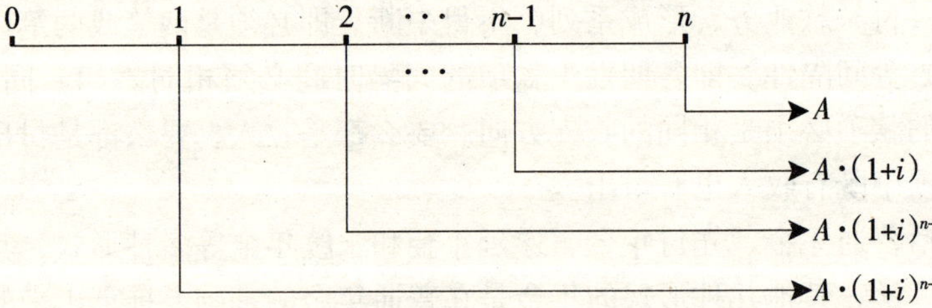

图 7－2　普通年金终值收付形式

【例 7-10】 某企业计划在今后 5 年内每年年末从税后利润中提取公积金 160 000元存入银行，存款利率为5%，每年复利一次，到第 5 年年末可得多少本利和？

解：查表知 $n=5$、$i=5\%$ 的年金终值系数为 5.526。

$F_A = A \cdot (F/A,\ i,\ n)$

$= A \cdot (F/A,\ 5\%,\ 5) = 160\ 000 \times 5.526 = 884\ 160$（元）

该企业 2006 年年末能取出本利和 884 160 元。

【例 7-11】 某公司准备在 3 年后用 180 000 元购置一台生产设备，若银行存款利率为 3%，每年复利一次，问该公司每年年末需要等额存入银行多少钱，才能保证 3 年后用款？

解：依题意，已知 3 年后的本利和为 180 000 元，求年金 A。

查表知 $i=3\%$、$n=3$ 的年金终值系数为 3.091。

$180\ 000 = A\ (F/A,\ 3\%,\ 3)$

$$A = \frac{180\ 000}{(F/A,\ 3\%,\ 3)} = \frac{180\ 000}{3.091} \approx 58\ 233.58 \text{（元）}$$

该公司每年年末需要等额存入银行 58 233.58 元，才能保证 3 年后用款。

（2）普通年金现值。普通年金现值是指一定时期内每期期末系列等额收付款项的复利现值之和。普通年金现值收付形式如图 7-3 所示。

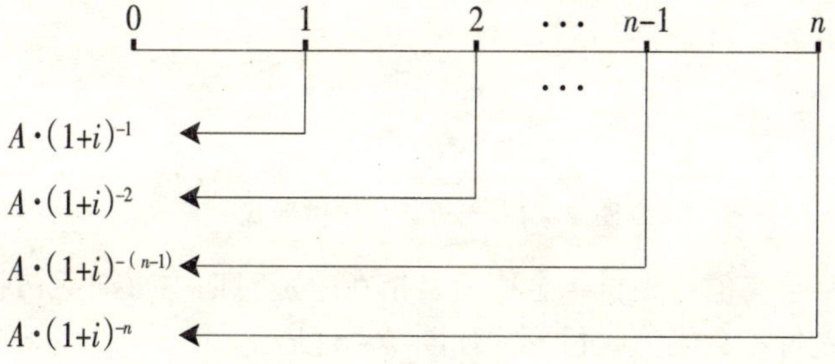

图 7-3　普通年金现值收付形式

设每期期末支付的款项为 A，利率为 i，期数为 n

由图 7-3 可知，普通年金现值 P_A 为：

$$P_A = A(1+i)^{-1} + A(1+i)^{-2} + \cdots + A(1+i)^{-(n-2)} + A(1+i)^{-(n-1)} + A(1+i)^{-n}$$

上式中各项为等比数列，等比为 $(1+i)$，根据等比数列的求和公式整理得：

$$P_A = A \cdot \frac{1-(1+i)^{-n}}{i}$$

式中的$\frac{1-(1+i)^{-n}}{i}$称为普通年金现值系数，用符号（P/A，i，n）表示。普通年金现值系数见本教材附表四。其公式变换为：

$$P_A = A \cdot (P/A, i, n)$$

【例7-12】 某企业打算连续10年在每年年末取出10万元，用于发放奖金，年复利率为10%，要求计算该企业最初（第一年年初）一次存入银行多少钱？

解：查表知 $i=10\%$、$n=10$ 年的年金现值系数为5.65。

$P_A = A \cdot (A/P,\ i,\ n)$

$= A \cdot (A/P,\ 10\%,\ 10)$

$= 100\,000 \times 5.65 = 565\,000$（元）

即最初应存入银行565 000元。

2. 先付年金。先付年金又称预付年金，是指在相等时间间隔的每期期初连续收入或付出相等金额的系列款项，用 A 表示。先付年金的收付形式见图7-4。横线表示时间的延续，用数字标出各期的顺序号；竖线的位置表示支付的时点，竖线下端数字表示支付的金额。

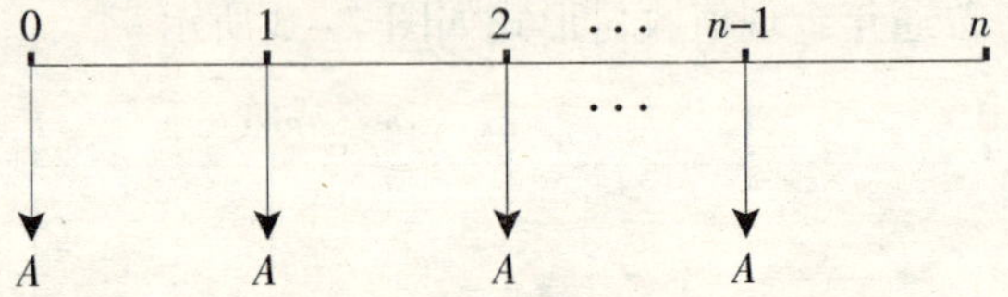

图7-4 先付年金收付形式

（1）先付年金终值。先付年金终值是指在一定时期内每期期初收付款项的复利终值之和。先付年金终值收付形式如图7-5所示。

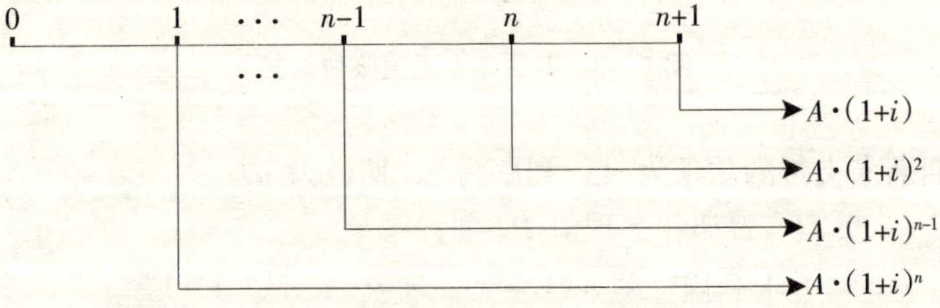

图7-5 先付年金终值收付形式

由图 7－5 可知，先付年金终值的计算公式为：

$$F_A = A \cdot (1+i)^n + A(1+i)^{n-1} + A(1+i)^{n-2} + \cdots + A(1+i)^2 + A(1+i)$$

式中各项为等比数列，首项为 A（$1+i$），公比为（$1+i$），根据等比数列求和公式整理得：

$$F_A = A \cdot \left[\frac{(1+i)^{n+1}-1}{i} - 1\right]$$

式中$\left[\frac{(1+i)^{n+1}-1}{i} - 1\right]$称为先付年金终值系数。它和普通年金终值系数$\frac{(1+i)^n-1}{i}$相比，期数加 1，而系数减 1，记作［($F/A$，$i$，$n+1$）－1］，并可利用“普通年金终值系数表”查（$n+1$）期的值，然后减去 1 后即得先付年金终值系数。先付年金终值的计算公式为：

$$F_A = A \cdot [(F/A, i, n+1) - 1]$$

与图 7－2 相比，将 n 期的普通年金终值再往 $n+1$ 期复利一次，就等于先付年金终值，用公式表示为：

$$F_A = A \cdot (F/A, i, n)(1+i)$$

【例 7－13】 某企业连续 4 年每年年初存入银行 60 000 元，存款利率为 5%，每年复利一次，该存款于第四年年末一次取出，要求计算第四年年末的本利和。

解：依题意知，先付年金终值为：

$F_A = A \cdot$［（F/A，i，$n+1$）－1］

$= A \cdot$［（F/A，5%，5）－1］

$= 60\,000 \times$（5.526－1）＝271 560（元）

或：$F_A = A \cdot$（F/A，i，n）（$1+i$）

$= A$（F/A，5%，4）（1＋5%）

$= 60\,000 \times 4.31 \times 1.05 = 271\,530$（元）

即第四年年末的本利和为 271 530 元。

（2）先付年金现值。先付年金现值是指一定时期内每期期初系列等额收付款项的复利现值之和。先付年金现值收付形式如图 7－6 所示。

由图 7－6 可知，先付年金现值的计算公式为：

$$P_A = A + A(1+i)^{-1} + A(1+i)^{-2} + \cdots + A(1+i)^{-(n-2)} + A(1+i)^{-(n-1)}$$

上式中各项为等比数列，等比为（$1+i$）$^{-1}$，根据等比数列的求和公式整理得：

$$P_A = A \cdot \left[\frac{1-(1+i)^{-(n-1)}}{i}+1\right]$$

式中$\left[\frac{1-(1+i)^{-(n-1)}}{i}+1\right]$是先付年金现值系数。它与普通年金现值系数$\frac{1-(1+i)^{-n}}{i}$相比，期数减 1，而系数要加 1，可记作$[(P/A,i,n-1)+1]$，并可利用“普通年金现值系数表”查（$n-1$）期的值，然后加上 1 后即得先付年金终值系数。

先付年金现值的计算公式为：

$$P_A = A \cdot [(P/A,i,n-1)+1]$$

与图 7－3 相比，n 期先付年金与 n 期普通年金的期限相同，但由于收付时间不同，n 期先付年金现值比 n 期普通年金现值多折现一期，因此，n 期先付年金现值等于 n 期普通年金现值乘以（$1+i$）。用公式表示为：

$$P_A = A \cdot (P/A,i,n)(1+i)$$

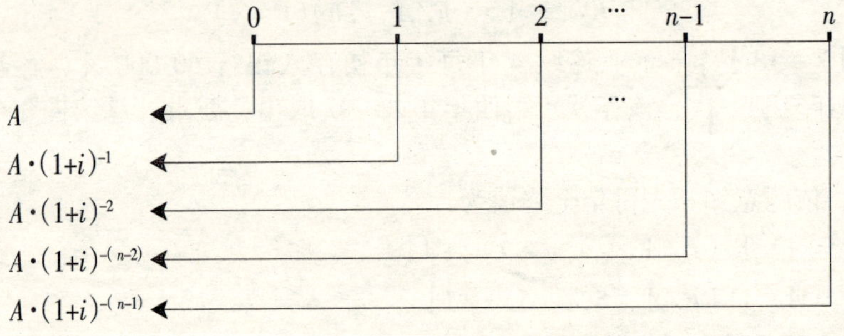

图 7－6 先付年金现值收付形式

【例 7－14】 某企业采用分期付款方式购置一台设备，连续 6 年分期付款，每年初支付 200 元，银行利率为 10%，该项分期付款相当于一次支付现金的购价是多少？

解：依题意知，先付年金现值为：

P_A ＝［（P/A，i，$n-1$）＋1］

＝$A\cdot$［（P/A，10%，5）＋1］

＝200（3.791＋1）＝958.20（元）

或：$P_A = A \cdot (P/A, i, n)(1+i)$

$= 200(P/A, 10\%, 6)(1+10\%)$

$= 200 \times 4.355 \times 1.1 = 958.10$（元）

该项分期付款相当于一次支付现金的购价是 958.10 元。

3. 递延年金。递延年金是指第一次收付款发生的时间不在第一期，而是隔若干期后每期期末才开始发生系列等额款项的收付。实质上递延年金是普通年金的特殊形式，其中递延期通常用 m 表示，递延年金收付形式如图 7－7 所示。

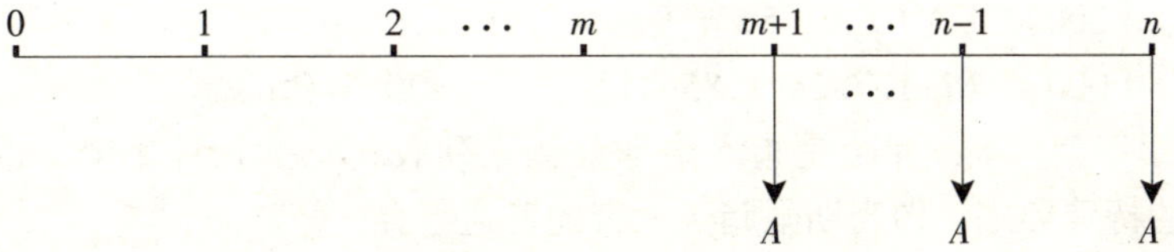

图 7－7　递延年金收付形式

（1）递延年金终值。递延年金终值的大小与递延期无关，因此其计算与普通年金终值计算基本相同。从图 7－7 可知，递延年金终值的计算公式为：

$$F_A = A \cdot (F/A, i, n-m)$$

【例 7－15】 某企业项目建成后，预计在第四年年末每期将获取现金流入 20 万元，假定利率为 10%，项目寿命期为 8 年，则第八年年末的本利和是多少？

解：由题意知，$m=3$，$n=8$，则第 8 年的本利和为：

$F_A = 20 \cdot (F/A, 10\%, 5)$

$= 20 \times 6.1051 = 122.102$（万元）

（2）递延年金现值。递延年金现值的计算有两种方法：

第一种方法：把递延年金视做 $n-m$ 期普通年金，求出递延年金在第 m 期期末的现值，然后将此现值折算到第一期期初，用公式表示为：

$$P_A = A \cdot (P/A, i, n-m) \cdot (P/F, i, m)$$

第二种方法：首先假设在递延期内也有现金收付，求出 n 期的普通年金现值，然后再扣除递延期 m 期的普通年金现值，即可得到递延年金现值，用公式表示为：

$$P_A = A \cdot [(P/A, i, n) - (P/A, i, m)]$$

【例 7－16】 某企业准备在第一年年初存入银行一笔资金，设立一笔奖励基金。预计要在第三年年末到第九年年末每年年末取出 50 000 元用于奖励，存款利率为 5%，每年计一次复利。要求计算第一年年初应存入银行多少钱？

解：依题意，$n=9$，$m=2$，求递延年金现值。

第一种方法：

$P_A = A \cdot (P/A, i, n-m) \cdot (P/F, i, m)$

$= 50\,000 \times (P/A, 5\%, 7)(P/F, 5\%, 2)$

$= 50\,000 \times 5.78637 \times 0.90703 = 262\,420.5$（元）

第二种方法：

$P_A = A \cdot [(P/A, i, n) - (P/A, i, m)]$

$= 50\,000 \times [(P/A, 5\%, 9) - (P/A, 5\%, 2)]$

$= 50\,000 \times (7.10782 - 1.85941) = 262\,420.5$（元）

4. 永续年金。永续年金是指无限期等额系列收付款的特种年金，也可看做普通年金的特殊形式，即当期限趋于无穷的普通年金。

由于永续年金的期限 n 趋于无穷，没有终止时间，因此永续年金不存在终值，只能计算现值。其现值等于当期限 n 趋于无穷大时，普通年金现值的极限值。永续年金现值的计算公式为：

$$P_A = A \cdot \frac{1-(1+i)^{-n}}{i}$$

根据极限运算法则，当 n 趋于无穷时，年金现值系数 $(1+i)^{-n}=0$，则可得永续年金现值的计算公式为：

$$P = \frac{A}{i}$$

【例 7－17】 某学校拟建立一项永久性奖学金，每年计划颁发 60 000 元，若利率为 5%，现在应一次性存入银行多少钱？

解：依题意知，永续年金现值为：

$P = \frac{A}{i} = \frac{60\,000}{5\%} = 1\,200\,000$（元）

该学校现在应一次性存入银行 1 200 000 元。

第四节　长期投资决策的分析方法

要进行长期投资决策，就必须正确评价投资项目的经济效益。投资方案的优劣，往往要通过对比长期投资决策指标来进行。长期投资决策的分析指标按照是否考虑货币时间价值分为两类：一类是不考虑货币时间价值的指标，即非贴现评价指标；另一类是考虑货币时间价值的指标，即贴现评价指标。与此相适应，长期投资决策的分析方法也被分为非贴现的现金流量法和贴现的现金流量法两大类。

一、非贴现的现金流量法

非贴现的现金流量法又称静态分析法，是指不考虑货币时间价值，而直接按投资项目形成的现金流量计算，借以分析评价投资方案经济效益的各种方法的总称。主要有年均投资报酬率法、非贴现的回收期法和年平均成本法。

（一）年均投资报酬率法

年均投资报酬率是指投资方案的年均净利润（或年均现金净流量）与年均投资额的比率。计算公式为：

$$年均投资报酬率=\frac{年平均净利润}{年平均投资额}\times 100\%$$

$$或=\frac{年均现金净流量}{年平均投资额}\times 100\%$$

分母中的投资额不仅包括固定资产投资，在有流动资金垫支的情况下，还包括流动资金投资。但计算其平均数时，只计算固定资产期初与期末的平均数，而流动资金投资直接计入，因为流动资金不存在折旧问题。分母中的投资额也可以直接用原始投资额。

在决策中，主要将投资项目的平均报酬率与企业期望的平均报酬率相比较，如果前者大于后者，则方案可行；如果前者小于后者，则应当放弃该项目。该指标是正指标，在多方案决策时，应在可行性方案中选择年均报酬率最大的方案。

【例 7-18】 已知某投资项目需要 20 万元，投产后每年获得净利分别为：4 万元、5 万元、6 万元、7 万元、8 万元，期满残值为 0.4 万元，有效期为 5 年，该企业期望的投资报酬率为 45%，要求计算该投资项目的平均报酬率，并分析该方案的可行性。

解：$年均投资额=\frac{20+0.4}{2}=10.2$（万元）

$年均净利润=\frac{4+5+6+7+8}{5}=6$（万元）

$年均报酬率=\frac{6}{10.2}\approx 58.82\%$

该方案的平均报酬率为 58.82%，大于该企业期望的投资报酬率 45%，所以该方案可行。

【例 7-19】 某企业准备新建一个分厂，有甲、乙两个备选方案，两个方案的具体资料见表 7-5。该企业是把现金净流量作为投资报酬，把原始投资额直接作为投资额，该企业期望的年均投资报酬率为 28%。要求计算甲、乙两个投资方案的年均投资报酬率，评价甲、乙方案的可行性，并选择最优方案。

表 7-5 投资方案预测资料 单位：万元

年份	甲方案				乙方案			
	固定资产投资	流动资产投资	净利润	折旧	固定资产投资	流动资产投资	净利润	折旧
0	400	100			300	100		
1			30	80			20	60
2			40	80			35	60
3			60	80			55	60
4			90	80			80	60
5	20	100	70	80	10	100	60	60

解：甲方案的投资额 $=400+100=500$（万元）

甲方案净利润总额 $=30+40+60+90+70=290$（万元）

甲方案折旧总额 $=80\times5=400$（万元）

甲方案年均现金净流量 $=\dfrac{290+400+20+100}{5}=162$（万元）

甲方案年均投资报酬率 $=\dfrac{162}{500}=32.4\%$

乙方案的投资额 $=300+100=400$（万元）

乙方案净利润总额 $=20+35+55+80+60=250$（万元）

乙方案折旧总额 $=60\times5=300$（万元）

乙方案年均现金净流量 $=\dfrac{250+300+10+100}{5}=132$（万元）

乙方案年均投资报酬率 $=\dfrac{132}{400}=33\%$

由以上计算可知，甲、乙方案的年均投资报酬率分别为 32.4% 和 33%，均超过企业期望的报酬率 28%，所以两方案都为可行性方案，由于乙方案年均投资报酬率较高，因此应选择乙方案。

年均投资报酬率法的优点是：可以直接利用现金净流量信息，简单明了，便于理解；缺点是：（1）没有考虑货币时间价值因素的影响，把不同时期的货币价值等量齐观，不能反映投资方案的风险程度；（2）该方法只考虑净收益的作用，而没有全面考虑净现金流量的影响，不能全面正确地评价投资方案的经济效果。

（二）非贴现的回收期法

非贴现的投资回收期是指在不考虑货币时间价值的情况下，回收原始投资所需要的全部时间，又称为静态投资回收期。一般以年为单位。投资回收期包括两种形式：一种是包括建设期的投资回收期；另一种是不包括建设期的投资回收期。

投资回收期是反指标，一般来讲，回收期越短，表明该项投资的效果越好，所冒的风险越小。在投资方案分析中，将投资方案的回收期与企业期望的回收期比较，若投资方案的回收期小于企业期望的回收期，该方案才有投资价值，则为可行性方案；否则投资方案不可行。在多方案决策中，应在可行性方案中选择投资回收期最短的方案。

回收期的计算有以下两种情况：

1. 每年的现金净流量相等。当投资方案生产经营期每年的现金净流量相等时，回收期的计算公式为：

$$投资回收期=\frac{原始投资额}{每年的现金净流量}$$

按以上公式计算出来的投资回收期不包括建设期的回收期，如果要计算包括建设期的回收期，则在此公式的基础上，再加上建设期。

【例 7-20】 企业拟将资金 30 万元用作某项投资，项目投产后每年现金净流量为 9 万元，企业期望的回收期为 5 年，期满无残值。要求计算其投资回收期，并分析该方案是否可行。

解：$投资回收期=\frac{30}{9}\approx 3.33$（年）

该投资的回收期为 3.33 年。由于投资项目的回收期小于企业期望的回收期，因此该投资是可行的。

2. 每年的现金净流量不相等。当投资方案生产经营期每年的现金净流量不相等时，就不能用以上公式计算。此时要先计算累计现金净流量，根据累计现金净流量的情况确定回收期。具体又分为以下两种情况：

（1）假设在某 n 年，累计现金净流量正好等于 0，则 n 年即为回收期；

（2）无法找到累计现金净流量等于 0 对应的年份，而能找到累计现金净流量最接近 0 的负值和正值对应的年份，假设累计现金净流量为负值的年份为第 n 年，累计现金净流量为正值的年份为第 $n+1$ 年，由此可判断出所求的投资回收期介于 n 到 $n+1$ 之间，第 n 年的累计现金净流量即为未收回的投资额。第 $n+1$ 年的现金净流量用 NCF_{n+1} 表示，采用内插法计算回收期，其计算公式为：

$$该投资方案的回收期=n+\frac{未收回的投资}{NCF_{n+1}}$$

按照以上方法计算出的投资回收期是包含建设期的回收期，要计算不包含建设期的回收期，应在此基础上减去建设期。

【例 7-21】 某企业要进行一项投资，有甲、乙两个备选方案可供选择。两个投资方案的现金净流量情况见表 7-6。该企业期望的投资回收期为 4.5 年

(含建设期)。要求用非贴现的回收期法做出决策。

表 7－6　　甲、乙两方案现金净流量情况　　单位：万元

年　份	甲方案	乙方案
0	－500	－500
1	0	0
2	140	170
3	160	180
4	200	200
5	190	180
6	180	160

解：首先计算甲、乙两方案的累计现金净流量，具体见表 7－7。

表 7－7　　甲、乙两方案现金净流量情况　　单位：万元

年份	甲方案		乙方案	
	各年现金净流量	累计现金净流量	各年现金净流量	累计现金净流量
0	－500	－500	－500	－500
1	0	－500	0	－500
2	140	－360	170	－330
3	160	－200	180	－150
4	200	0	200	50
5	190	190	180	230
6	180	370	160	390

从表 7－7 可知，甲方案第四年年末的累计现金净流量为 0，也就是说甲方案包含建设期的回收期为 4 年；而乙方案无法找到累计现金净流量等于 0 的年份，但可知第三年的累计现金净流量等于－150 元，即未收回投资额为 150 元；第四年累计现金净流量等于 50 元，所以投资回收期介于 3 到 4 年之间，运用内插法计算如下：

$$乙方案回收期 = 3 + \frac{150}{200} = 3.75\ (年)$$

由此看，甲、乙两方案的投资回收期均小于该企业期望的回收期 4.5 年，所以均为可行性方案。但由于乙方案的投资回收期短，因此应选择乙方案。

投资回收期法的优点是：能够直观地反映原始投资的返本期限，能够在一定程度上反映方案的风险程度，简单易懂。因而是应用较为广泛的传统评价指标。

缺点是：(1) 没有考虑货币时间价值的影响，这一点与年均投资报酬率法相似；(2) 该法考虑的净现金流量只是小于或等于原始投资额的部分，即没有考虑回收期内现金流入量发生时间的先后，也未考虑回收期满后的收益情况，容易导致放弃回收期满后收益高的方案。

(三) 年平均成本法

年平均成本法是通过比较新旧设备的年平均使用成本的高低，来进行决策的一种方法。这种方法适用于固定资产更新决策。固定资产更新决策不同于一般的投资决策，一般讲设备更新不改变企业的生产能力，不增加企业的收入，只有现金流出，没有现金流入，此时的残值收入不是实质上的现金流入，属于现金流出的抵减，并且新旧设备的未来使用年限不同，无法用现金流量指标，方案之间也缺乏可比性，因此，对于固定资产更新决策，唯一、普遍的分析方法是比较继续使用和更新的年成本，决策时选择平均年成本较低的方案。

在不考虑货币时间价值的情况下，年使用成本包括年使用费用和投资的摊销额。年使用费用主要是指机器设备的维修费，投资的年摊销额是指原始投资扣除残值后的平均摊销额。年平均成本的计算公式为：

$$年平均成本 = \frac{设备投资额 - 残值}{使用年限} + 年均营运成本$$

【例 7－22】 某企业有一台旧设备，工程技术人员提出更新要求，有关数据见表 7－8。假设该企业要求的最低报酬率为 15%，问该设备是否应更新。

表 7－8　　计算年平均成本的有关资料　　单位：元

项　目	旧设备	新设备
原值	2 200	2 400
预计使用年限	10	10
已使用年限	4	0
期末残值	200	300
变现价值	600	2 400
年运行成本	700	400

解：$旧设备年平均成本 = \frac{600 + 700 \times 6 - 200}{6} = 767$（元）

$新设备年平均成本 = \frac{2\,400 + 400 \times 10 - 300}{10} = 610$（元）

可见，旧设备的年平均成本高于新设备，所以应对旧设备进行更新。

二、贴现的现金流量法

贴现的现金流量法又称动态分析法，是指在考虑货币的时间价值的情况下，以对投资方案的现金流量进行贴现计算为基础而形成的分析评价投资方案经济效益的方法的总称。主要有：净现值、现值指数、现值回收期、内含报酬率、等年值、平均年成本法等。

（一）净现值法

净现值（NPV）是指某一投资方案预计未来现金流入的现值同其现金流出的现值之间的差额。净现值法把各期净现金流量都统一到与原始投资额的投入时间相一致的时点上，从而使投资方案的净现金流量同原始投资额具有可比性。用公式表示为：

$$净现值（NPV）=现金流入现值-现金流出现值$$

在决策中，净现值大于或等于零，表明投资方案的投资报酬率大于或等于预定的投资报酬率，方案可行；净现值小于零，则方案不可行。该指标为正指标，在多方案决策中，应在可行性方案中选择净现值最大的方案为最优方案。

【例 7-23】 某公司准备在计划年度增加一台大型设备，以扩大销售量。预计该设备购置价款为 39 万元，运杂费 3 万元，买入后即可投入使用。预计设备寿命期为 5 年，期满净残值 2 万元，按直线法计提折旧。使用该设备每年可增加销售收入 38 万元，每年增加营业成本 22 万元（含折旧），若该公司预期投资报酬率为 10%，要求作出是否应购置该设备的决策。

解：设备投资 = 39 + 3 = 42（万元）

$$年折旧=\frac{42-2}{5}=8（万元）$$

年现金净流量 =（38 - 22）+ 8 = 24（万元）

$$\begin{aligned}净现值 &= 24(P/A,10\%,5)+2(P/F,10\%,5)-42\\ &=24\times3.7908+2\times0.6209-42\\ &=50.221（万元）\end{aligned}$$

该投资项目的净现值大于 0，则为可行性方案，所以应购置该设备。

【例 7-24】 某企业有 A、B 两个投资项目，投资额均为 20 万元，投资一次性完成，当年建成当年投产，有效期均为 5 年。A 方案：每年获取的净利为 5 万元，期满净残值为 5 000 元。B 方案：每年获取的净利分为：3 万元、4 万元、5 万元、6 万元、7 万元。期满残值 4 000 元。假定该企业采用平均年限法计提折旧，期望报酬率为 10%。要求：采用净现值法进行方案评价。

解：A 方案：

$$年折旧=\frac{20-0.5}{5}=3.9（万元）$$

每年年末营业现金净流量为：

$NCF=3.9+5=8.9$（万元）

B 方案：

$$年折旧=\frac{20-0.4}{5}=3.92（万元）$$

A、B 两方案现金流量情况见表 7－9。

表 7－9　　A、B 两投资方案折现的各年现金净流量　　单位：万元

年份	A 方案					B 方案				
	投资额	年净利	年折旧	残值	NCF	投资额	年净利	年折旧	残值	NCF
0	－20				－20	－20				－20
1		5	3.9		8.9		3	3.92		6.92
2		5	3.9		8.9		4	3.92		7.92
3		5	3.9		8.9		5	3.92		8.92
4		5	3.9		8.9		6	3.92		9.92
5		5	3.9	0.5	8.9		7	3.92	0.4	11.32

采用净现值法评价投资方案时，要把建设期、生产经营期各年的现金净流量都折现为第一年初的价值，然后计算二者现值的差额，即为该投资方案的净现值。

A 方案的净现值为：

$$NVP = 8.9(P/A,10\%,5)+0.5(P/F,10\%,5)-20$$
$$=8.9\times3.7908+0.5\times0.6209-20=14.04857（万元）$$

B 方案净现值的具体计算见表 7－10。

两个项目的净现值均大于 0，均为可行性方案。但 A 方案的净现值大于 B 方案，因此应选择 A 项目进行投资。

净现值法的优点是：充分考虑了货币时间价值对未来不同时期现金净流量的影响，使不同时间发生的现金流量具有可比性，可以比较好地反映各方案投资的经济效益，因而在实际工作中具有广泛的适用性。其缺点是：(1) 净现值是一个绝对值指标，只反映投资的效益，不能反映投资的效率，在原始投资额不同或有效期不同时，不同方案的净现值实际上是不可比的，用净现值法不能做出正确的决策；(2) 净现值法不能揭示各投资方案本身可能达到的报酬率。所以净现值法

适用于单一方案的决策和投资规模相同、有效期相等的多方案的决策。

表 7-10　　B方案折现的投资方案现金净流量　　单位：万元

年份	年现金净流量	复利现值系数	折现的年现金净流量
0	-20		-20
1	6.92	0.9091	6.290972
2	7.92	0.8264	6.545088
3	8.92	0.7513	6.701596
4	9.92	0.6380	6.32896
5	11.32	0.6209	7.028588
合计			13.341604

(二) 现值指数法

现值指数又称获利指数，是指某一投资方案预计未来现金流入的现值同其现金流出的现值之间的比率。用公式表示为：

$$现值指数=\frac{现金流入现值}{现金流出现值}$$

现值指数的经济意义是1元原始投资可望获得的现值收益。现值指数法就是以现值指数的高低来评价方案的可行性和优劣的一种方法。现值指数大于或等于1，表示未来报酬大于或等于投资额，方案可行；否则不可行。该指标为正指标，现值指数越大，方案越优。在多方案决策中，应在可行性方案中选择现值指数最大的方案为最优方案。

【例 7-25】 有甲、乙两个投资项目，投资均为一次性完成，有效期为5年，当年建成当年投产，甲方案：投资额为20万元，每年营业现金流量为6万元，期满净残值为4 000元。乙方案：投资额为30万元，每年营业现金净流量为9万元，期满无残值。假定该企业期望报酬率为10%。要求采用现值指数法进行方案评价。

解：甲方案：

$$NVP = 60\,000(P/A,10\%,5)+6\,000(P/F,10\%,5)$$
$$=60\,000\times 3.7908+4\,000\times 0.6209=229\,931.6\text{（元）}$$

$$现值指数=\frac{229\,931.6}{200\,000}\approx 1.15$$

乙方案：

$$NVP = 90\,000\times(P/A,10\%,5)$$

$= 90\ 000 \times 3.7908 = 341\ 172$（元）

现值指数 $= \dfrac{341\ 172}{300\ 000} \approx 1.14$

甲、乙两方案的现值指数都大于1，均为可行性方案。而甲方案的现值指数大于乙方案，因此应选择甲方案。

现值指数法的优点是：(1) 充分考虑了货币时间价值对未来不同时期现金净流量的影响；(2) 克服了净现值法的缺点，不仅使同一方案原始投资额与投产后净现金流量的大小具有可比性，而且使不同投资方案特别是投资额不同的方案之间也具有可比性，使用范围更广泛，因它是个相对数指标，更能正确地反映各投资方案的经济效率。其缺点是无法直接反映投资项目的实际收益率，计算较复杂，适合于进行有效期相同而规模不同的方案的评价决策。如上例，若采用净现值法进行评价，由于甲方案的净现值（$229\ 931.6 - 200\ 000 = 29\ 931.6$ 元）小于乙方案的净现值（$341\ 172 - 300\ 000 = 41\ 172$ 元），因此会做出选择乙方案的判断，而这是错误的，因其投资规模不同。

（三）内含报酬率法

内含报酬率法是根据方案本身的内含报酬率高低来评价方案优劣的一种方法。内含报酬率又叫做内部收益率，是指当未来报酬的总现值正好等于原始投资的现值时的折现率，即净现值等于零的报酬率。它是长期投资项目在其寿命期内实际可望达到的最高报酬率，反映投资项目内在的获利水平。当内含报酬率大于企业的资金成本或预期报酬率时，项目可行；否则项目不可行。在多个备选方案决策时应选取内含报酬率最高的投资项目。

根据每年现金净流量的不同特点，内含报酬率有以下两种计算方法：

1. 年金法。年金法是在每年营业现金净流量相等，原始投资在建设期期初一次投入时所采用的方法。根据内含报酬率的定义可知：

净现值 = 0

即：未来报酬的现值 = 原始投资现值

每年营业现金净流量 × 年金现值系数 = 原始投资额

$$\text{年金现值系数} = \frac{\text{原始投资}}{\text{每年现金净流量}}$$

根据预计有效期和计算出的年金现值系数，可查阅“一元年金现值系数表”，与年金现值系数相等对应的报酬率即为内含报酬率。若没有正好等于年金现值系数的报酬率，可采用内插法计算。

【例7-26】 某企业进行一项固定资产投资，投资于建设起点一次投入，无建设期，生产经营期为6年，该投资方案的资金成本为10%，各年现金净流量见表 7－11。要求采用内含报酬率法评价该方案是否可行。

表 7－11　各年折现的现金净流量　单位：万元

年　份	现金净流量
0	－1 575
1	350
2	350
3	350
4	350
5	350
6	350

解：年金现值系数 $= \frac{1\ 575}{350} = 4.5$

查年金现值系数表，无法查到 4.5，查与其相邻的年金现值系数和对应的折现率见表 7－12：

表 7－12　内插法计算表　单位：万元

年金现值系数	年金现值折现率
4.639	14%
4.5	?
4.344	16%

用内插法计算该方案的内含报酬率：

$$\text{内含报酬率} = 14\% + \frac{4.639 - 4.5}{4.639 - 4.344}(16\% - 14\%) \approx 14.94\%$$

该投资方案的内含报酬率为 14.94%，大于资金成本 10%，因此该投资方案可行。

2. 逐次测试法。逐次测试法是在每年营业现金净流量不相等时采用的方法。这时应当首先估计一个贴现率，用它来计算方案的净现值。如果净现值大于 0，说明方案本身的报酬率高于估计的贴现率，应提高贴现率后进一步测试；如果净现值为负数，说明方案本身的贴现率低于估计的贴现率，应降低贴现率后进一步测试。最终找到使净现值等于 0 的贴现率，这就是内含报酬率。如果没有令净现值正好等于 0 的贴现率，则需要找到使净现值最接近 0 的负值和正值对应的贴现率，再使用内插法计算出内含报酬率。

【例 7－27】 某企业要进行一项固定资产投资，资金成本为 9%，投资分两次投入，建设期为两年，生产经营期为 5 年，各年现金流量情况见表 7－13。要求采用内含报酬率法评价该方案是否可行。

表 7－13　　各年折现的现金流量　　单位：万元

年　份	现金净流量
0	－200
1	－200
2	0
3	130
4	150
5	150
6	140
7	140

解：由题意知，生产经营期各年的现金净流量不相等，而且投资是分两次投入，所以应采用逐次测试法计算其内含报酬率。

先设折现率为 10%，计算其净现值：

净现值 = 130 × 0.751 + 150 × 0.683 + 150 × 0.621 + 140 × 0.565 + 140 × 0.513 －（200 + 200 × 0.909）

= 444.15 － 381.8 = 62.35（万元）

折现率为 10%时，其净现值为正数，为使净现值接近于 0，应提高折现率。再设折现率为 12%，计算其净现值：

净现值 = 130 × 0.712 + 150 × 0.636 + 150 × 0.567 + 140 × 0.507 + 140 × 0.452 －（200 + 200 × 0.893）

= 407.27 － 378.6 = 28.67（万元）

按折现率为 12%计算，其净现值仍为正数，应再提高折现率。再设折现率为 15%，计算其净现值：

净现值 = 130 × 0.658 + 150 × 0.572 + 150 × 0.497 + 140 × 0.432 + 140 × 0.376 －（200 + 200 × 0.87）

= 359.01 － 374 = － 14.99（万元）

由以上测试可知，所求的内含报酬率介于 12%到 15%之间。采用内插法计算其具体的内含报酬率为：

$$内含报酬率 = 12\% + \frac{28.67-0}{28.67-(-14.99)}(15\%-12\%)$$
$$= 12\% + 1.97\% = 13.97\%$$

该投资项目的内含报酬率13.97%大于资金成本9%，因此投资方案可行。

在用净现值法和现值指数法评价方案时，净现值和现值指数的计算都是以预计的贴现率或期望达到的报酬率为依据来计算的，它们并不能揭示投资方案本身可能达到的报酬率。内含报酬率指标正弥补了这一缺陷，使长期投资决策的分析评价更趋于精确化，其优点是考虑了货币时间价值的影响，反映了投资项目的真实报酬率，概念易于理解，是一种较好的投资决策指标。缺点是计算相对复杂，特别是在每年现金流量不相等的情况下，一般要经过多次测算才能求得。

（四）等年值法

等年值法是根据各投资方案等年值的大小进行决策的一种方法。等年值是指按照预定的投资报酬率，将有关投资项目在其有效年限内的现金流量统一换算成每年平均的等价金额。在进行决策时，等年值大于或等于0的方案为可行性方案；否则为不可行方案。在多方案决策的情况下，应在可行性方案中选择等年值最大的方案。等年值法适用于项目寿命期不相等的方案的决策。

等年值的计算方法有两种：

1. 先计算净现值，再运用年金现值计算公式，将净现值换算为等年值。

2. 将在不同时点的现金流量分别套用年金现值或年金终值的计算公式，换算为等年值。

【例7-28】 某企业拟进行一项投资，原始投资额为10万元，投资一次性完成，当年建成并投产，有效期为8年，预计期满净残值为5 000元，该项目投产后，每年可节约费用3万元，预期投资报酬率为10%。试分析该项投资是否可行。

解：若采用第一种计算方法，则：

$$净现值 = 3\times(P/A,10\%,8) + 0.5\times(P/A,10\%,8) - 10$$
$$= 3\times5.3349 + 0.5\times0.4665 - 10$$
$$= 6.23795（万元）$$

$$等年值 = \frac{6.23795}{(P/A,10\%,8)} = \frac{6.23795}{5.3349} \approx 1.169(万元)$$

若采用第二种方法，则：

$$等年值 = 3 + \frac{0.5}{(F/A,10\%,8)} - \frac{10}{(P/A,10\%,8)}$$
$$= 3 + \frac{0.5}{11.436} - \frac{10}{5.3349}$$

≈ 1.169（万元）

由于等年值大于0，所以该方案可行。

（五）贴现的回收期法

贴现的回收期法又称动态回收期法、现值回收期，是指按投资项目设定的贴现率计算的生产经营期现金净流量现值补偿原始投资现值所需要的全部时间，即净现值为0时所对应的年限。贴现的回收期法一般只计算包括建设期的投资回收期，要计算不包含建设期的回收期，应在此基础上减去建设期。其方案是否可行的标准与非贴现的回收期法相同。

依据方案现金净流量的不同，现值回收期的计算有两种方法：

1. 每年的营业现金净流量相等。每年营业现金净流量相等时，回收期的计算采用年金法计算。根据现值回收期的定义可知：

现金流入现值 = 现金流出现值

即：每年营业现金净流量 × 年金现值系数 = 原始投资现值

则：$年金现值系数 = \frac{原始投资现值}{每年现金净流量}$

根据预期报酬率、年金现值系数，可查阅“一元年金现值系数表”，与回收期年金现值系数相等的年限即为现值回收期；若没有正好等于回收期年金现值系数对应的年限，可采用内插法计算。

【例7－29】 根据【例7－19】的资料，假设预计投资报酬率为6%，试测算现值回收期。

解：$年金现值系数 = \frac{30}{9} \approx 3.3333$

根据 $i = 6\%$，查“一元年金现值系数表”可知：

$(P/A, 6\%, 3) = 2.6730$

$(P/A, 6\%, 4) = 3.4651$

$现值回收期 = 3 + \frac{3.3333 - 2.6730}{3.4651 - 2.6730} \approx 3.83$（年）

由于其现值回收期3.83年小于企业期望的回收期5年，所以该方案可行。

2. 每年的营业现金净流量不相等。当投资方案每年营业现金净流量不相等时，就不能用年金法计算，这时应当根据逐年累计营业现金净流量的现值来测算现值回收期。具体又分以下两种情况：

（1）当第 n 年累计现金净流量现值正好等于0，则 n 年即为现值回收期。

（2）无法找到累计现金净流量现值等于0对应的年份，则找到累计现金净流量现值最接近0的负值和正值对应的年份，假设累计现金净流量现值为负值的年

份为第 n 年，累计现金净流量现值为正值的年份为第 $n+1$ 年，由此可判断出所求的现值回收期介于 n 年到 $n+1$ 年之间，第 n 年的累计现金净流量现值即为未回收现值，采用插值法计算。第 $n+1$ 年的现金净流量现值用 NVP_{n+1} 表示，现值回收期的计算公式为：

$$现值回收期 = n + \frac{未回收现值}{NVP_{n+1}}$$

【例 7-30】 某企业拟进行一项固定资产投资，其现金净流量情况如表 7-14 所示，该企业设定的折现率为 8%，期望贴现的回收期为 4 年。要求采用贴现的回收期法评价方案是否可行。

表 7-14　　各年折现的现金净流量　　单位：万元

年　份	现金净流量
0	-200
1	-100
2	80
3	100
4	150
5	135
6	120
7	105

解：该方案累计营业现金净流量现值的计算如表 7-15 所示。

表 7-15　　方案累计现金净流量现值计算表

年份	年现金净流量	复利现值系数	现金净流量现值	累计现金净流量现值
0	-200	1	-200	-200
1	-100	0.926	-92.6	-292.6
2	80	0.857	68.56	-224.04
3	100	0.794	79.4	-144.64
4	150	0.735	110.25	-34.39
5	135	0.681	91.935	57.545
6	120	0.63	75.6	133.145
7	105	0.584	61.32	194.465

从表 7－15 中看出，该方案的现值回收期在第四年到第五年之间，利用插值法计算如下：

$$现值回收期 = 4 + \frac{34.39}{91.935} \approx 4.37\ (年)$$

由于该方案的现值回收期 4.37 年大于该企业期望贴现的回收期 4 年。所以该方案不可行。

现值回收期的优点是考虑了货币时间价值的影响，反映了投资项目的真实回收时间。缺点是无法反映回收期满后的收益情况。

（六）年平均成本法

年平均成本法的基本内容如前所述。考虑货币时间价值的年平均成本法与不考虑货币时间价值的年平均成本法不同的是：投资的年摊销额包括原始投资中逐年摊销的部分和占用在残值上的资金每年应计的利息。残值本身不能转化为年使用成本，但在机器使用的整个过程中，残值占用的资金一直存在，因此，应考虑残值占用资金的应计利息，此利息在这里作为机会成本，构成年使用成本的一个组成部分。其计算公式为：

$$年平均成本 = \frac{投资额 - 残值}{年金现值系数} + 年均营运成本 + 机会成本（残值占用利息）$$

【例 7－31】 依据【例 7－22】的资料，计算年平均成本，并做出决策。

$$解：旧设备年平均成本 = \frac{600 - 200}{(P/A, 15\%, 6)} + 700 + 200 \times 15\%$$

$$= \frac{400}{3.784} + 700 + 30 \approx 836\ (元)$$

$$新设备年平均成本 = \frac{2\ 400 - 300}{(P/A, 15\%, 10)} + 400 + 300 \times 15\%$$

$$= \frac{2\ 100}{5.019} + 400 + 45 \approx 863\ (元)$$

可见，在考虑货币时间价值的情况下，使用旧设备的年平均成本较低，不宜进行设备更新。与不考虑货币时间价值的情况下的结果正好相反。因此，在进行长期投资决策时，要以贴现的指标为主，以非贴现的指标为参考。

【例 7－32】 某企业有一设备应进行大修理，预计修理费 3 000 元，修理后可使用 3 年，每年日常维护等运行费用 240 元。若将其报废，购置同等能力的设备需要 13 000 元，预计可使用 20 年，每年运行费用 40 元。假设企业的资金成本为 8%，企业是否应进行大修理？

$$解：大修方案年平均成本 = \frac{3\ 000}{(P/A, 8\%, 3)} + 240$$

$$=\frac{3\ 000}{2.577}+240\approx 1\ 404\text{（元）}$$

$$\text{更新方案年平均成本}=\frac{13\ 000}{(P/A,8\%,20)}+40$$

$$=\frac{3\ 000}{9.818}+40=1\ 364\text{（元）}$$

可见，大修方案的年平均成本高，应选择购置新设备。

以上几种贴现的评价分析方法，在实际应用中可以结合使用，相互取长补短，从而使投资的评价更为客观可靠。

【复习思考题】

1. 企业为什么要进行投资？它对企业的生产经营有何影响？
2. 长期投资决策主要有哪几种方法？各有何优缺点。
3. 什么是货币时间价值？长期投资决策为什么要考虑货币时间价值？
4. 静态回收期和动态回收期有何异同？
5. 试述净现值法和内含报酬率法的基本原理。
6. 净现值法、现值指数法、内涵报酬率法、等年值法的关系如何？
7. 长期投资决策分析需要考虑的重要因素有哪些？

第八章

全面预算

【内容提要】

本章主要介绍全面预算的意义、特点、全面预算体系的具体内容；固定预算法下业务预算、财务预算的编制方法；弹性预算、零基预算、滚动预算基本原理以及具体编制方法等有关内容。

第一节　全面预算概述

一、全面预算的意义

预算就是指以货币作为计量手段，将决策的目标具体地、系统地反映出来的过程。简言之，预算就是决策目标的具体化。

全面预算又称总预算，是指企业为了实现未来一定时期的经营目标，以货币为计量单位，对企业所拥有的各种资源，事先进行科学合理地规划、测算和分配，以约束指导企业的经营活动，保证经营目标顺利完成的一系列具体规划。简单地说，全面预算是企业未来一定时期经济活动全部计划的数量说明，是关于企业在一定时期内经营、财务等方面的总体预算。全面预算是企业预算控制的核心，编制全面预算的意义表现在以下几方面：

1. 明确经营目标。预算是具体化的经营目标，是指导企业员工从事经营活动的准绳，编制预算，有助于高层管理者将计划和目标传达到企业内部各层次。各个职能部门及其员工也可以通过预算了解本企业、本部门、本人在达到企业总体目标中的责任和地位，促使他们尽力完成各自的责任目标。

2. 协调控制工作。全面预算把企业内部各层次的工作纳入了预定计划，促使内部各部门的预算工作紧密配合，协调发展，在企业内部形成有机整体。全面预算不仅能协调企业的预算工作，也是控制日常经济的依据，在预算的执行过程中，企业各部门也可以通过计量对比，明确实际执行结果和预定标准的差异，分析差异产生的原因，以便采取措施纠正偏差，保证预算目标的完成。

3. 考核评价业绩。预算代表了在预算期内对企业各职能部门和员工行为结果的要求，把实际经营结果和预算进行比较，从中分析差异原因，有助于评价各责任部门和责任人的工作业绩，通过评价考核，可提高企业全体员工的积极性，激励员工为实现预算目标努力。

二、全面预算的特点

1. 全面预算是企业短期（一般为一年）内经营目标的数量表现，它明确了在未来一定时期内整个企业、企业的各职能部门及企业各员工所要达到的工作目标。

2. 全面预算包括很多的分预算，这些预算的编制原则是一致的，即各职能部门的工作目标要服从企业的总目标；预算编制所采用的数据必须全面，要经过充分的考证、测算，对未来可能发生的超常规事项要有所预见；既要有货币计量单位，又要有实物计量单位。

3. 全面预算具有规划控制职能，一经确定，便具有指令性。没有充分的理由，未经最高管理层审批，不得随意调整改动。

三、全面预算体系

全面预算体系按其内容分为三大部分，即业务预算、财务预算和专门决策预算。其中业务预算是编制全面预算的基础，涉及企业的主要经营活动。

1. 业务预算。业务预算又称经营预算，是企业预算期日常发生的基本业务活动的预算。主要包括销售预算、生产预算、直接材料预算、直接人工预算、制造费用预算、单位产品成本与期末存货成本预算、销售与管理费用预算等。

2. 财务预算。财务预算也称综合预算，是反映企业预算期现金收支、经营成果和财务状况的预算。主要包括现金预算、预计损益表、预计资产负债表和现金流量表等。

3. 专门决策预算。专门决策预算又称资本支出预算、长期投资预算，是企业为不经常发生的非基本业务活动所编制的预算。与业务预算不同，专门决策预算所涉及的不是经常性的预测和经营决策事项，而是一般需要投入大量资金并在较长期（一年以上）对企业有持续影响的投资决策。主要包括资本支出预算、筹资预算、股利分配预算等。

在预算体系中，各项预算相互衔接，相互对应，构成一个有机的整体。业务预算和专门决策预算是财务预算的基础，财务预算是业务预算和专门决策预算的现金流量总结。

第二节 全面预算编制的固定预算法

全面预算的编制方法有很多，主要有固定预算法、弹性预算法、零基预算法和滚动预算法等。其中固定预算法为传统的常用方法，它是根据未来固定不变的业务量水平编制的，在预算期内除特殊情况外不必追加预算，一般不作调整，因此又称静态预算。它适用于非营利性组织和业务量水平较为平稳的企业。本节主要介绍固定预算法下业务预算、财务预算的编制。

一、业务预算的编制

（一）销售预算

销售预算是在销售预测的基础上，根据预计的销售数量、单价和货款回收条件等编制的一种业务预算。销售预算是编制全面预算的起点，是业务预算和绝大多数财务预算编制的基础。编制销售预算应考虑的因素主要有：预计销售量、销售价格以及货款回收条件等。销售预算必须以销售预测为基础，应根据有关历史资料进行市场预测，确定未来期间的预计销售量和销售单价，这样就可以确定预计的销售收入。其计算公式如下：

$$预计销售收入=预计销售量\times预计销售单价$$

销售预算通常还反映预算期间的现金收入情况，主要包括本期现销收入和前期赊销本期收现的收入，这主要是为编制现金预算提供资料。

【例 8－1】 假设甲企业 2005 年度计划只生产和销售一种产品，预计各季度的销售数量分别为 1 000、1 100、950 和 1 200 件，销售单价全年均为 90 元，每季度的销售收入中当期收现 50%，其余 50%下季度收现。2004 年年末应收账款余额为 35 000 元。

该公司 2005 年度的销售预算如表 8－1 所示。

表 8－1　　甲企业 2005 年度销售预算表　　单位：元

项　目	第一季度	第二季度	第三季度	第四季度	合计
预计销售量（件）	1 000	1 100	950	1 200	4 250

续表

项目		第一季度	第二季度	第三季度	第四季度	合计
预计销售单价		90	90	90	90	90
预计销售收入		90 000	99 000	85 500	108 000	382 500
预计现金收入	年初应收账款	35 000				35 000
	第一季度现销收入	45 000	45 000			90 000
	第二季度现销收入		49 500	49 500		99 000
	第三季度现销收入			42 750	42 750	85 500
	第四季度现销收入				54 000	54 000
	现金收入合计	80 000	94 500	92 250	96 750	363 500

(二) 生产预算

生产预算是在销售预算基础上分品种编制的，用来安排企业在预算期的产品生产的一种业务预算。生产预算是编制直接材料预算、直接人工预算和制造费用预算的依据。编制生产预算应考虑的主要因素是预计销售量、预计期末存货量和预计期初存货量等。它们之间的关系用公式表示如下：

预计生产量 = 预计期末存货量 + 预计销售量 − 预计期初存货量

【例 8 − 2】 在上例的基础上，假设该企业各季度的期末存货量按下季度的20%计算，各季度的期末存货量即下季度的期初存货量，2005 年年初存货量为200 件，年末存货量 210 件。

该公司 2005 年度生产预算如表 8 − 2 所示。

表 8 − 2　　甲企业 2005 年度生产预算表　　单位：元

项目	第一季度	第二季度	第三季度	第四季度	合计
预计销售量（件）	1 000	1 100	950	1 200	4 250
加：预计期末存货量（件）	220	190	240	210	210
合　计	1 220	1 290	1 190	1 410	4 460
减：预计期初存货量（件）	200	220	190	240	200
预计生产量（件）	1 020	1 070	1 000	1 170	4 260

（三）直接材料预算

直接材料预算是在生产预算的基础上编制的，用来确定预算期材料的生产耗用数量、采购数量和采购成本等相关信息的一种业务预算。直接材料预算编制的依据是产品的预计生产量、单位产品材料耗用量、期末与期初预计的材料库存量、单位材料标准价格、材料货款付款条件等。其计算公式为：

预计材料采购量 = 预计材料耗用量 + 预计期末材料库存量 − 预计期初材料库存量

预计材料采购成本 = 预计材料采购量 × 预计材料单价

预计材料耗用量通常需要分产品品种和材料品种确定，根据某种产品的预计生产量和其单位产品所耗用的某种材料的消耗定额的乘积，即可确定某种材料的耗用量；将预算期各种产品消耗某种材料的数量加总，就可以确定该种材料的总耗用量。

直接材料预算中通常涉及预计现金支出的预算，主要包括上期购料本期付款和本期购料本期付款的现金支出，以便为现金预算的编制提供资料。

【例 8－3】 在上例基础上，假设该企业单位产品直接材料耗用定额为 1.5 千克，预计每千克材料单价为 12 元，预算期内每季度末材料存货量为下季度生产需用量的 20%，2005 年年初材料存货量为 30 千克，2005 年年末材料存货量为 350 克。各季度购料货款 50% 当季付清，另外 50% 下季度付清，该企业 2005 年年初应付账款余额为 18 000 元。

该企业 2005 年度直接材料预算如表 8－3 所示。

表 8－3　　甲企业 2005 年度直接材料预算表　　单位：元

项　目	第一季度	第二季度	第三季度	第四季度	合计
预计生产量（件）	1 020	1 070	1 000	1 170	4 260
单位产品材料用量（千克）	1.5	1.5	1.5	1.5	1.5
预计生产用料总量（千克）	1 530	1 605	1 500	1 755	6 390
加：预计期末材料库存量	321	300	351	350	350
减：预计期初材料库存量	300	321	300	351	300
预计材料采购量（千克）	1 551	1 584	1 551	1 754	6 440
预计材料单价（元）	12	12	12	12	12
预计材料采购额（元）	18 612	19 008	18 612	21 048	77 280

续表

项　目		第一季度	第二季度	第三季度	第四季度	合计
预计现金支出	年初应付账款	18 000				18 000
	第一季度购料现金支出	9 306	9 306			18 612
	第二季度购料现金支出		9 504	9 504		19 008
	第三季度购料现金支出			9 306	9 306	18 612
	第四季度购料现金支出				10 524	10 524
	现金支出合计	27 306	18 810	18 810	19 830	84 756

（四）直接人工预算

直接人工预算是为确定预算期一线生产工人的人工成本耗费和人工工时耗费而编制的一种业务预算。直接人工预算的编制依据是：预计的生产量、单位产品标准成本或定额工时、标准工资率等。直接人工工资一般全部付现，所以不必另外预计现金支出。其计算公式有：

预计直接人工成本 = 预计生产量 × 单位产品工资率

或：预计直接人工成本 = 预计生产量 × 单位产品直接人工工时 × 小时工资率

直接人工预算也是在生产预算的基础上编制的，其预算数据往往需要从企业生产部门或技术部门取得，在生产产品过程中，往往需要多个人工工种，这样在编制预算时，要按工种类别分别计算。

【例 8－4】 在上例基础上，为简化核算，假设该企业只有一个直接人工工种，单位该产品直接人工工时为 4 小时，小时工资率为 6 元。

该企业 2005 年度直接人工预算如表 8－4 所示。

表 8－4　　甲企业 2005 年度直接人工预算表　　单位：元

项　目	第一季度	第二季度	第三季度	第四季度	合计
预计生产量（件）	1 020	1 070	1 000	1 170	4 260
单位产品人工工时（小时）	4	4	4	4	4
直接人工总工时（小时）	4 080	4 280	4 000	4 680	17 040
小时工资率	6	6	6	6	6
预计的直接人工成本	24 480	25 680	24 000	28 080	102 240

（五）制造费用预算

制造费用预算是为确定预算期内产品生产过程中间接费用水平而编制的一种业务预算。制造费用按其成本性态可区分为变动性制造费用和固定性制造费用，因而其预算通常也包括这两部分。变动性制造费用在生产预算的基础上，根据其预定分配率与预计业务量（人工工时、机器工时等）的乘积预计；固定性制造费用可在已有的相关历史资料的基础上，结合预算期内的预期变化逐项进行预计。有关计算公式如下：

$$变动制造费用分配率 = \frac{变动制造费用预算总额}{分配标准预算数之和}$$

公式分母中分配标准通常指预算生产量、预算的直接人工工时数或机器工时数。

预计制造费用 = 预计变动性制造费用 + 预计固定性制造费用

此外，在制造费用预算中，为了提供现金预算必要的信息，往往需要预计制造费用的现金支出数。由于固定资产折旧在预算期内不会有现金支出，因此，在预计制造费用的现金支出数时，应扣除折旧这一费用项目。即：

预计制造费用的现金支出数 = 预计制造费用 − 固定资产折旧

【例 8－5】 在上例基础上，假定固定性制造费用全年预算数为 18 000 元，其中全年折旧费 8 800 元；变动性制造费用预算分配率为每人工工时 7 元。

该企业 2005 年制造费用预算如表 8－5 所示。

表 8－5　　**甲企业 2005 年度制造费用预算表**　　单位：元

项　目	第一季度	第二季度	第三季度	第四季度	全年合计
直接人工总工时（小时）	4 080	4 280	4 000	4 680	17 040
变动性制造费用预算分配率	7	7	7	7	7
预计变动性制造费用	28 560	29 960	28 000	32 760	119 280
预计固定性制造费用	4 500	4 500	4 500	4 500	18 000
预计制造费用合计数	33 060	34 460	32 500	37 260	137 280
减：固定资产折旧	2 200	2 200	2 200	2 200	8 800
预计制造费用的现金支出数	30 860	32 260	30 300	35 060	128 480

（六）单位产品成本和期末产成品存货预算

单位产品成本和期末存货预算是确定单位产品成本和期末产成品存货成本的

一种业务预算。该预算是编制预计损益表、预计资产负债表的依据之一。该预算主要根据生产预算的预计生产量及直接材料、直接人工、制造费用预算的相关资料编制。其编制的基本过程为：首先根据直接材料、直接人工、制造费用预算的相关资料，确定产品的单位成本；其次根据单位产品成本和期末产成品存货数量的乘积，确定期末产成品存货成本。

【例 8-6】 根据上述例题的有关预算资料，采用变动成本法编制该企业 2005 年单位产品成本和期末产成品存货预算表，如表 8-6 所示。

表 8-6　　甲企业 2005 年度单位产品成本和期末产成品存货预算表　　单位：元

项　目	单位产品耗用量定额	单位耗用量单价	单位产品成本（元/件）
单位产品成本			
直接材料	1.5 千克	12 元/千克	18
直接人工	4 小时	6 元/小时	24
变动制造费用	4 小时	7 元/小时	28
单位产品成本合计			70
期末产成品存货	期末存货数量	单位产品成本	期末存货成本
	210 件	70 元/件	14 700 元

（七）销售及管理费用预算

销售及管理费用预算是产品销售过程中发生的费用和企业行政管理费支出的预算。该项费用按其成本性态也可区分为变动性销售及管理费用和固定性销售及管理费用两部分。其编制方法和制造费用预算的编制类似，变动性销售及管理费用在销售预算的基础上，根据其预定分配率与预计销售量的乘积预计；固定性制造费用可在已有的相关历史资料的基础上，结合预算期内的预期变化逐项进行预计。

为了提供必要的信息给现金预算，通常也需要预计预算期的销售及管理费用的现金支出数。由于固定资产折旧在预算期内不会有现金支出，因此，在预计销售及管理费用的现金支出数时，应扣除折旧这一费用项目。即：

预计销售及管理费用的现金支出数 = 预计销售及管理费用 - 固定资产折旧

【例 8-7】 在上述例题基础上，假定固定性销售及管理费用全年预算数为 17 500元，每季度为 4 375 元，其中每季度折旧费 1 375 元；变动性销售及管理费用预算分配率为每件 5 元。

该企业2005年销售及管理费用预算如表8－7所示。

表8－7 甲企业2005年度销售及管理费用预算表 单位：元

项目	第一季度	第二季度	第三季度	第四季度	合计
预计销售量（件）	1 000	1 100	950	1 200	4 250
变动性销售及管理费用分配率	5	5	5	5	5
预计变动性销售及管理费用	5 000	5 500	4 750	6 000	21 250
预计固定性销售及管理费用	4 375	4 375	4 375	4 375	17 500
预计销售及管理费用合计数	9 375	9 875	9 125	10 375	38 750
减：固定资产折旧	1 375	1 375	1 375	1 375	5 500
预计销售及管理费用现金支出数	8 000	8 500	7 750	9 000	33 250

二、财务预算的编制

（一）现金预算

现金预算是反映预算期内现金收入、现金支出、现金余缺、资金的筹集与运用以及期初和期末现金余额情况的预算。编制现金预算的主要目的是为了测算企业在预算期间现金收入与现金支出的吻合程度及不吻合的时间与数额，以便正确调度资金，避免资金的积压或短缺，保证企业资金的正常运转。

编制现金预算的主要依据有：涉及现金收支的销售预算、直接材料预算、直接人工预算、制造费用预算、销售及管理费用预算、专门决策预算等。现金预算的内容主要包括以下四个部分：

1. 现金收入。包括计划期间的期初现金余额，加上本期预计可能发生的现金收入。主要来源是销售收入和应收账款的收回，可从销售预算中获得该项资料。

2. 现金支出。包括计划期间预计可能发生的一切现金支出。即预算期内业务预算以及专门决策预算的各项现金支出。

3. 现金余缺。即现金的多余和不足，是指现金收入与现金支出的差额。

4. 资金融通。是指预算期内可动用的现金小于现金支出而引起的资金借入，或可动用现金大于现金支出而引起的借款本息归还等。其筹集数额应大于等于现金余缺与最低现金余额的差额，通常借入资金的时间算作季初或月初，归还借款的本息算作季末或月末。

编制好现金预算后，就可以知道计划期间需要多少资金，财务主管人员则据以事先安排和筹措，以满足各个时期的资金需要。

【例8－8】 在前述业务预算的基础上，假定预算期内每季的最低现金余额为2 000元。第一季度出售一台设备，收入现金800元，该设备的原价为800元。第三季度末购置设备支出7 200元。企业全年的所得税预计为6 600元，在第四季度末一次支付。借款发生在季初，还款发生在季末，借款年利率为10%，2005年期初现金余额为2 000元。

该企业2005年现金预算如表8－8所示。

表8－8 **甲企业2005年度现金预算表** 单位：元

项目	第一季度	第二季度	第三季度	第四季度	合计
期初现金余额	2 000	2 154	3 004	5 044	2 000
加：营业现金收入（表8－1）	80 000	94 500	92 250	96 750	363 500
固定资产变现收入	800				800
可供运用现金合计	82 800	96 654	95 254	101 794	366 300
减：现金支出					
直接材料（表8－3）	27 306	18 810	18 810	19 830	84 756
直接人工（表8－4）	24 480	25 680	24 000	28 080	102 240
制造费用（表8－5）	30 860	32 260	30 300	35 060	128 480
销售及管理费用（表8－7）	8 000	8 500	7 750	9 000	33 250
预计所得税				6 600	6 600
预计资本支出			7 200		7 200
现金支出合计	90 646	85 250	88 060	98 570	362 526
现金溢余（短缺）	（7 846）	11 404	7 194	3 224	3 774
最低现金余额	2 000	2 000	2 000	2 000	2 000
资金融通					
借款	10 000				10 000
还款		（8 000）	（2 000）		（10 000）

续表

项　目	第一季度	第二季度	第三季度	第四季度	合计
利息		(400)	(150)		(550)
合　计	10 000	(8 400)	(2 150)		(550)
期末现金余额	2 154	3 004	5 044	3 224	3 224

注：第二季度利息 = 8 000 × 10% × 6/12 = 400
第三季度利息 = 2 000 × 10% × 9/12 = 150

（二）预计损益表

预计损益表是在上述各有关预算编制的基础上，对预算期的收入、成本、利润等经营成果进行综合反映的一种报表。其编制依据主要有销售预算、单位产品成本和期末产成品存货预算、销售及管理费用预算和现金预算等。

【例 8－9】 在前述业务预算的基础上，假定企业的所得税税率为 30%，根据以上预算资料，采用变动成本法，编制 2005 年的预计损益表。如表 8－9 所示。

表 8－9　　甲企业 2005 年度预计损益表　　单位：元

项　目	第一季度	第二季度	第三季度	第四季度	合计
产品销售数量（表 8－1）	1 000	1 100	950	1 200	4 250
销售收入（表 8－1）	90 000	99 000	85 500	108 000	382 500
减：变动生产成本（表 8－6 单位产品成本为 70 元）	70 000	77 000	66 500	84 000	297 500
变动销售及管理费用（表 8－7）	5 000	5 500	4 750	6 000	21 250
贡献毛益	15 000	16 500	14 250	18 000	63 750
减：固定制造费用（表 8－5）	4 500	4 500	4 500	4 500	18 000
固定销售及管理费用（表 8－7）	4 375	4 375	4 375	4 375	17 500
息税前利润	6 125	7 625	5 375	9 125	28 250
减：利息费用（表 8－8）		400	150		550
税前利润	6 125	7 225	5 225	9 125	27 700
减：所得税	1 550	1 600	1 400	2 050	6 600
税后利润	4 575	5 625	3 825	7 075	21 100

注：所得税费用根据应纳税所得额与所得税税率的乘积计算，应纳税所得额是按照税法规定对会计上的税前利润调整的结果。此处为假定结果。

（三）预计资产负债表

预计资产负债表是反映预算期期末这一时点上，企业的资产、负债和所有者权益状况的一种报表，其编制依据是预算期期初的实际资产负债表和预算期的各项预算资料。

【例 8－10】 依据上述各例，假定 2005 年年初的资产负债表数据已确定，预算期内股本无变化，采用变动成本法，编制 2005 年度的预计资产负债表，如表8－10所示。

表 8－10　　甲企业 2005 年度预计资产负债表　　单位：元

资　产	年初数	年末数	负债及所有者权益	年初数	年末数
流动资产			流动负债		
现金	2 000	3 224	应付账款	18 000	10 524
应收账款	35 000	54 000	流动负债合计	18 000	10 524
存货			负债合计	18 000	10 524
材料	3 600	4 200	所有者权益		
库存商品	14 000	14 700	股本	60 000	60 000
流动资产合计	54 600	76 124	未分配利润	28 600	49 700
固定资产	60 000	66 400	所有者权益合计	88 600	109 700
减：累计折旧	8 000	22 300			
固定资产合计	52 000	44 100			
资产合计	106 600	120 224	负债及所有者权益合计	106 600	120 224

注：预计资产负债表中各项目的年末数字说明：

（1）现金，见表 8－8 中的期末现金余额。

（2）应收账款，见表 8－1，期末数为第四季度产品销售额的 50%。

（3）材料，见表 8－3，期末数为年末存料 350 与单价 12 的乘积。

（4）库存商品，见表 8－2、表 8－6，期初数为年初存货 200 与单位成本 70 的乘积；期末数为年末存货 210 与单位成本 70 的乘积。

（5）固定资产，见表 8－8，期末数为期初数 60 000 加上购置设备 7 200 减去出售设备原价 800，即 66 400元。

（6）累计折旧，见表 8－5、表 8－7，期末数为期初数 8 000 加上本年折旧数 8 800 和 5 500，即22 300 元。

（7）应付账款，见表 8－3，期末数为第四季度材料采购额的 50%。

（8）未分配利润，见表 8－9，期末数为年初未分配利润 28 600 加上预算期净利润 21 100，即 49 700 元。

三、专门决策预算的编制

专门决策预算的主要内容，在前面章节已做过详细阐述，在此不再展开讲解。

第三节 全面预算编制的其他方法

一、弹性预算

(一) 弹性预算的意义

上一节我们是以计划期一定的业务量水平为基础来确定各种费用项目的预计金额的，这种方法称为固定预算。固定预算的编制工作量不大，各项分预算之间关系密切，在实际业务量和预算业务量相同或差距不大时，有利于评价、控制企业的生产经营活动。但是固定预算缺乏灵敏性，若实际业务量和预算业务量发生差异时，各项费用项目的实际数与预算数则无可比性，依据固定预算期评价企业的实际业绩，就会做出不客观的结论。为了弥补固定预算方法的缺陷，产生了弹性预算。

弹性预算是按照预算期内可预见的收入、成本、利润等多种生产经营活动的业务量水平，以及这些生产经营活动水平之间的数量关系，分别确定相应的目标和任务的预算，又称变动预算。它适用于业务量水平不断变化的企业，能够真实准确地反映一系列特定生产经营规模和业务量水平上所应当发生的费用开支和取得的相应收入及利润，区分责任，并使预算执行情况的评价和考核建立在更加客观而可比的基础上，在预算管理工作中能够发挥更大的作用。

(二) 弹性预算的特征

由以上可见，弹性预算具有以下特征：

1. 它按预算期间某一相关范围内的多种业务活动水平调整其预算额，能够在不同的生产经营活动水平下保持它的适用性，使预算的适用范围得到扩大。只要有关的消耗标准、价格标准不变，预算可延期使用，不必每月重复编制。

2. 它在将成本划分为固定成本和变动成本的基础上，根据收入、成本与业务量三者的关系，按可能达到的一系列业务量水平编制成具有伸缩性的预算。各项间接费用预算中，其固定部分是不随着业务量增减变动的，弹性预算仅调整其变动费用部分。

(三) 弹性预算的编制方法

1. 正确确定业务量的计量标准，如人工工时、机器工时、产量单位等。

2. 确定适用的业务量的相关范围。可定在按正常生产能力的70%～110%，或是以过去某期最低业务量为下限，以其最高业务量为上限。

3. 确定计算公式。根据成本性态，将成本划分为固定成本和变动成本，建立成本性态模型：弹性预算成本 = 固定成本总额 + 弹性变动成本总额

即 $$Y = a + bX$$

4. 若编制利润预算，则在以上基础上，还需要根据本量利分析的基本公式，确定预算期各业务量水平上的预算利润。

【例 8－11】 以生产成本预算为例，说明弹性预算的基本原理。假设甲企业有关成本费用资料见表 8－5 和表 8－6，该企业的全年生产量在 3 000 件至 4 700 件之间，则 2005 年度生产成本弹性预算如表 8－11 所示。

表 8－11　　甲企业 2005 年度生产成本弹性预算　　单位：元

项　目	单位产品资料（元/件）	生产量范围		
生产量（件）		3 500	4 250	4 500
变动生产成本	70	245 000	297 500	315 000
直接材料	18	63 000	76 500	81 000
直接人工	24	84 000	102 000	108 000
变动制造费用	28	98 000	119 000	126 000
固定制造费用		18 000	18 000	18 000
生产成本合计		263 000	315 500	333 000

表 8－12　　甲企业 2005 年度实际生产成本与弹性预算生产成本比较表　　单位：元

项　目	实际	预算	差异数
生产量（件）	4 500	4 500	
变动生产成本	318 550	315 000	3 550
直接材料	85 000	81 000	4 000
直接人工	107 550	108 000	(450)
变动制造费用	126 000	126 000	
固定制造费用	18 000	18 000	
生产成本合计	336 550	333 000	3 550

在表 8 - 12 中，列示了假定 2005 年度实际生产量为 4 500 件时的生产成本水平，通过本例可以看出，不同业务量水平下企业的生产成本水平不同，其中的变动生产成本水平随业务量的提高而增加。管理人员可以将实际执行结果与相关范围内相应的预算数据进行比较，以便进行业绩评价与控制。表 8 - 12 列示了实际生产量 4 500 件时企业的实际生产成本水平与弹性预算生产成本水平的比较，从中可以发现实际生产成本比预算多 3 550 元，主要是由于直接材料费用多支出 4 000 元，此外，人工费用少支出 450 元。因此，这些差异综合作用使得实际生产成本比预算多 3 550 元。管理人员应进一步分析这些差异产生的原因，尤其是直接材料差异数过大的应重点分析，查明相应的责任人和责任部门，据此进行成本控制和业绩评价。

（四）弹性预算的优缺点

弹性预算建立在成本按成本习性分类的基础上，它承认成本与各种不同业务量的数量关系，可以反映在预算执行期内实际业务量应达到的预算成本水平。因此，可以使评价、考核预算执行的情况建立在更加客观和可比的基础之上，更具有合理性及说服力。但弹性预算与固定预算一样，是在历史资料的基础上，根据预期变化调整以后确定预算期的相应数据，因而容易导致预算人员的惰性，造成不合理的费用可能继续存在，未来期间需要而过去不存在的费用可能不被纳入预算，这些显然不利于企业的发展。

二、零基预算

（一）零基预算的意义

零基预算又称零底预算，是指在编制成本费用预算时，不考虑以往情况如何，对于所有的预算支出均以零为起点，逐项研究审议预算期内各项费用是否有支出的必要和支出数额的大小。这种预算方法不以历史数据为基础，而以零为出发点，零基预算因此而得名。

编制费用预算的传统方法，是以原有的费用水平为基础进行差量分析，这样实质上就是对过去的支出是否必要、支出数额是否合理缺乏必要的分析和判断，简单地延续下来，容易造成新预算的不足或浪费。零基预算克服了传统预算方法的缺点，在指导思想上是一种全新的预算控制法。它是以现有的费用水平为基础，一切从“零”开始，对每一项费用的发生进行费用—效益分析，逐一认真地对预算项目进行分析和计量，据以判定其开支的合理性和优先顺序，并依据企业现有资金数量，按照项目的轻重缓急，有次序地安排预算项目，从而有利于提高资金使用效率，节约费用开支，把预算控制建立在更加严密而健全的基础上。

(二) 零基预算的编制方法

零基预算的编制方法，大体上分为以下四步：

第一，提出预算目标。企业内部各有关部门，在充分调研的基础上，围绕企业的总体目标和本部门的具体目标，以零为起点，确定各费用预算的项目和数额，提出本部门在预算期内的费用预算方案。

第二，划分费用类别。将提出的所有费用项目分为两大类：必须足额支出的费用项目和可以增减支出的费用项目。必须足额支出的费用项目，主要指预算期内必须发生的一些约束性费用项目，这些费用一般不受到管理当局短期决策行为的影响，在预算期必须足额支付，不能缩减；可以增减支出的费用项目，则指预算期内的一些酌量性费用项目，这些费用是否发生及发生数额的大小，受到管理当局短期决策行为的影响，支出数额可以增减。

第三，进行"成本—效益"分析。对可以增减支出的费用项目，根据历史资料，按其成本和效益的对比，确定各项目的成本效益率，然后确定各项目在企业中的重要性，综合考虑后将可以增减支出的费用项目排列次序。

第四，分配资金，落实预算。将可以动用的预算资金在各费用项目之间分配，首先满足必须足额支出的费用项目，然后将剩余资金在可增减支出的费用项目之间按其重要性程度分配。

【例 8－12】 某企业 2005 年的销售及管理费用，预计可以动用的预算资金为 94 000 元。用零基预算法编制该企业的销售及管理费用预算。

(1) 销售及管理部门人员经过调研提出相应的预算方案，见表 8－13。

表 8－13　　销售及管理费用预算

费用项目	金　额（元）
专设销售机构费用	50 000
保险费	12 000
广告费	30 000
印花税	1 050
业务招待费	11 200
合　计	104 250

(2) 经过分析，确定专设销售机构费用、保险费和印花税为必须足额支出的费用，广告费和业务招待费为可以增减支出的费用。

(3) 对可以增减支出的费用进行"成本—效益"分析。其有关历史资料如表

8-14。由表8-14可见，广告费的重要性程度高于业务招待费。

表8-14　　成本效益分析资料　　单位：元

费用项目	平均每年费用支出额	平均每年收益额	成本效益率	重要性程度（二者之和为1）
广告费	28 000	308 000	11	0.55
业务招待费	10 000	90 000	9	0.45
合　计	38 000	410 000	20	1

（4）分配预算资金

必须足额支出的费用项目金额为：

$$50\ 000 + 12\ 000 + 1\ 050 = 63\ 050（元）$$

可以增减支出的费用项目的总金额为：

$$94\ 000 - 63\ 050 = 30\ 950（元）$$

其中，广告费可分配资金数 = 30 950 × 0.55 = 17 022.5（元）

业务招待费可分配资金数 = 30 950 × 0.45 = 13 927.5（元）

（三）零基预算的优缺点

零基预算对不合理的费用开支一律舍弃，不受原有框架影响，更接近实际。但零基预算对原有合理的基数视而不见，也是一种信息及人力资源浪费，还需要对各个预算项目逐项分析，动员全体员工反复讨论，预算编制工作量过大，费时费力，所以零基预算主要适用于专门性开支预算。

三、滚动预算

（一）滚动预算的意义

传统的预算编制一般以一年为期，与会计年度相适应，有利于将实际数与预算数进行对比和对预算的执行情况进行分析和评价。但是以一年为期的预算也存在着不少缺陷：一是预算通常是在预算开始前两三个月进行编制，此时人们对预算期的某些经济活动还不够明确，往往只能提出大概的或笼统的数据，因而在执行预算时会遇到许多困难；二是固定以一年为期的预算，在执行了一段时间后，往往会使管理人员只考虑剩下来的几个月的经济活动，而缺乏长远打算。为了纠正这些缺陷，产生了滚动预算。

滚动预算又称连续预算，它是指随着时间的推移而自行延伸并始终保持在某一特定的期限（通常为一年）之内的一种连续预算。滚动预算使得预算期与会计年度脱离，始终保持12个月，每过一个月立即在期末增列一个月的预算，逐期往后滚动，因而在任何一个时期都使预算期保持有 12 个月的时间幅度，这一特征是不同于前述的几种定期预算的。其理论依据是：企业的生产经营活动是持续经营的，企业的预算也应全面反映这一持续经营的过程；在持续经营过程中，生产经营活动随着时间的推移，会遇到各种难以预计的事项，需要及时调整和修订企业预算；企业要落实预算总目标，需要有长计划、短安排，从细到粗，由具体到简单，避免预算与实际有较大出入。

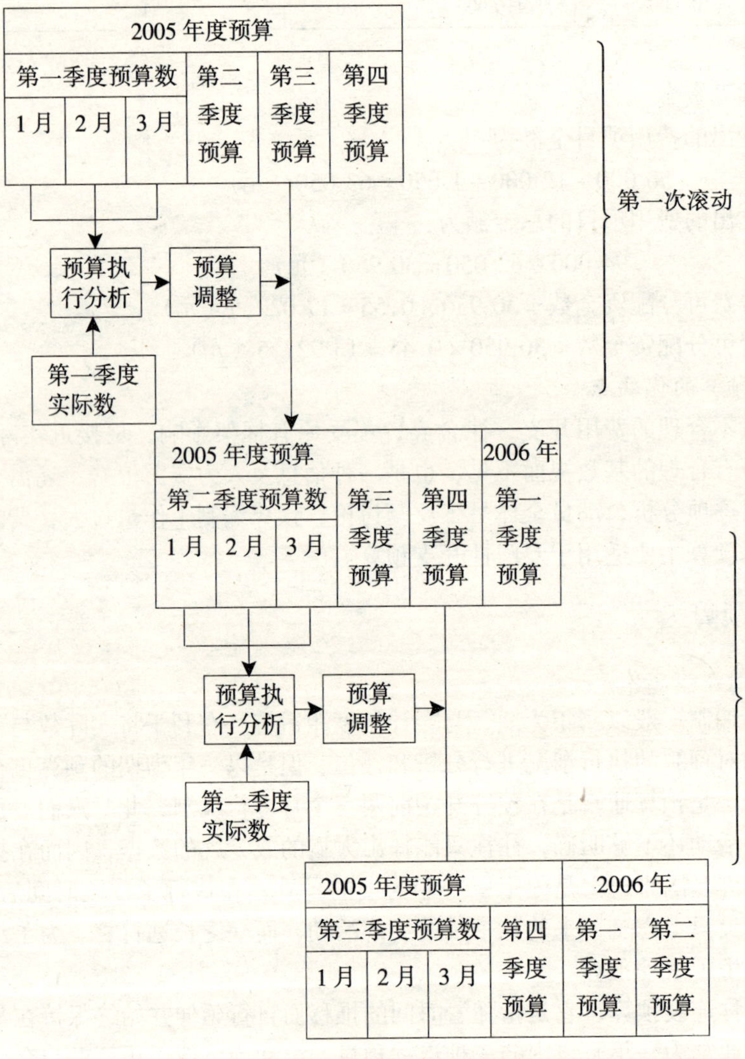

图 8－1 滚动预算示意图

(二) 滚动预算编制方法

编制滚动预算时，往往需要在基期资料的基础上，对预算期前三个月的数据按月进行详细预算，而对后九个月则按季作简单预算，每过一个月或一个季度等固定期间，就根据这一固定期间的预算执行情况，对下一个固定期间的预算进行修订和调整，做出这一固定期间详细的预算，逐期向后滚动，使预算始终保持在12个月的时间幅度。如图8-1，列示了常见的滚动预算示意图。

(三) 滚动预算的优缺点

滚动预算是在不断调整过程中编制的，具有客观性，使预算更接近实际；滚动预算是在不断滚动中编制的，具有连续性，便于从动态变动中确定预算与实际的差异；滚动预算时总保持12个月的预算资料，具有完整性，使管理人员始终围绕目标全盘规划，有条不紊地努力工作。但编制滚动预算的频率过快，工作量过大，并且必须有一个与之相适应的外部条件，而且这些外部条件有明显的特定期限限制。

综上所述，本章介绍了几种常见的预算编制方法，在实际工作中，企业采用何种预算编制方法，还应根据企业的实际情况加以选择，可以使用一种方法，也可以几种方法结合使用。

【复习思考题】

1. 全面预算的基本体系是什么？
2. 为何编制全面预算？
3. 编制全面预算为何以销售预算为起点？
4. 为什么要编制弹性预算？怎样编制？有何优缺点？
5. 为什么要编制零基预算？怎样编制？有何优缺点？
6. 为什么要编制滚动预算？怎样编制？有何优缺点？

第九章

成本控制

【内容提要】

成本控制是成本管理的重要内容，也是加强成本管理的重要手段，搞好成本控制，可以保证目标成本的实现，达到降低成本、提高企业经济效益的目的。本章主要介绍了成本控制的基本概念、意义、原则、程序，标准成本的类型以及具体制定方法、成本差异的计算、分析、成本差异的账务处理等内容。

第一节　成本控制概述

一、成本控制的意义

成本控制是以降低成本为目的，以成本控制标准为目标，在成本形成过程中，对影响成本的各个因素加强管理，确定实际成本与成本控制标准之间的差异，寻找产生差异的原因，及时采取措施来纠正偏差，使实际成本控制在标准成本范围之内的管理活动。

成本控制有狭义和广义之分。广义的成本控制包括事前控制、事中控制和事后控制。事前控制是指在产品投产前，对影响成本的经济活动进行事前规划，即通过成本预测和决策，选择降低成本的最佳措施，确定未来的目标成本，编制成本预算，并以此作为成本控制的依据；事中控制是对日常成本的形成和偏离成本预算的差异及其原因进行分析，并采取措施予以改进，以保证成本预算目标的实现；事后控制是在产品形成之后，把日常发生的差异及其原因综括起来进行分析研究，找到成本超支和节约的规律性，提出今后的改进措施，为不断降低成本水平指明方向。狭义的成本控制主要是指事中控制，指对生产阶段产品成本的控制，即运用一定的方法对产品生产过程中构成产品成本的一切耗费，进行科学严格的计算、控制和监督，将各项实际耗费限制在预先确定的预算、计划或标准的范围内，并通过分析造成实际脱离计划或标准的原因，积极采取对策，以实现全面降低成本目标的一种管理活动。

可见，成本是制约企业经济效益的一个重要因素，加强成本管理，严格成本控制，不断降低成本具有重要的意义。

1. 成本控制是加强成本管理的重要手段。成本控制是保证成本目标实现的重要手段。企业应该在产品生命周期的每个阶段始终以目标成本为指导，密切注意实际成本偏离目标成本的数额及原因，并及时将有关信息反馈给管理层，以便其做出相应的决策来加强成本管理。

2. 成本控制是促进企业各部门改善经营管理的动力。成本控制的方法之一是将企业的目标成本指标层层分解，落实到各职能部门，形成一个有机的成本控制系统。在进行相应的实际成本与目标成本差异信息反馈时，可以明确责任，充分调动每一位员工的积极性，实现企业目标。成本控制成为各部门加强经营管理、提高管理效率的动力。

3. 成本控制是建立企业内部经济责任制的重要条件。在成本控制过程中，要求按照目标成本来衡量实际成本支出，如果两者出现差异，则该差异是一项重要的成本控制信息，必须及时找出原因。对实际成本超支的差异还要及时纠正，对实际成本节约的差异要保持并给予有关责任部门和责任人一定的奖励。这些将必然促使企业各部门和人员提高成本控制的责任感，因此为建立内部经济责任制提供了条件。

二、成本控制的原则

（一）节约性原则

节约性原则要求成本控制最终应能够获取最大的经济效益。首先，应尽可能地降低成本支出；其次，进行成本控制必须支付的代价应限制在最经济的限度内。因为进行成本控制必须依赖一定的信息，而任何信息必然要花费代价。只有当成本控制取得的收益大于其代价时，成本控制才是必要的、可行的。

（二）全面性原则

全面性原则包括三个方面的要求：一是全员控制，即企业必须调动每个部门和职工控制成本、关心成本的积极性和主动性，做到上下结合，专业控制和群众控制相结合，加强职工成本意识，做到人人承担成本控制的任务，人人有控制指标，建立成本否决制。二是全过程控制，即要以产品寿命周期成本形成全过程为控制领域，从产品投产前的设计阶段开始，包括试制阶段、生产阶段、销售阶段直到产品售后阶段都应当进行成本控制。三是全方位控制，即在实施成本控制的过程中，正确地处理好降低产品成本与增加品种及提高产品质量的关系，必须以市场需求为导向，不能以低质量产品、欺骗消费者的手段来达到压缩成本的目的。

(三) 责权利相结合原则

责权利相结合原则要求进行成本控制必须与目标管理经济责任制的建立与健全配套衔接，事先将成本管理目标层层分解，明确规定有关方面和个人应承担的成本控制责任义务，并赋予相应的权利，使成本控制的目标和相应的管理措施落到实处，成为考核的依据。对于成本控制效果好的单位和个人应给予一定的奖励，对主观努力不够、成本控制效果不好、措施不得力的部门或个人应当在查明原因的基础上，给予相应的处罚。

(四) 目标管理原则

目标是指成本目标或成本标准，这是进行成本控制、分析和评价的重要依据。没有目标或标准，就无法进行成本控制。企业在产品每个生命周期的每个阶段应当始终以目标成本为指导，密切注意实际成本偏离目标成本的数额及其原因，并将相关的信息及时反馈给管理层。通过明确责任和奖惩制度充分调动各部门和人员的积极性，实现目标成本，真正发挥成本控制的作用。

(五) 例外管理原则

例外管理原则是成本控制的一项重要原则，企业管理人员的时间是一项稀缺资源，不可能对每一项实际成本与标准成本之间的差异都分析原因，而是只对一些重大成本差异才调查研究分析原因，这就是例外管理原则。贯彻这项原则要求在日常实施全面控制的同时，有选择地分配人力、财力和物力，抓住那些重要的、不正常的、不符合常规的关键性成本差异（即例外）。采取例外管理原则的好处在于：一是可以通过分析实际脱离标准的原因来达到日常成本控制的目的；二是可以检验标准本身是否先进适宜。

在实务中，确定“例外”的标准通常要考虑以下几点：

1. 重要性。例外的标准首先体现重要性原则的要求，它是根据成本差异金额的大小来决定的。一般来说，只有数额较大的差异才应给予足够的重视，通常以成本差异占标准或者预算成本的百分比来表示，例如有的企业将差异率在10%以上的差异作为例外处理。

2. 一贯性。有些成本差异虽然没有达到重要性标准，但是却一贯在控制线的上下徘徊，此时也应引起管理人员的重视。因为这种情况可能是由于原标准已过时，或成本控制不严造成的。例如，西方国家有些企业规定，任何一项差异持续一星期超过五十元，或持续三星期超过三十元均视为例外。

3. 可控性。凡属管理人员无法控制的成本项目，即使差异达到重要性标准，也不应视为例外，否则会挫伤责任人的积极性。

4. 特殊性。凡对企业的长期获利能力有重要影响的成本项目，即使其差异没达到重要性标准，也应视为例外。

三、成本控制的程序

成本控制的程序是指实施成本控制需要依次经过的步骤，一般来说包括以下内容：

1. 制定成本控制标准。成本控制目标或标准是衡量成本及每一项目应该达到的要求，是企业进行成本分析和评价的重要依据。如果没有目标或标准，也就无法进行成本控制。在实际工作中，成本控制的标准应根据成本形成的阶段和内容不同加以具体确定。

2. 分解落实控制的目标。通过目标成本的层层分解，将其具体落实到岗位、个人身上，通过责权利的有机结合，充分调动全体员工成本控制的积极性和创造性。

3. 计算并分析成本差异。通过实际成本与一定的成本控制标准比较，进行成本控制的信息反馈，掌握成本发生的实际情况，及时揭示偏差，以便确定成本的节约与浪费，分析成本超支或节约的原因，确定责任归属。

4. 进行考核评价。通过对成本责任部门的考核与评价，奖优罚劣，促使成本责任部门不断改进工作，实现降低成本的目的。同时，通过考核评价，发现目前成本控制中存在的问题，改进现行成本控制制度及措施，以有效地进行成本控制。

第二节 标准成本的制定

一、标准成本的意义及种类

（一）标准成本的意义

标准成本是指在一定条件下，通过有效的经营管理活动应该实现的成本，通常将其作为控制成本开支、考核评价实际成本、衡量工作效率的依据和尺度的一种目标成本。由此看来，目标性和尺度性是标准成本的特点，它属于事前的成本控制。

制定标准成本对于加强企业成本管理有着重要意义，体现在以下方面：

1. 便于成本控制。标准成本是经过科学合理的计算而确定的，它不仅剔除了过去存在的浪费和不合理的支出，而且还考虑了未来发展趋势和应采取的措施，它是事前成本控制的主要手段，同时也是事中成本控制的主要依据。在生产经营过程中，依据制定的标准成本，可以随时提醒人们在生产经营过程中应该注意的问题，合理地安排人、财、物，有利于企业实现降低成本的目标。

2. 为企业决策提供依据。在影响企业经营决策的诸多因素中，成本是其重要因素之一。由于标准成本体现了成本要素的合理配置，它可以作为确定产品售价和估算产品未来成本的依据，也可以作为本量利分析的原始数据资料。因此，标准成本为企业进行经营决策分析提供了可靠的依据。

3. 可以简化成本核算。标准成本纳入成本核算体系，形成了标准成本计算法。在日常的成本核算中，可将标准成本和成本差异分别列示，可使日常的成本核算不受实际干扰，对于各项成本差异可以另行设置账户进行归集，在期末一次性调整，从而大大简化了日常的成本核算工作。另外，一套完整的标准成本通常伴有生产操作的标准化，这样就不需要对许多领料单、工作时间卡予以分类和汇总，因为标准数额已经汇入总成本单，在生产通知单完工时，只需要为差异额在标准工作单上做出分录。

4. 便于编制预算和考核。因为标准成本是一种预计成本，可以作为编制预算的依据，明确企业在预算期的目标。另外，标准成本是事先制定的、在正常生产经营条件下应当发生的成本，通过对实际成本背离标准成本的差异分析，可以评价各有关部门和工作人员的成绩，分清他们的管理责任，确定经济活动的效果，并进一步采取相应的改进措施。

（二）标准成本的种类

制定标准成本，首先应确定选择什么水平的成本目标作为现行标准成本。可供选择的标准成本的种类很多，按照标准成本达到的难易程度和修订的频率，可以分为以下三种：

1. 基本标准成本。基本标准成本是根据正常的耗用水平、正常的价格和正常的生产经营能力利用程度而制定的，也就是根据过去一定时期实际成本的平均值剔除其中生产经营活动中的异常因素，并考虑今后的变动趋势而制定的。在国内外经济形势稳定的条件下，可以使用基本标准成本。但是由于它几年制定一次并保持不变，因此随着科学技术的日益发展，劳动生产率不断提高，原有标准成本将逐渐过时，难以在成本管理中发挥应有的作用。

2．理想标准成本。理想标准成本是根据最少的耗用量、最低的价格水平和可能实现的最高生产能力的利用程度等条件而制定的，也就是在排除一切失误、浪费和耽搁的基础上制定的，由于这类标准成本要求过高，不考虑在生产中可能发生的上述实际情况，如果用它们来计算成本的话，会挫伤职工的生产积极性。因此理想标准成本在实际工作中很少采用。

3．现实标准成本。现实标准成本是根据企业最可能发生的生产要素耗用量、生产要素价格和生产经营能力利用程度而制定的。这种标准成本包含企业一时还不可能避免的某些不应有的低效、失误和超量消耗，因此它是一种经过努力可以达到的既先进合理又切实可行且接近现实的成本，因而被西方国家广为采用。

二、标准成本的制定

产品成本是由直接材料、直接人工和制造费用三部分组成的，应按照这些项目的特点分别制定其标准成本，基本形式是数量标准乘以价格标准得到有关项目的标准成本。有关标准成本的制定要讲究科学性，需要企业多方面的参与和支持，包括会计人员、采购部门人员、技术人员、生产人员及其他管理人员，这些管理人员可以提供诸如原料采购量、消耗量、生产量等相关信息。在制定标准成本时，往往需要利用历史的实际成本数据，但必须对其做相应的调整，就是说，做必要的调整以使制定的标准成本始终保持现实可行。

（一）直接材料标准成本的制定

直接材料标准成本是由直接材料价格和直接材料耗用量两项标准决定的。

1．直接材料价格标准的制定。材料价格标准是指以订货合同中的合同价格为基础，考虑未来各种变动因素，所确定的购买材料应当支付的价格，即标准单价。一般包括材料买价、运费、检验费和正常损耗等成本，它是企业制定的计划价格，通常是由财务部门和采购部门共同协商制定的。

例如，奥拓公司生产油漆所使用的甲原料的价格标准如下：

每千克买价	10元
每千克运费	0.50元
每千克运输途中合理损耗	0.10元
购货折扣	0.05元
每千克的标准成本	10.55元

2．直接材料用量标准的制定。材料的用量标准是指企业在现有的生产技术条件下，生产单位产品应当消耗的原料及主要材料数量，通常称为材料消耗定

额。材料的用量标准是单位产品耗用某种材料的一项消耗定额，一般包括构成产品实体应耗用的材料数量、生产中的必要消耗及不可避免的废品损失中的消耗等。

材料的用量标准应根据企业产品的设计、生产和工艺的现状，结合企业的经营管理水平情况和成本降低任务的要求，考虑材料在使用过程中发生的必要消耗，并按照产品的零部件来制定各种原料及主要材料的消耗定额，通常由企业的工程技术部门或产品设计部门制定。

例如，奥拓公司某油漆耗用甲原料的消耗定额如下：

甲原料	1.5 千克
正常损耗	0.01 千克
原料消耗定额	1.51 千克

3. 直接材料标准成本的制定。当材料价格和耗用量标准确定以后，可利用下列公式计算出单位产品耗用直接材料的标准成本：

$$\text{某产品直接材料标准成本} = \text{该产品所需某材料的数量标准} \times \text{该材料的价格标准}$$

按照上例，该产品耗用的甲原料标准成本 = 10.55 × 1.51 = 15.93（元）

（二）直接人工标准成本的制定

直接人工标准成本是由直接人工价格标准和人工工时耗用量标准两项标准决定的。

1. 直接人工价格标准的制定。直接人工价格标准即工资率标准，它是由人力资源部门事先制定的，包括员工的基本工资及规定的附加内容，工资制度可采用计时工资制，也可以采用计件工资制等。直接人工价格标准的计算公式为：

$$\text{直接人工价格标准} = \text{工资率标准} \times (1 + \text{福利费提取率})$$

现行制度规定，福利费的提取率为 14%。在不同的工资制度下，工资率标准的具体内容有一定的差异。

采用计件工资制时，工资率标准就是指单位产品应支付的生产工人工资，即计件工资单价。采用计时工资制时，工资率标准是指按每一标准工时应分配的工资，计算公式为：

$$\text{计时工资率标准} = \frac{\text{预计支付直接工人工资总额}}{\text{标准总工时}}$$

其中，标准工时总数通常用生产工人工作小时数或机器台时数来表示，是指企业在现有条件下可能生产的最大产量，也称产能标准。

例如，奥拓公司某油漆生产的工资率标准如下：

单位小时工资率	8元
福利费（14%）	1.12元
直接人工工资率标准	9.12元

2. 直接人工工时耗用量标准的制定。人工工时耗用量标准即直接生产工人生产单位产品所需要的标准工时，也称工时消耗定额，是指在企业现有的生产技术条件下，生产单位产品所需要的时间，包括对产品的直接加工工时、必要的间歇和停工工时及不可避免的废品耗用工时等。人工工时耗用量标准通常需要由生产技术部门和劳动工资部门根据技术测定和统计调查资料来确定。

例如，奥拓公司某油漆生产的工时标准如下：

单位产品加工工时	2小时
机器停工、清理工时	0.2小时
其他工时	0.15小时
直接人工耗用量标准	2.35小时

3. 直接人工标准成本的制定。当直接人工价格标准和人工工时耗用量标准确定后，可利用下列公式计算单位产品直接人工标准成本：

$$\text{某产品直接人工标准成本} = \text{该产品耗用的标准工时} \times \text{工时标准工资率}$$

如上例，该产品耗用的直接人工标准成本 = 9.12 × 2.35 = 21.432（元）

（三）制造费用的标准成本的制定

制造费用的标准成本需要按照部门分别编制。如果某种产品需要经过几个部门生产加工时，应将各部门加工的该产品的单位产品制造费用加以汇总，计算出该产品制造费用的标准成本。

制造费用的标准成本是由制造费用价格标准和制造费用用量标准两项标准决定的。

1. 制造费用价格标准的制定。制造费用的价格标准即制造费用分配率标准，是指制造费用预算（包括变动制造费用和固定制造费用）与预算的标准工时的比值。预算的标准工时等于单位产品消耗的工时与预算产量的乘积。在制定该标准时，首先应将制造费用按照成本性态分类，分为变动制造费用和固定制造费用；其次，编制弹性预算，估计不同作业水平的制造费用总额；最后，确定制造费用价格标准，其计算公式为：

$$\text{制造费用分配率} = \frac{\text{制造费用预算总额}}{\text{预算标准工时}}$$

在完全成本法下，制造费用预算可以分别按照变动制造费用和固定制造费用进行编制，以便于以后进行成本差异分析。变动制造费用预算应根据变动成本的特性，并参考以往的经验，由有关部门加以制定。固定制造费用预算可以参照历史资料并考虑预期生产力的利用程度加以估计。

在变动成本法下，固定制造费用与生产量无直接关系，属于期间成本，不存在分配率问题。因此，在此法下，制造费用分配率的计算公式为：

$$制造费用分配率 = \frac{变动制造费用预算总额}{预算标准工时}$$

2. 制造费用用量标准的制定。制造费用用量标准即工时用量标准，是指生产单位产品所需要的直接人工工时或机器小时，与制定直接人工用量标准的方法相似。

3. 制造费用标准成本的制定。当制造费用的价格标准和用量标准确定后，可利用下列公式计算出单位产品制造费用的标准成本：

$$\begin{matrix}单位产品制造\\费用标准成本\end{matrix} = \begin{matrix}制造费用\\用量标准\end{matrix} \times \begin{matrix}制造费用\\分配率标准\end{matrix}$$

例如，奥拓公司制造费用的预算数如下：

生产量	1 000 千克
直接人工工时	2 350 小时
变动制造费用	4 700 元
固定制造费用	2 350 元

变动制造费用分配率标准 = 4 700/2 350 = 2（元/小时）

固定制造费用分配率标准 = 2 350/2 350 = 1（元/小时）

单位产品变动制造费用标准成本 = 2 × 2.35 = 4.7（元）

单位产品固定制造费用标准成本 = 1 × 2.35 = 2.35（元）

单位产品制造费用标准成本 = 4.7 + 2.35 = 7.05（元）

（四）产品标准成本的制定

当产品成本中直接材料、直接人工和制造费用项目标准确定好以后，即可编制该产品标准成本计算单。在实际工作中，通常要为每种产品设置一张标准成本卡，并在该卡中分别列示各成本项目的价格标准和用量标准，通过直接汇总的方法求得单位产品的标准成本。标准成本卡的内容与核算形式有关，在变动成本法下，标准成本卡只包括直接材料、直接人工和变动制造费用三项内容；在全部成本法下，标准成本卡还要包括固定制造费用。由于西方国家的大多数企业在对外报告中仍使用全部成本法，所以，标准成本卡大都填写直接材料、直接人工、变动制造费用和固定制造费用四个项目的有关数字。

现将奥拓公司某油漆产品的有关资料汇总如表 9－1 所示。

表 9－1　　　　　　产品标准成本单

成本项目	单价标准	用量标准	标准成本
直接材料	10.55 元/千克	1.51 千克	15.93 元/千克
直接人工	9.12 元/小时	2.35 小时	21.432 元/千克
变动制造费用	2 元/小时	2.35 小时	4.7 元/千克
固定制造费用	1 元/小时	2.35 小时	2.35 元/千克
单位产品标准成本	—	—	39.71 元/千克

产品的标准成本可以作为成本控制的手段，除非有关标准发生重大变化才作相应调整。在一般情况下标准成本制定好后，不作经常性（一年内）修正，以便更好地发挥标准成本的控制作用。

第三节　日常成本控制

日常成本控制是指在成本形成过程中，将实际发生的成本与标准成本进行比较，以反映两者间的差异情况。其内容包括成本差异的计算、成本差异的分析以及成本差异账务处理三部分，其中成本差异的计算和分析是日常成本控制的核心内容。

一、成本差异的主要内容

成本差异是指在标准成本制度下，企业在一定时期生产一定数量的产品所发生的实际成本与相关的标准成本之间的差额。

按照成本差异形成的不同原因及性质，可将成本差异分为以下几种情况：

1. 价格差异和数量差异。对于直接材料、直接人工和变动制造费用而言，成本差异均分为价格差异和数量差异两个部分。

（1）价格差异是指生产一定数量的产品按照实际价格脱离标准价格所产生的成本差异。价格差异在直接材料成本差异中称为材料价格差异，在直接人工成本差异中称为工资率差异，在变动制造费用成本差异中称为变动制造费用预算差异。计算公式为：

$$价格差异=(实际价格-标准价格)\times \begin{matrix}实际产量下\\的实际用量\end{matrix}$$

$$= 价格差 \times \begin{matrix}实际产量下\\的实际用量\end{matrix}$$

（2）数量差异是指生产一定数量的产品实际耗用量脱离标准耗用量所产生的成本差异。数量差异在直接材料成本差异中称为材料用量差异，在直接人工成本差异中称为人工效率差异，在变动制造费用成本差异中称为变动制造费用效率差异。计算公式为：

$$用量差异 = 标准价格 \times \left(\begin{matrix}实际产量下\\的实际用量\end{matrix} - \begin{matrix}实际产量下\\的标准用量\end{matrix}\right)$$

$$= 标准价格 \times \begin{matrix}实际产量下\\的用量差异\end{matrix}$$

2. 直接材料成本差异、直接人工成本差异、制造费用成本差异。

（1）直接材料成本差异是指生产一定数量的某种产品实际耗用的直接材料与相关的标准成本之间的差异。

（2）直接人工成本差异是指生产一定数量的某种产品实际耗用的直接人工成本与相关的标准成本之间的差额。

（3）制造费用成本差异是指生产一定数量的某种产品实际发生的制造费用支出与标准制造费用之间的差额，包括变动制造费用成本差异和固定制造费用成本差异。

3. 预算差异和能量差异。固定制造费用成本差异分为预算差异和能量差异。

（1）预算差异指实际发生的固定制造费用与固定制造费用预算额不同而产生的差异。

（2）能量差异指预算产量标准工时与实际产量标准工时不同所产生的成本差异，可进一步分解为能力差异和效率差异。能力差异是指预算产量标准工时与实际产量实际工时不同所产生的成本差异。效率差异是指实际耗用总工时与实际产量应耗用的标准工时不同所产生的成本差异。

4. 有利差异和不利差异。

（1）有利差异是指因实际成本低于标准成本而形成的节约差。

（2）不利差异是指因实际成本高于标准成本而形成的超支差。

二、成本差异的计算与分析

（一）直接材料成本差异的计算与分析

直接材料成本差异是指在实际产量下，直接材料实际总成本与其标准总成本之间的差额。直接材料成本差异可以进一步分为两部分：一是实际材料用量脱离标准用量而形成的差异，即材料用量差异；二是由于实际材料价格脱离标准而形成的差异，即材料价格差异。

$$\text{直接材料成本差异} = \text{实际产量直接材料实际成本} - \text{实际产量直接材料标准成本}$$

$$= \text{直接材料用量差异} + \text{直接材料价格差异}$$

$$\text{直接材料用量差异} = \text{直接材料标准价格} \times \left(\text{实际产量直接材料实际用量} - \text{实际产量直接材料标准用量}\right)$$

$$\text{直接材料价格差异} = \text{实际产量直接材料实际用量} \times \left(\text{直接材料实际价格} - \text{直接材料标准价格}\right)$$

【例 9－1】 奥拓公司某种油漆实际耗用原料 1 480 千克，产量 1 000 千克，原材料实际价格为每千克 10 元，该产品的标准成本资料如表 9－1 所示。要求：计算材料成本差异。

解：按照直接材料成本差异计算公式有：

直接材料成本总差异 = 10 × 1 480 － 1 000 × 10.55 × 1.51 = －1 130.50（元）

直接材料价格差异 = （10 － 10.55） × 1 480 = 814（元）

直接材料用量差异 = （1 480 － 1 000 × 1.51） × 10.55 = －316.50（元）

该例表明，直接材料成本总差异为有利差异 1 130.50 元，即实际比标准节约的数额。其中，价格差异为有利差异 814 元，用量差异为有利差异 316.50 元。

在计算出直接材料各种差异的基础上，还应进一步分析其原因。一般来说，可能造成材料价格差异的原因有：材料调拨价格或市场价格的变动；材料采购计划编制不准确；由于在生产经营中的临时进货，使买价和运输费上升；进料数量未按经济批量办理；运输安排不当，增加了材料运费和途中损耗；没有在折扣期内及时付款，失去了信用优惠等。材料价格差异的责任一般应由采购部门负责，在分析价格差异时，还应注意区别主观因素和客观因素，对主观因素进行重点分析研究。

可能造成材料用量差异的原因主要有：材料质量差，废料过多；产品设计或工艺变更，用料标准未能及时调整；生产工人技术不熟练或不认真，造成废品废料；机器设备效率增减，使材料耗用量发生变化等。材料用量差异多是由于企业内部可控因素造成的，在一般情况下应由生产部门负责，但有时则要由其他部门负责，如材料质量低劣而引起的耗用量增加，则应由采购部门负责。

（二）直接人工成本差异的计算与分析

直接人工成本差异是指在实际产量下，直接人工实际总成本与其标准总成本之间的差额。它可以进一步分解为以下两种差异：一是实际人工价格脱离标准而形成的人工价格差异；二是实际使用的人工工时脱离标准而形成的效率差异，即用量差异。计算公式如下：

$$\text{直接人工成本差异}=\text{实际产量下直接人工的实际成本}-\text{实际产量下直接人工的标准成本}$$

$$=\text{直接人工价格差异}+\text{直接人工效率差异}$$

$$\text{直接人工价格差异}=\left(\text{实际人工价格}-\text{标准人工价格}\right)\times\text{实际产量实际工时}$$

$$\text{直接人工效率差异}=\text{标准人工价格}\times\left(\text{实际产量实际工时}-\text{实际产量标准工时}\right)$$

【例 9－2】 奥拓公司某种油漆生产耗用的实际工时数为 2 400 小时，实际每小时工资率为 9.10 元，其他资料同【例 9－1】。要求：计算直接人工成本差异。

解：按照直接人工成本差异计算公式有：

直接人工成本总差异＝2 400×9.10－1 000×21.432＝408（元）

直接人工工资率差异＝（9.10－9.12）×2 400＝－48（元）

直接人工效率差异＝（2 400－1 000×2.35）×9.12＝456（元）

计算结果表明，直接人工成本总差异为不利差异 408 元，是由直接人工工资率的有利差异 48 元和直接人工效率的不利差异 456 元引起的。

在计算出直接人工成本差异的基础上，还应该进一步分析其原因。一般来说，可能造成人工价格差异的主要原因有：高低工资工人的工作调度不当，高工资工人做低工资工人的工作，或反之；工资变动，原工资标准未及时调整；工资计算方法变更，如计时制改为计件制，或反之；出勤率发生变化；季节性或临时性生产增发工资等。在西方国家，许多企业的工资大都是按照劳工合同规定的工资率支付的，除了因为修订劳工合同之外，一般不会导致人工价格差异的出现。但在实际工作中，由于在具体安排工作的时候，也会由于某种原因造成人工价格出现差异，因此产生的责任，应由劳动人事部门或生产部门负责。由于导致人工价格变化的原因很多是不可控的，在分析人工价格差异时，应针对具体情况进行说明评价，并与各部门的工作范围和责任相结合。

造成直接人工效率差异的主要原因有：生产工人技术不熟练，未能在工时标准内完成任务；材料供应不及时，造成停工待料，浪费工时；设备发生故障，停产等待修理，浪费工时；生产工艺变更，未能及时修订标准；生产计划安排不当，造成“窝工”；材料质量低劣，使加工时间延长，产品批量少、批次多，准备工作时间长；工作环境差，影响工人积极性和生产潜能的发挥等。由于工时效率差异的原因基本上都是可控的，效率差异的责任，主要应由生产部门负责。但由于原材料、燃料供应不及时或者由于生产工艺变化等引起的差异，应由采购部门、动力部门及相应的有关部门负责。因此，在分析效率差异时，应对承担不同责任的部门分清责任、合理考核评价。

（三）变动制造费用成本差异的计算与分析

变动制造费用成本差异是指在实际产量下，变动制造费用的实际发生额与其标准发生总额之间的差额。变动制造费用成本差异可以进一步分解为以下两种差异：一是实际变动制造费用分配率脱离标准而形成的耗费差异，即价格差异，它通过每小时应负担的变动制造费用的多少来反映其所耗费用水平的高低；二是实际工时脱离标准工时而形成的效率差异，即用量差异，它反映着工作效率即所耗费工时多少而引起的变动制造费用的超支或者节约。计算公式如下：

$$\text{变动制造费用成本差异}=\text{实际产量下实际变动制造费用}-\text{实际产量下标准变动制造费用}$$

$$\text{变动制造费用耗费差异}=\left(\text{变动制造费用实际分配率}-\text{变动制造费用标准分配率}\right)\times\text{实际产量实际工时}$$

$$\text{变动制造费用效率差异}=\text{变动制造费用标准分配率}\times\left(\text{实际产量实际工时}-\text{实际产量标准工时}\right)$$

【例 9-3】 奥拓公司某种油漆的变动制造费用实际分配率为 1.8 元/小时，生产工时借用直接人工工时，资料同【例 9-2】。要求：计算变动制造费用成本差异。

解：按照变动制造费用成本差异计算公式有：

变动制造费用总差异 = 2 400 × 1.8 − 1 000 × 4.7 = −380（元）

变动制造费用耗费差异 = （1.8 − 2）× 2 400 = −480（元）

变动制造费用效率差异 = （2 400 − 1 000 × 2.35）× 2 = 100（元）

计算结果表明，变动制造费用总差异为有利差异 380 元，是由变动制造费用耗费的有利差异 480 元和变动制造费用效率的不利差异 100 元构成。

在计算出变动制造费用差异的基础上，应进一步分析差异产生的原因。一般来说，造成变动制造费用耗费差异的原因主要有：标准估算有误，使实际变动制造费用的发生额与预计数额发生偏差；间接材料价格的变化，间接人工工资的调整；间接材料质量低劣；其他各项费用控制不当等。变动制造费用耗费差异直接反映着管理部门支出控制的成效，因而是分析的重点。变动制造费用耗费差异由于其构成内容繁多，具体原因不同，在进行成本差异分析时，应分清哪些是可控的，哪些是不可控的，并根据具体情况确定其责任的归属对象。

造成变动制造费用效率差异的原因与直接人工效率差异产生的原因相同，其责任归属也与直接人工效率差异相同。

（四）固定制造费用成本差异的计算与分析

固定制造费用成本差异是指在实际产量下，固定制造费用实际发生额与其标准发生总额之间的差额。固定制造费用不同于变动制造费用，它具有在相关范围内其总额固定不变的特性，但在实际工作中，由于生产能力利用程度不同，生产效率高低不同，以及实际执行与预算不完全一致，仍会出现固定制造费用差异。对固定制造费用进行成本控制，不需要像变动制造费用那样通过编制弹性预算来实现，而是通过编制固定预算来实现。计算公式如下：

$$\begin{matrix}\text{固定制造费}\\\text{用成本差异}\end{matrix}=\begin{matrix}\text{实际产量下}\\\text{实际固定制造费用}\end{matrix}-\begin{matrix}\text{实际产量下}\\\text{标准固定制造费用}\end{matrix}$$

固定制造费用成本差异，可分别按照以下两种方法进行分解：

1. 两差异分析法。在两差异分析法下，固定制造费用成本差异可以进一步分解为以下两种差异：一是实际固定制造费用脱离预算而形成的预算差异，即耗费差异；二是固定制造费用预算脱离标准而形成的能量差异，即除数差异。计算公式如下：

$$\begin{matrix}\text{固定制造}\\\text{费用预算差异}\end{matrix}=\begin{matrix}\text{实际产量下}\\\text{实际固定制造费用}\end{matrix}-\begin{matrix}\text{预算产量下}\\\text{标准固定制造费用}\end{matrix}$$

$$=\begin{matrix}\text{固定制造费用}\\\text{实际发生额}\end{matrix}-\begin{matrix}\text{固定制造费用}\\\text{预算发生额}\end{matrix}$$

$$\begin{matrix}\text{固定制造}\\\text{费用能量差异}\end{matrix}=\begin{matrix}\text{预算产量下}\\\text{标准固定制造费用}\end{matrix}-\begin{matrix}\text{实际产量下}\\\text{标准固定制造费用}\end{matrix}$$

$$=\begin{matrix}\text{固定制造费用}\\\text{标准分配率}\end{matrix}\times\left(\begin{matrix}\text{预算产量}\\\text{标准工时}\end{matrix}-\begin{matrix}\text{实际产量}\\\text{标准工时}\end{matrix}\right)$$

以上各式中的“预算产量”需要以正常生产能力条件下所能达到的产量为依据。

【例 9-4】 奥拓公司某油漆应负担的固定制造费用预算总额为 2 585 元，预算产量为 1 100 千克，固定制造费用实际发生额为 2 500 元，其他资料同前例。要求：采用两差异分析法计算固定制造费用成本差异。

解：按照固定制造费用两差异分析计算公式有：

固定制造费用总差异 = 2 500 − 1 000 × 2.35 = 150（元）

固定制造费用预算差异 = 2 500 − 2 585 = −85（元）

固定制造费用能量差异 = 2 585 − 1 000 × 2.35 = 235（元）

一般来说，造成固定制造费用预算差异的原因主要有：管理人员工资调整及随之的职工福利费的调整；折旧方法的改变；租赁费、保险费的调整及各项办公用品价格上涨等。这些因素变化主要是由客观原因引起的，不是企业控制的重点。

造成固定制造费用能量差异的原因主要有：市场萎缩，订货减少；原设计生产量过剩；供应不足，停工待料；能源短缺，开工不足；机械故障，停工待修；产品调整，批量减少；人员技术水平有限，未能充分发挥设备能力；等等。能量差异是由于现有生产能力没有发挥出来而造成的差异，其责任主要应由高层管理人员负责，计划部门、生产部门、采购部门、销售部门、职工教育部门等都可能负有一定的责任，应根据企业的具体情况确定。

2. 三差异分析法。在三差异分析法下，固定制造费用成本差异可以进一步分解为以下三种差异：一是实际固定制造费用脱离预算而形成的耗费差异，亦称开支差异；二是由于实际工时未能达到生产能量而形成的生产能力利用差异；三是实际工时脱离标准工时而形成的效率差异。其计算公式如下：

$$\text{固定制造费用耗费差异} = \text{实际产量下实际固定制造费用} - \text{预算产量下标准固定制造费用}$$

$$\text{固定制造费用能力差异} = \text{固定制造费用标准分配率} \times \left(\text{预算产量标准工时} - \text{实际产量实际工时}\right)$$

$$\text{固定制造费用效率差异} = \text{固定制造费用标准分配率} \times \left(\text{实际产量实际工时} - \text{实际产量标准工时}\right)$$

在三差异分析法中，耗费差异与两差异分析法中的差异相同；能力差异与效率差异之和等于两差异分析法中的能量差异。

【例 9－5】 根据【例 9－4】资料，要求：采用三差异分析法计算固定制造费用成本差异。

解：按照固定制造费用三差异分析法计算公式有：

固定制造费用总差异＝150（元）

固定制造费用开支差异＝2 500－2 585＝－85（元）

固定制造费用能力差异＝2 585－2 400×1＝185（元）

固定制造费用效率差异＝2 400×1－1 000×2.35＝50（元）

以上计算结果表明，固定制造费用开支差异等于固定制造费用预算差异；固定制造费用能力差异（185 元）与固定制造费用效率差异（50 元）之和等于固定制造费用的能量差异。因此，采用三差异分析法能将成本差异的原因划分得更加具体，更利于理清责任，进行成本控制。对不同企业而言，固定制造费用成本差异分析的两种方法可以任意选择。

第四节 成本差异的账务处理

成本差异可为成本控制和考核提供必要的信息，管理人员在对成本差异进行分析的基础上应分清责任，采取相应的有效措施。对成本差异进行账务处理，也是标准成本制度的重要环节。日常计算出来的各类成本差异除了可以据以编报有关的差异分析报告单之外，还应分别归集登记有关成本差异明细分类账或登记表，使差异能在账户系统中得以记录，以便期末汇总每类差异的合计数，并统一进行处理。

一、标准成本制度下账务处理的特点

在标准成本制度下，产品生产成本和销货成本的结转一般都按照标准成本进行，成本差异留在有关成本差异账户内，而产品的实际成本的计算是通过各项差异的分配摊销进行的。标准成本制度下账务处理的特点有：

1.“材料”、“生产成本”、“产成品”、“销货成本”等账户均按标准成本入账；

2.设立各种成本差异账户，用于记录企业生产过程中所发生的各项成本差异；

3.每月末根据各种成本差异账户的借方或贷方余额，编制“成本差异汇总表”，并将汇总的成本差异作为“销货成本”的调整项目，以便将损益表上原列的销货成本的标准数转换为实际数。

二、成本差异的账务处理方法

（一）成本差异账户的设置

成本差异核算使用的账户既可以按大的成本项目设置，又可以按具体成本差异的内容设置。

1.按大的成本项目设置。在全部成本法下，按大的成本项目设置的核算成本差异的会计科目包括：“直接材料成本差异”科目、“直接人工成本差异”科目、“变动制造费用成本差异”科目和“固定制造费用成本差异”科目，每个科目下再按差异形成的原因分别设明细科目。在变动成本法下，可以不设“固定制造费用成本差异”科目。

2.按具体成本差异的内容设置。按具体差异设置的科目应包括：“直接材料用量差异”科目、“直接材料价格差异”科目、“直接人工效率差异”科目、“直接人工工资率差异”科目、“变动制造费用耗费差异”科目、“变动制造费用效率差异”科目、“固定制造费用预算差异”科目和“固定制造费用能量差异”科目（或者“固定制造费用预算差异”科目、“固定制造费用能力差异”科目和“固定制造费用效率差异”科目）等。

以上账户的借方登记发生的不利差异，贷方登记有利差异。

（二）成本差异的账务处理

在标准成本制度下，企业的存货账户一律按标准成本入账，对于实际成本与标准成本之间的差异用以上设置的账户予以汇总，期末进行分配，从而将资产负债表上的存货项目和利润表上的销售成本项目调整为实际成本。

【例 9-6】 2005 年年初，某企业制定的甲产品的标准成本卡如表 9-2 所示，某月共生产甲产品 100 件。其他资料如下：

（1）实际耗用 A 材料 11 千克/件，材料的实际单价为 48 元/千克；实际耗用 B 材料 28 千克/件，材料的实际单价为 21 元/千克；

（2）实际工时用量为 20 500 小时，实际工资分配率为 1.4 元/小时；

（3）变动制造费用中动力费 9 840 元，实际分配率为 0.48 元/小时；间接人工 10 000 元，间接材料 12 000 元，共计 31 840 元；

（4）预算产量为 110 件，固定制造费用预算总额为 17 600 元，固定制造费用实际支付 17 000 元；

（5）生产出甲产品 100 件，售价 2 100 元；销售费用实际发生 8 000 元，其中变动销售费用 5 000 元，固定销售费用 3 000 元，管理及财务费用全部固定为 4 000 元。

表 9-2 甲产品标准成本卡

项目	单价标准	用量标准	标准成本
直接材料			
A 材料	50 元/千克	10 千克/件	500 元/件
B 材料	20 元/千克	30 千克/件	600 元/件
合计			1 100 元/件
直接人工	1.5 元/小时	200 人工小时/件	300 元/件
变动制造费用			
动力费	0.5 元/小时	200 台时/件	100 元/件
间接人工费	0.5 元/小时	200 台时/件	100 元/件

续表

项目	单价标准	用量标准	标准成本
间接材料费	10 元/千克	12 千克/件	120 元/件
合计			320 元/件
固定制造费用	0.8 元/小时	200 台时/件	160 元/件
单位甲产品标准成本			1 880 元/件

要求：计算该企业甲产品成本差异并进行账务处理。

解：第一步，直接材料成本差异计算及处理

(1) 计算材料成本差异

A 材料差异 = 100 × 11 × 48 − 100 × 10 × 50 = 2 800（元）

其中：

用量差异 = 50 ×（100 × 11 − 100 × 10）= 5 000（元）

价格差异 =（48 − 50）× 11 × 100 = −2 200（元）

B 材料差异 = 100 × 28 × 21 − 100 × 30 × 20 = −1 200（元）

其中：

用量差异 = 20 ×（100 × 28 − 100 × 30）= −4 000（元）

价格差异 =（21 − 20）× 28 × 100 = 2 800（元）

(2) 账务处理

A 材料：

借：生产成本（标准数）　50 000
　　直接材料用量差异　5 000
　贷：原材料（实际数）　52 800
　　　直接材料价格差异　2 200

B 材料：

借：生产成本（标准数）　60 000
　　直接材料价格差异　2 800
　贷：原材料（实际数）　58 800
　　　直接材料用量差异　4 000

第二步，直接人工成本差异计算及处理

(1) 计算直接人工成本差异

直接人工成本差异 = 20 500 × 1.4 − 100 × 200 × 1.5 = −1 300（元）

其中：

直接人工价格差异 =（1.4 - 1.5）×20 500 = -2 050（元）

直接人工效率差异 = 1.5×（20 500 - 100×200）= 750（元）

（2）账务处理

借：生产成本（标准数）	30 000	
直接人工效率差异	750	
贷：应付工资（实际数）		28 700
直接人工价格差异		2 050

第三步，变动制造费用差异计算及处理

（1）计算变动制造费用差异

变动制造费用中材料和人工差异为零，只有动力费差异。

动力费差异 = 20 500×0.48 - 100×200×0.5 = -160（元）

其中：

动力费预算差异 =（0.48 - 0.5）×20 500 = -410（元）

动力费效率差异 = 0.5×（20 500 - 100×200）= 250（元）

（2）账务处理

借：生产成本（标准数）	32 000	
变动制造费用效率差异	250	
贷：变动制造费用（实际数）		31 840
变动制造费用预算差异		410

第四步，固定制造费用差异计算及处理

（1）计算固定制造费用差异

固定制造费用成本差异 = 17 000 - 100×160 = 1 000（元）

采用二差异法，其中：

固定制造费用预算差异 = 17 000 - 110×200×0.8 = -600（元）

固定制造费用能量差异 = 0.8×（110×200 - 100×200）= 1 600（元）

采用三差异法，其中：

固定制造费用预算差异 = 17 000 - 110×200×0.8 = -600（元）

固定制造费用能力差异 = 0.8×（110×200 - 20 500）= 1 200（元）

固定制造费用效率差异 = 0.8×（20 500 - 100×200）= 400（元）

（2）账务处理

采用二差异法时：

借：生产成本（标准数）　16 000

固定制造费用能量差异　　1 600
贷：固定制造费用（实际数）　　17 000
固定制造费用预算差异　　600

采用三差异法时：

借：生产成本（标准数）　　16 000
固定制造费用能力差异　　1 200
固定制造费用效率差异　　400
贷：固定制造费用（实际数）　　17 000
固定制造费用预算差异　　600

（三）月末编制成本差异汇总表

根据各种成本差异账户的借贷方余额，编制成本差异汇总表如表 9－3 所示。

表 9－3　　成本差异汇总表　　单位：元

成本差异账户	借方金额	贷方金额
直接材料价格差异	2 800	2 200
直接材料用量差异	5 000	4 000
直接人工价格差异		2 050
直接人工效率差异	750	
变动制造费用预算差异	250	
变动制造费用效率差异		410
固定制造费用预算差异		600
固定制造费用能量差异 其中：能力差异 效率差异	1 600 1 200 400	
合计	10 400	9 260
成本差异净额	1 140	

（四）编制损益表

根据上述资料，编制损益表如表 9－4 所示。

表 9－4　　企业损益表　　单位：元

摘要（全部成本法）	金额
销售收入（100×2 100）	210 000
销售成本	
期初存货	0
加：本期生产成本 1 880×100	188 000
减：期末存货	0
加：成本差异净额	1 140
销售成本总额	189 140
销售毛利	20 860
减：营业费用	8 000
财务及管理费用	4 000
税前净利	8 860
摘要（变动成本法）	**金额**
销售收入	210 000
变动成本	
变动生产成本（100×1 720）	172 000
变动非生产成本	
其中：变动销售费用	5 000
变动非生产成本总额	5 000
贡献毛益总额	33 000
减：期间成本	
其中：固定制造费用	16 000
固定销售费用	3 000
固定财务和管理费用	4 000
期间成本总额	23 000
税前净利（标准）	10 000
减：成本差异总额	1 140
税前净利（实际）	8 860

由于企业期初期末均无存货，使得按全部成本法和变动成本法计算所得的税

前净利相等。

【复习思考题】

1. 何谓成本差异？它由哪几部分构成？
2. 成本控制的内容有哪些？
3. 简述标准成本的作用？
4. 成本控制的原则有哪些？

第十章

责任会计

【内容提要】

责任会计是企业为了强化内部经济责任而实施的一种内部控制制度，是把会计资料同有关责任单位紧密联系起来的信息控制系统。本章主要介绍了责任会计的概念、意义、内容、原则，责任中心的设置方法，对责任中心的评价和考核，内部转移价格的作用以及制定内部转移价格的方法。

第一节　责任会计概述

一、责任会计的意义

责任会计是企业为了强化内部经济责任而实施的一种制度，是把会计资料同有关责任单位紧密联系起来的信息控制系统。

随着市场经济的发展，竞争越来越激烈，作为企业一方面有效地提高了自身的竞争能力，而另一方面也使企业内部的经营管理日趋复杂。在这种情况下，传统的集中管理模式已无法满足迅速变化的市场的需求，而被现代分权管理模式所代替。健全的责任会计就是分权型管理的产物。分权型管理具有许多优点，对于大多数企业来说，某种程度上的分权是必不可少的。但是当下级管理人员被赋予决策自主权时，会引起一些值得注意的问题。他们可能以牺牲公司整体的和长远的利益为代价，来使自己的业绩达到最大；也可能为了避免风险，放弃某些可能获得的利润；或者各内部单位之间相互冲突、推卸责任而争取利益等。为了发挥分权型管理的优点，抑制其缺点，必须利用责任会计来规定各内部单位的目标，测定其工作成绩，控制其活动，防止滥用职权。可见，责任会计在企业管理中具有重要的意义。

1. 责任会计有利于贯彻经济责任制，促使每个责任中心关心自己所控制的各项指标，了解自己执行工作的情况，及时调整、不断完善。

2. 责任会计有利于企业高层次管理人员及时掌握所管辖范围内的工作人员的业务控制和考核情况，以便做到奖励先进，鞭策后进，从而调动每个成员的积极性。

3. 责任会计有利于各责任层次的经营目标统一到企业总体目标上来，使各级管理人员的目标上下一致、和谐地实现。

4. 责任会计有利于企业在经营管理上采取机动灵活的原则，使企业的高层管理人员能够集中精力对最关键的问题进行研究。

二、责任会计的内容

责任会计的基本内容归纳起来有以下四个方面：

1. 建立责任中心。根据企业具体情况和内部管理的实际需要，把所属的各部门、各单位划分为若干责任中心，并根据各责任中心经营活动的特点，明确规定这些责任中心负责人的责权范围及量化的价值指标，并授予他们相应的经营管理决策权，不仅使其能在权限范围内，独立自主地履行职责，而且更要对其责任的完成情况进行考核和评价。

2. 确定各责任中心的目标。根据责任中心和责任范围的不同，在建立预算制度和实行标准成本计算的条件下，可为各责任中心确定目标，这种目标必须是某个责任中心能够控制的。

3. 建立各责任中心的记录和报告制度。这种记录和报告制度应能对各责任中心的实际工作业绩起到信息反馈作用，使管理部门能够据以控制和调节各责任中心的经济活动，督促他们迅速采取有效措施，纠正缺点，巩固成绩，不断降低成本，压缩资金占用，借以扩大利润，提高经济效益。

4. 通过记录和报告，考核评价实际工作成绩。通过对各责任中心业绩报告的实际数与预算数的对比，来评价和考核各责任中心的工作业绩和经营成果，并分别揭示他们取得的成绩和存在的问题，以保证经济责任制的贯彻执行。

三、责任会计的原则

责任会计是用于企业内部控制的会计，各个企业可以根据各自的不同特点确定其责任会计的具体形式。但是无论采用何种责任会计形式，在组织责任会计核算时，都必须遵循责任会计的原则。责任会计的原则是责任会计实质的体现，主要包括以下内容：

（一）责、权、利和效果相结合的原则

当企业内部根据管理需要划分责任层次后，首先要明确其责任和权限，做到使责任者有责有权。在为每个责任单位制定考评标准时，一定要重视对人的行为激励，充分调动各责任单位的工作积极性。将经济效益同他们的经营成果直接挂钩，以经济手段促使职工积极完成责任目标。在责任会计中，责任、权利、利益、效果是统一的，缺一不可。必须做到以责定权，权责促效，以效分利。

（二）目标一致性原则

目标一致性是评价责任会计能否有效控制的主要标志。实行责任会计制，首先必须保证企业的总目标和各责任目标一致。企业的总目标是制定各责任主体目标的依据，各责任主体目标是实现总目标的保证。

在责任会计中，目标一致性原则主要是通过选择恰当的考核和评价指标来实现的。在为每个责任单位编制责任预算时，就必须要求他们与企业的整体目标一致，然后通过一系列控制步骤，促使各责任单位自觉自愿地实现目标。一般来说，单一的考核标准往往会导致各责任层次目标的不一致。因此，控制考核的标准必须具有综合性和完整性，各指标的计算口径、考核业绩的标准也要一致。

（三）可控性原则

责任会计的实质就是把会计资料同责任单位紧密联系起来的信息控制系统，这一内部控制制度的贯彻执行，要求各责任单位必须突出其相对独立的地位，避免出现职责不清、功过难分的局面。因此，建立责任会计制度时，应首先明确划分各责任单位的职责范围，对各责任中心赋予的责任，应以其能够控制为前提；必须使他们在真正能行使控制权的区域内承担经济责任，即每个责任单位只能对其能够控制的成本、收入、利润和资金等因素负责。在责任预算和责任报告中，也只应包括他们能控制的因素。

（四）反馈性原则

有效控制需要有反馈机制，即为了保证责任中心对其经营业绩的有效控制，必须及时、准确、有效地反馈生产经营过程中的各种信息。责任会计在衡量了各责任中心的业绩后，应及时将信息反馈给责任者，使他们了解自己取得了哪些成就，还存在哪些问题，从而据以调整自己的行为。另外，及时地反馈还有助于迅速发现和调整出现在责任报告中的不可控因素，从而保证了期末对责任者的业绩进行综合评价的正确性。

反馈性原则还要求建立经常和定期相结合的责任报告制度。一般来讲，责任报告有周报、月报等固定的时间长度。但如果出现特殊问题，如例外的生产决策或投资决策时，应为例外的决策编制特殊报告。

（五）例外管理原则

在管理工作中，经常遇到许多繁杂业务，以及在实际执行中和预计情况上出现的差异等问题。对于这些差异不可能一一进行分析和评价，只能选择其中差异较大、性质较重要的项目实行重点管理。这种只抓主要、突出问题，对一般合乎常规或离轨很小的问题不予花费较多精力处理，把主要精力放在超乎常规的问题上的管理原则，称为例外管理原则。

第二节 责任中心的划分

为了有效地进行企业内部控制，有必要将整个企业逐级划分为许多责任领域，即责任中心。所谓责任中心，就是指承担规定责任和行使相应职权的企业内部单位。责任中心按照控制范围的大小及业务流动特点，一般可分为成本中心、利润中心和投资中心。

一、成本中心

（一）成本中心的含义

成本中心是指只对其成本或费用承担责任的责任中心，它处于企业的基础责任层次。企业内部能够控制成本的任何一级责任中心都是成本中心。成本中心使用的范围最广，一般来说，凡企业内部有成本发生、需要对成本负责并能实施成本控制的单位，都可以成为成本中心。小至一个车间、一个作业小组甚至个人，大至一个工厂、一个部门、一个地区机构，只要有成本发生，而且能够进行核算，都可成为成本中心。成本中心不会形成可以用货币计量的收入，因而不对收入、利润或投资负责。因此，成本中心一般包括负责产品生产的生产部门、劳务部门及给予一定费用指标的管理部门。至于企业中不进行生产而只提供一定专业性服务的单位，如人事部门、总务部门、会计部门、财务部门等，则可称为“费用中心”，实质上也属于广义的成本中心。

成本中心的规模大小不一，各较小的成本中心可以共同组成一个较大的成本中心，各个较大的成本中心又可以共同组成一个更大的成本中心，从而在企业内部形成一个逐级控制并层层负责的成本中心体系。规模大小不一和层次不同的成本中心，其控制和考核的内容也不尽相同。

（二）成本中心的种类

按照成本中心控制对象的特点，可将成本中心分为技术性成本中心和酌量性成本中心两类。

1. 技术性成本中心。技术性成本中心又称为标准成本中心、单纯成本中心或狭义成本中心，是指把为生产实物产品而发生的各种技术性成本作为控制对象的成本中心。所谓技术性成本，是指发生的数额通过技术分析可以相对可靠地估算出来的成本，如产品生产过程中发生的直接材料、直接人工和变动制造费用等。其特点是，成本的发生可以为企业提供一定的物质成果，在技术上投入量和产出量之间有密切的联系。这种成本中心不需要对实际产量的变动负责，往往通过应用标准成本制度或弹性预测等手段来控制产品成本。

2. 酌量性成本中心。酌量性成本中心又称为费用中心，是指把为组织生产经营而发生的酌量性成本或经营费用作为控制对象的成本中心。酌量性成本的发生主要是为企业提供一定的专业服务，一般不能产生可以用货币计量的成果。其是否发生及发生额的多少，是管理人员的决策所决定的，主要包括各种管理费用和某些间接成本项目，如研发费、宣传费和职工培训费等。

酌量性成本中心一般不形成实物产品，不需要计算实际成本，技术上，投入量和产出量之间没有直接关系，往往通过加强对预算总额的审批和严格执行预算标准来控制经营费用开支。

（三）成本中心的特点

成本中心相对于其他层次的责任中心而言，有其自身的特点，主要表现在：

1. 成本中心只评价成本费用，不评价收益。成本中心一般不具有经营权和销售权，其经济活动的结果不会形成可以用货币计量的收入；有的成本中心可能有少量的收入，但从整体上讲，其产出和投入之间不存在密切的对应关系。因而，这些收入不作为主要的考核内容，也不必计算这些货币收入。因此，成本中心只以货币形式计量投入，不以货币形式计量产出。

2. 成本中心只对可控成本承担责任。作为成本中心考核依据的成本不是传统的产品成本而是可控成本。凡是责任中心能够控制其发生及其数量的成本称为可控成本。具体说，可控成本须同时具备以下条件：

（1）可预计性，即成本中心能够事先知道将发生哪些成本及在何时发生；

（2）可计量性，即成本中心能够对发生的成本进行计量；

（3）可影响性，即成本中心能够通过自身的行为来调节成本；

（4）可落实性，即成本中心能够将有关成本的控制责任分解落实，并进行考核评价。

凡是不同时具备上述四个条件的成本通常称为不可控成本。属于某成本中心的各项可控成本之和构成该成本中心的责任成本。从考核的角度看，成本中心工作成绩的好坏应以可控成本作为主要依据，不可控成本只有参考意义。在确定责任中心成本责任时，应尽可能使责任中心发生的成本成为可控成本。可控成本和不可控成本是相对而言的，是以一个特定的责任中心和一个特定的时期作为出发点的，这与责任中心所处管理层次的高低、管理权限及控制范围的大小和经营期间的长短有直接关系。因而，可控成本和不可控成本可以在一定的时空条件下发生相互转化。

首先，某些成本相对于较高层次的责任中心是可控的，对于其下属较低层次的责任中心就可能是不可控的；反之，较低层次的责任中心的不可控成本，可能是其所属较高层次责任中心的可控成本。对企业来讲，几乎所有的成本都是可控的，而对于企业内部的各部门乃至个人来讲，则既有各自的可控成本，又有各自的不可控成本。

其次，成本的可控与否，与责任中心的管辖权限有关。某项成本，就某一个责任中心看是不可控的，而对另一个责任中心可能是可控的，这主要取决于该责任中心的业务内容。如生产部门负责控制材料消耗，应对材料成本负责，但由于原材料单位成本过高而引起的成本差异，则应由材料供应部门负责。

再次，成本的可控与否也与一定的期间有关。某些从短期看是不可控的成本，从较长的期间看，又成了可控成本。如现有生产设备的折旧，就具体使用它的部门来说，其折旧费用是不可控的；但是，当现有设备不能继续使用，要用新的设备来代替它时，是否发生新设备的折旧费又成为了可控成本。

最后，随着时间的推移和条件的变化，过去某些可控的成本项目，可能转变为不可控成本。

一般来说，成本中心的变动成本大多是可控成本，而固定成本大多是不可控成本；各成本中心直接发生的直接成本大多是可控成本，其他部门分配的间接成本大多是不可控成本。但在实际工作中，必须从发展的眼光看问题，要具体情况具体分析，不能一概而论。

3. 成本中心只对责任成本进行考核和控制。责任成本是各个成本中心当期确定或发生的各项可控成本之和，可分为预算责任成本和实际责任成本。前者是指根据有关预算所分解确定的、各责任中心应承担的责任成本；后者指各责任中心由于从事业务活动实际发生的责任成本。

对成本费用进行控制，应以各个成本中心的预算责任成本为依据，确保实际责任成本不会超过预算责任成本；对成本中心进行考核，应通过各个成本中心的实际责任成本与预算责任成本进行比较，确定其成本控制的绩效，并采取相应的奖惩措施。只有以责任成本作为成本中心考核和评价的依据，才能保证成本中心承担的责任和享有的权利是相适应和对称的，而不会出现权责分离的情况。

（四）成本中心的考核指标

既然成本中心的业绩考核和评价的对象是责任成本而不是全部成本，那么成本的可控性就应是确定责任成本的唯一依据。在成本中心的业绩报告中，应从全部成本中区分出可以控制的责任成本，将其实际发生额同预算额进行比较、分析，揭示产生差异的原因，据此对责任中心的工作成果进行评价。

成本中心的考核指标包括责任成本的变动额和变动率两类，计算公式为：

$$责任成本变动额 = 实际责任成本 - 预算责任成本$$

$$责任变动率 = \frac{责任成本变动额}{预算责任成本} \times 100\%$$

值得注意的是，在对成本中心进行业绩考核时，如果预算产量和实际产量不一致，应按照弹性预算的方法先调整预算标准，然后再按上述指标计算。

【例 10－1】 企业第一车间是一个成本中心，只生产甲产品。其预算产量为 5 000件，单位标准材料成本为 100 元/件（10 元/千克 × 10 千克/件）；实际产量为 6 000 件，实际单位材料成本为 96 元/件（12 元/千克 × 8 千克/件）。假定其他成本暂时不予考虑。要求：计算该成本中心消耗的直接材料责任成本的变动额和变动率，分析评价该成本中心的成本控制情况。

解：根据题意

责任成本变动额 $= 96 \times 6\,000 - 100 \times 6\,000 = -24\,000$（元）

责任成本变动率 $= -\frac{24\,000}{600\,000} = -4\%$

计算结果表明，该成本中心的成本降低额为 24 000 元，降低率为 4%。

原因分析：

由于材料价格上涨对成本的影响 $=(12-10) \times 8 \times 6\,000 = 96\,000$（元）

由于材料用量降低对成本的影响 $= 10 \times (8 \times 6\,000 - 10 \times 6\,000)$

$= -120\,000$（元）

原因分析与评价：

（1）由于材料采购价格上升，使成本超支 96 000 元，这属于第一车间的不可控成本，应将此超支责任转出，由采购部门承担。

（2）由于材料用量降低使得成本节约了 120 000 元，属于该中心取得的成绩。

二、利润中心

(一) 利润中心的含义

利润中心是对利润负责的责任中心。它不仅有成本发生，而且还发生利润，因此它不但要对成本负责，还要对收入负责。与成本中心相比，利润中心的权力和责任都相对较大，往往处于企业内部的较高层次，是具有成本或劳务生产经营决策权的企业内部部门。利润中心一般具有独立的收入来源或视同为一个有独立收入的部门，一般还具有独立的经营权，如分厂、分店、分公司等。

按照收入来源的性质不同，利润中心可分为自然利润中心和人为利润中心。

1. 自然利润中心是指可以直接对外销售产品并取得收入的利润中心。这类利润中心虽然是企业内部的一个责任单位，但它本身直接面向市场，具有产品销售权、价格制定权、材料采购权和生产决策权，其功能与独立企业相近。最典型的形式就是企业内的事业部，每个事业部均有销售、生产、采购的机能，有很大的独立性，能独立地控制成本、取得收入。

2. 人为利润中心是指对内部责任单位提供产品或劳务而取得内部销售收入的利润中心，一般不直接对外销售产品。成为人为利润中心应具备两个条件：一是该中心可以向其他责任中心提供产品或劳务；二是能为该中心的产品或劳务确定合理的内部转移价格，以实现公平交易、等价交换。

实际上，大部分的成本中心都可以转化为人为的利润中心，因为总可以为它们的产品或劳务制定适当的内部转移价格。人为利润中心一般也应具有相对独立的经营权，即能自主决定本利润中心的产品或劳务品种、质量、作业方法、资金使用等。

(二) 利润中心的考核指标

利润中心的考核指标为利润，通过比较一定期间的利润与责任预算所确定的利润，可以评价其责任中心的业绩。利润是收入与其成本的差额。由于成本计算方式不同，各利润中心的利润指标的表现形式也不相同。利润中心的成本计算有两种方式可供选择：

1. 利润中心只计算可控成本，不分摊不可控成本或共同成本。

这种方式主要适应于共同成本难以合理分摊或无须进行共同成本分摊的场合，这种方式计算出来的盈利不是通常意义上的利润，而是相当于“边际贡献总额”。企业各个利润中心“边际贡献总额”之和，减去未分配的共同成本，经过调整后才是企业的利润总额。人为利润中心适合采用这种计算方式。

利润中心贡献毛益总额 = 该利润中心销售收入总额 − 该利润中心可控成本总额

2. 利润中心不仅计算可控成本，也计算不可控成本或共同成本。

这种方式适合于共同成本易于合理分摊或不存在共同成本分摊的场合。这种利润中心在计算时，如果采用变动成本法，应先计算出边际贡献，再减去固定成本，才是税前利润；如果采用完全成本法，利润中心可以直接计算出税前利润。各个利润中心的税前利润之和，就是企业的利润总额。自然利润中心适合采用这种计算方式。

在变动成本法下，有以下公式：

利润中心贡献毛益总额 = 该利润中心销售收入总额 − 该利润中心变动成本总额 ①

利润中心责任人可控利润总额 = 该利润中心贡献毛益总额 − 该利润中心负责人可控固定成本 ②

利润中心责任人可控利润总额 = 该利润中心负责人可控利润总额 − 该利润中心负责人可控固定成本 ③

公司利润总　额 = 各利润中心可控利润总额之和 − 公司不可分摊的各种管理费用、财务费用 ④

公式②主要用于考核利润中心负责人的工作业绩；公式③主要考核利润中心的经营业绩。

【例 10－2】 企业的第二车间是人为利润中心。本期实现内部销售收入500 000元，变动成本为 300 000 元，该中心负责人可控固定成本为 40 000 元，中心负责人不可控，但应由该中心负担的固定成本为 60 000 元。要求：计算该利润中心的实际考核指标，并评价该利润中心的利润完成情况。

解：依题意：

利润中心边际贡献总额 = 500 000 − 300 000 = 200 000（元）

利润中心负责人可控利润总额 = 200 000 − 40 000 = 160 000（元）

利润中心可控利润总额 = 160 000 − 60 000 = 100 000（元）

评价：

计算结果表明，该利润中心各项考核指标的实际完成情况。为对其完成情况进行评价，需要将各指标与责任预算进行对比和分析，并找出产生差异的原因。

三、投资中心

（一）投资中心的含义

投资中心是指对投资负责的责任中心。其特点是既对成本、收入和利润负责，又要对投资效果负责。由于投资的目的是为了获得利润，因此，投资中心同时也是利润中心。但是投资中心又不同于利润中心，区别表现在：一是权力不同，利润中心没有投资权，它只能在项目投资形成生产能力后进行具体的经营活动；而投资中心则不仅在产品生产和销售上享有较大的自主权，而且能相对独立地运用所掌握的资产，有权购建或处理固定资产，扩大或缩减现有的生产能力。二是考核办法不同，考核利润中心业绩时，不联系投资多少或占用资产多少，即不进行投入产出的比较；而在考核投资中心业绩时，必须将所获得利润与所占用的资产进行比较。

投资中心是处于企业最高层次的责任中心，它具有最大的决策权，也承担最大的责任。投资中心的管理特征是较高程度的分权管理。一般而言，大型集团所属的子公司、分公司、事业部往往都是投资中心。在组织形式上，成本中心一般不是独立法人，利润中心可以是也可以不是独立法人，而投资中心一般是独立法人。由于其拥有充分的经营决策权和投资决策权，因而独立性较高，一般由公司的总经理或董事长直接负责。

（二）投资中心的考核指标

由于投资中心要对其投资效益负责，为保证其考核结果的公正、公平和准确，各投资中心应对其共同使用的资产进行划分，对共同发生的成本进行分配，各投资中心之间相互调剂使用的现金、存货、固定资产等也应实行有偿使用。投资中心考核和评价的内容是利润及投资效果。因此，投资中心除了考核和评价利润指标以外，更需要计算、分析利润与投资额的关系性指标，即投资利润率和剩余收益。

1. 投资利润率。投资利润率又叫投资报酬率，是指投资中心所获得的利润与投资额的比率。其计算公式是：

$$投资利润率=\frac{利润}{投资额}\times 100\%$$

该公式还可以变换为：

$$\begin{aligned}投资利润率&=\frac{销售收入}{投资额}\times\frac{利润}{销售收入}\\&=总资产周转率\times 销售利润率\end{aligned}$$

或者：

$$\begin{aligned}投资利润率&=\frac{销售收入}{投资额}\times\frac{成本费用}{销售收入}\times\frac{利润}{成本费用}\\&=总资产周转率\times 销售成本率\times 成本费用利润率\end{aligned}$$

以上公式中的投资额是指投资中心可以控制并使用的总资产。所以，该指标也可以称为总资产利润率，它主要说明投资中心运用每一元资产对整体利润贡献的大小，主要用于考核和评价由投资中心掌握、使用的全部资产的盈利能力。

为了考核投资中心的总资产运用情况，也可以计算投资中心的总资产息税前利润率，计算公式为：

$$总资产息税前利润率 = \frac{息税前利润}{总资产占用额} \times 100\%$$

需要说明的是，由于利润或息税前利润是期间性指标，故上述投资额或总资产占用额应按照平均投资额或平均占用额计算。

【例 10－3】 某投资中心在生产经营中掌握使用的全部资产年初数为 80 000 元，年末数为 120 000 元，相应的负债为 50 000 元，为此支付的利息费用为 4 000元。年末税后利润为 6 000 元，所得税税率为 40%。要求：计算该中心的投资利润率。

解：税前利润 = 6 000/（1 − 40%） = 10 000（元）

息税前利润 = 10 000 + 4 000 = 14 000（元）

总资产占用额 = （80 000 + 120 000）/2 = 100 000（元）

则该投资中心的投资报酬率 = 14 000/100 000 × 100% = 14%

投资利润率能反映投资中心的综合盈利能力，因为从投资利润率的分解公式可以看出，投资利润率的高低与收入、成本、投资额和周转率有关；该指标具有横向可比性，投资利润率作为一种相对指标，能将投资额不同的各个投资中心工作业绩进行比较；投资利润率可以作为选择投资机会的依据，有利于调整资产存量，优化资源配置；投资利润率这一评价指标，有利于克服投资中心的短期行为，用投资利润率作为考核评价的尺度，将促使投资中心盘活闲置资产，减少不合理的资产占用，及时处理不良资产。但这项指标并非完美无缺，也有一定的局限性：

第一，投资利润率指标往往会使投资中心只顾本身利益，而放弃整个企业有利的投资项目，造成投资中心的近期目标与整个企业的长期目标相背离。各投资中心为达到较高的投资利润率，可能会采取减少投资的行为。

第二，为了计算投资中心的投资利润率，联合使用的资产必须在各投资中心之间进行分配，这很难做到完全公平合理。

第三，如果按照固定资产的净值计算投资报酬率，投资中心只要不断地投资或减少投资，这样投资中心的成绩会被夸大，而公司的长期利益就会受到伤害。

第四，在通货膨胀的情况下，企业资产的账面价值过低而严重失实，并因此减少折旧，虚增了净利。根据这种夸张了的净利或减少了的资产价值所计算出来的投资报酬率就不能反映真正的投资效果。

2. 剩余收益。为了克服投资利润率指标的不利影响，可以采用剩余收益作为评价指标。剩余收益是一个绝对数指标，由通用电气公司首先推广实施，主要是为了消除利用投资报酬率来衡量和评价部门业绩所带来的问题。所谓剩余收益，是指投资中心的利润扣减其最低投资收益后的余额。最低投资收益是投资中心的投资额按照规定或者预期的最低报酬率计算的收益，其计算公式如下：

剩余收益 = 息税前利润 - 总投资额 × 规定或预期的最低投资收益率

如果考核指标是总资产息税前利润时，则剩余收益计算公式应作相应调整，计算公式如下：

剩余收益 = 息税前利润 - 总资产占用额 × 规定或预期的总资产息税前利润率

上述所谓规定或预期的最低收益率和总资产息税前利润率通常是指企业为了保证其生产经营正常、持续进行所必须达到的最低收益水平，一般可以按照整个企业各投资中心的加权平均收益率计算。在计算剩余收益的时候，必须确定一个明确的资本成本，也就是规定最低的投资报酬率。只要投资项目收益率高于要求的最低收益率，就会给企业带来利润，也会给投资中心增加剩余收益，从而保证投资中心的决策行为与企业总体目标一致。

采用剩余收益指标来考核投资中心的经营业绩，一方面可以体现投入产出关系，全面评价与考核投资中心的业绩；另一方面能避免投资中心的本位倾向，使其愿意接受对整个企业有利的投资项目，使企业整体利益与投资中心的局部利益得到协调统一。因此，该指标的优点在于考虑了权益资本成本的补偿，可以防止投资中心的短期行为。投资者由于承担了企业经济业务的风险，对这部分资本也需要支付费用。投资报酬率忽略了权益资本的机会成本，在一定程度上可以认为是虚增了利润，剩余收益指标克服了这个缺点，它将经营业绩评价和企业的目标协调起来，使得经营者在决策的时候全面地考虑资金成本。

但是以剩余收益作为考核指标时，所采用的规定或者预期投资报酬率的高低对剩余收益的影响很大，如果掌握不好，则会影响对投资中心考评的公正、合理性。一般可用企业整体的平均利润率或资金成本率等作为基准收益率。

【例 10-4】 某公司有甲、乙两个投资中心，该公司加权平均最低投资收益率为 10%。公司拟追加投资 30 万元，其他资料如表 10-1 所示。要求：评价甲、乙两个投资中心的业绩。

评价：若以投资利润率为考评指标，追加投资后甲的利润率由 5% 上升到 6%，而乙的利润率则由 15% 下降到 14.7%，由此判断对甲追加投资优于对乙追加投资。但是若以剩余收益作为考评指标，则甲的剩余收益由原来的 -2 万元变成 -2.8 万元，而乙的剩余收益则由 3 万元上升到 3.2 万元，由此判断对乙追加投资优于对甲追加投资。如果从整个公司进行评价，可以看到，对甲追加投资时全公司的总投资利润率由 11% 下降到 10.1%，剩余收益则由 1 万元下降到 0.2 万元；对乙追加投资全公司投资利润率由 11%上升到 11.8%，剩余收益由 1 万元上升到 2 万元，这和以剩余收益指标评价结果是一致的。所以，以剩余收益作为评价指标可以保持各投资中心获利目标与公司的获利目标达成一致。

表 10－1 投资中心考核指标的计算 单位：万元

项目		投资额	利润	投资利润率	剩余收益
追加投资前	甲	40	2	5%	2－40×10%＝－2
	乙	60	9	15%	9－60×10%＝3
	∑	100	11	11%	11－100×10%＝1
甲追加投资30 万	甲	40＋30＝70	2＋2.2＝4.2	6%	4.2－70×10%＝－2.8
	乙	60	9	15%	3
	∑	130	13.2	10.1%	13.2－130×10%＝0.2
乙追加投资30 万	甲	40	2	5%	－2
	乙	60＋30＝90	9＋4.2＝13.2	14.7%	13.2－90×10%＝4.2
	∑	130	15.2	11.8%	15.2－130×10%＝2.2

但是考虑到投资利润率和剩余收益两项指标各有优缺点，在实际考核工作中，企业应当将两项指标结合起来，以正确评价各投资中心的工作业绩和投资效果。

四、成本中心、利润中心和投资中心三者之间的关系

成本中心、利润中心和投资中心彼此并非孤立存在的，每个责任中心都要承担相应的经营责任。

最基层的成本中心应就其经营的可控成本向其上层成本中心负责；上层的成本中心应就其本身的可控成本和下层转来的责任成本一并向利润中心负责；利润中心应就其本身经营的收入、成本（含下层转来成本）和利润向投资中心负责；投资中心最终就其经管的投资利润率和剩余收益向总经理和董事会负责。

总之，企业各种类型和层次的责任中心形成一个“连锁责任”网络，这促使每个责任中心为保证经营目标一致而协调运转。

第三节 内部转移价格

一、内部转移价格的意义

企业内部各利润中心或者投资中心之间相互提供产品或劳务时，应当按照适当的内部转移价格进行结算。一个成本中心向其他成本中心提供产品或劳务时，也应当按照适当的单位成本进行成本的结转和分配，这种单位成本可视为转移价格。

内部转移价格，简称内部价格，是指企业内部各责任中心之间转移中间产品或相互提供劳务而发生内部结算和进行内部责任结转所使用的计价标准。

制定内部转移价格，有助于明确划分各责任中心的经济责任，有助于在客观、可比、公正的基础上对责任中心的业绩进行考核和评价，以便协调各责任中心的各种利益关系，调节企业内部的各项业务活动，便于企业经营者做出正确的决策，及时纠正各责任中心的生产经营活动，达到对生产经营的有效控制。

二、内部转移价格的制定原则

1. 全局性原则。制定内部转移价格必须强调企业的整体利益高于各责任中心的利益。内部转移价格直接关系到各责任中心的经济利益，每个责任中心必然会最大限度地为本责任中心争取最大的价格利益。在局部利益彼此冲突的情况下，企业和各责任中心应本着企业利润最大化的原则合理制定内部转移价格。

2. 公平性原则。所谓公平性，就是指各责任中心所采用的内部转移价格能使其努力经营的程度与所得到的收益相适应。内部转移价格的制定，应充分体现各责任中心的工作态度和经营业绩，防止某些责任中心因价格优势而获得额外的收益，某些责任中心因价格劣势而遭受额外损失。

3. 自主性原则。在确保整体利益的前提下，只要可能，就应通过各责任中心的自主竞争或讨价还价来确定内部转移价格，真正在企业内部实现市场模拟，使内部转移价格能为各责任中心所接受。企业最高管理当局不宜过多地采取行政干预措施。

4. 重要性原则。重要性原则要求内部转移价格的制定应当体现“大宗细致、零星从简”，对原材料、半成品、产成品等重要物资的内部转移价格的制定从细，而对劳保用品、修理备用件等数量繁多、价值低廉的物资，其内部转移价格的制定从简。

三、内部转移价格的类型

内部转移价格主要包括市场价格、协商价格、成本转移价格和双重价格四种类型。

（一）市场价格

市场价格是根据产品或劳务的市场价格作为基价的内部转移价格。采用市场价格，一般假定各责任中心处于独立自主的状态，可自由决定从外部或内部进行购销，同时交易的产品或劳务有客观的市价可采用。在西方国家，通常认为市场价格是内部转移价格的最好依据，因为市价最能适应利润中心的基本要求，可以在企业内部造成一种竞争性的市场情势，使其中每个利润中心都成为独立的机构，其净利就能作为评价其经营成果高低的真正依据。

以市场价格作为基础制定的内部转移价格适于利润中心或投资中心采用，当产品有外部市场，“购”和“销”双方都有权自由对外销售产品和采购产品时，以市场价格作为转移价格仍不失为一种有效的方法。以市场价格作为内部转移价格时应注意以下问题：

第一，在中间产品有外部市场、可向外部出售或从外部市场购进时，可以按照市场价格作为内部转移价格，但并不等于一定要直接将市场价格用于内部结算。而应在此基础上，对外部价格做一些调整。这是因为外部售价一般包括销售费、广告费、运输费等，而这些内容在内部转移价格中是不应包括的。当企业各责任中心不是独立核算分厂，而是车间或部门时，产品内部转移价格不必支付资源税、消费税等税金，而这些税金一般也是外部销售价格的组成部分。在制定内部转移价格时，如不将上述内容从市场价格中剔除，则由此带来的好处会为供应方获得。否则，在业绩评价时，因内部供应商而节约的销售、商业信用等方面的费用完全表现为销方的经营成果，买方得不到任何好处，不利于调动整个责任单位的积极性，不利于利润分配的公平性。

第二，以市场价格作为内部转移价格时，一般假定中间产品有完全竞争的市场，或中间产品提供部门没有任何闲置的生产能力。

第三，在采用市场价格作为内部转移价格时，应尽可能使企业的中间产品在各责任中心之间进行内部转移，首先应保证满足内部责任单位对特定产品的需要，除非有充分理由说明对外交易比内部更为有利。

为此，要遵循以下三个原则：

(1) 供应方愿意对内销售，且售价不高于市价时，使用方有购买的义务，不得拒绝“购进”；

(2) 当供应方的售价高于市场价格时，使用方有转向市场购入的自由；

(3) 当供应方宁愿对外界市场销售，则应有不对内销售的权利；但是上述后两条原则的应用必须以不影响企业的整体利益为前提。

在西方国家，通常认为市价是制定内部转移价格的依据，市价意味着客观公平，表明企业内部引入了市场机制，形成竞争气氛，使各责任中心各自经营、相互竞争，最终通过利润指标考核和评价其业绩。但是该方法也有局限性，它需要以高度发达的外部市场为存在的前提，而这种完全竞争市场在现实经济生活中是很难找到的，而且市场价格也受到一些限制，有些是中间产品，缺乏相应的市价作为定价的依据。

(二) 协商价格

协商价格也称为议价，是指在正常市场价格的基础上，由企业内部责任中心通过定期共同协商所确定的为供求双方能共同接受的价格。采用协商价格的前提条件是责任中心转移的产品应在非竞争性市场存在买卖可能性，在这种市场内买卖双方有权自行决定是否买卖这种中间产品。在中间产品有非竞争性市场，生产单位有闲置的生产能力以及变动生产成本低于市场价格，且部门经理有讨价还价权利的情况下，可采用协商价格作为内部转移价格。

协商价格通常要比市场价格低，其上限是市价，下限是单位变动成本，具体价格应由各相关责任中心在这一范围内协商议定。当产品或劳务没有适当的市价时，也只能采用议价方式来确定。通过各责任中心的讨价还价，形成企业内部的模拟“公允市价”，作为计价的基础。

如果发生以下三种情况之一者，企业高一级的管理层需要出面进行必要的干预，干预应以有限、得体为原则，不能使整个协商谈判变成领导包办，完全决定一切。

(1) 价格不能由买卖双方自行决定；

(2) 当协商的双方发生矛盾而又不能自行解决时；

(3) 双方协商确定的价格不符合企业利润最大化要求。

协商价格的优点在于：在双方确定协商价格的过程中，供求双方当事人都可以在模拟的市场环境下讨价还价，充分发表意见，从而调动各方的积极性和主动性。但是协商价格也存在一些缺陷：在协商定价的过程中，要花费人力、物力和时间；协商定价的各方往往会因为各持己见而相持不下，需要企业高层领导干预裁定，这样就弱化了分权管理的作用。

(三) 成本转移价格

成本转移价格就是以产品或劳务的成本为基础而制定的内部转移价格。由于人们对成本概念的理解不同，成本转移价格有多种类型，其中用途较为广泛的有以下两种形式：

1. 按标准成本加成制定内部转移价格。该方法是根据产品或劳务的标准成本，再加上一定的合理利润作为计价基础。它的优点是简便易行，而且能分清买卖双方的经济责任，不会把供应单位的浪费和无效劳动转移给耗用单位负担，有利于激励双方降低成本的积极性；缺点在于确定加成利润率难免带有一定的主观随意性，需要慎重研究，妥善制定。

2. 按实际成本加成制定内部转移价格。该方法是按产品或劳务的实际成本，再加上一定的合理利润作为计价基础。它的优点是能保证卖方单位有利可图，可调动其工作积极性；缺点是使卖方的功过全部转嫁给买方负担，削弱了双方降低成本的责任感，同时在确定加成的利润率时也带有很大的主观随意性，它的偏高或偏低都会影响双方业绩的正确评价。

（四）双重价格

双重价格就是针对供求双方分别采用不同的内部转移价格而制定的价格。如对产品或劳务的供应方，可按协商价格计价；对使用方则按供应方的产品或劳务的单位变动成本计价；而这两种价格产生的差额由会计部门调整计入管理费用。双重价格主要有两种形式：

1. 双重市场价格，即当某种产品或劳务在市场上出现几种不同的价格时，供应方采用最高市价，使用方采用最低市价；

2. 双重转移价格，就是供应方按市场价格或协议价作为基础，而使用方按供应方的单位变动成本作为计价的基础。

采用双重价格的条件是内部转移的产品或劳务有外部市场，供应方有剩余生产能力，而且其单位变动成本要低于市价。特别当采用单一的内部转移价格不能达到激励各责任中心的有效经营和保证各责任中心与整个企业的经营目标达成一致时，应采用双重价格。

双重价格制度使企业内部各责任中心在选择内部转移价格时具有一定的灵活性，各相关责任中心所采用的价格并不需要完全一致，可分别选用对责任中心最有利的价格为计价依据，从而对企业内部责任中心的业绩进行评价、考核更加公平、合理。

以双重价格作为内部转移价格的优点是可以较好地满足供应方和使用方的不同需要，有利于接受单位能正确地进行经营决策，避免因内部定价高于外界市场，接受单位向外界而不从内部“购买”，使内部的产品供应单位的部分生产能力因此而闲置的情况发生；同时，采用双重价格也有利于提高供应单位生产经营上的主动性、积极性。因此，双重价格是一种既不直接干预各责任中心的管理决策，又能消除职能失调行为的定价方法。其不足之处是价格标准过多，在应用过程中，会因处理由此而形成的差异带来一定麻烦。

以上内部转移价格的确定方法各有特点，企业可以根据自己的具体情况选用一种方法，或同时采用几种方法。如对材料采用市场价格，对自制半成品和备用件采用标准成本加成的方法等。另外，在制定内部转移价格时，可以根据管理需要，人为地提高或降低内部转移价格，如对生产需要量小、市场价格低的材料和半成品，内部转移价格可以定得高一些，以鼓励外购；对生产需要量大、市场价格高的材料、半成品，可以将价格定得低一些，以鼓励自己生产、限制外购。

第四节　责任报告与业绩考核

一、责任报告

责任会计以责任预算为基础，通过对责任预算的执行情况的系统反映，确认实际完成情况同预算目标的差异，并对各个责任中心的工作业绩进行考核和评价。责任中心的业绩考核和评价通过编制责任报告来完成。

根据每个责任中心可控的成本和收入编制反映责任预算执行情况的内部会计报告，称为责任报告或业绩报告。一项良好的责任报告制度必须满足一定的要求，能反映责任中心全部经济业务的指标体系。

二、责任报告的种类

责任报告按报告的主体分为个人成就报告和经营成果报告两种。前者的目的是将一个责任中心的负责人的实际成就与当时条件下应该达到的成就比较；后者是各责任中心作为一个经济实体所取得的经营成果报告。

另外，责任报告就其反映的经济业务内容来划分，可分为成本报告和财务报告；按其编报时间来分，可分为日报、周报、季报、年报；按其报告的形式来划分，可分为书面报告、图解报告和口头报告。

三、编制责任报告的原则

1. 适用性原则。编制责任报告，首先应要求其适用。各级管理人员对收受的报告要求不同，高级管理人员需要的报告多与决策有关，应扼要编一总表，将部分明细报告只随总表附送。而低层管理人员就需要明细的报告。在适用性方面，还应考虑怎样才能使报告真正发挥作用。因此，必须根据管理的需要有选择地提供信息。同时还应注意各个部门所需要的信息，如果是同样的，应设法避免重复报告，以节约在编制报表上的重复劳动。

2. 适时性原则。所谓适时性，不仅指收到报告的日期要适时，而且报告内容所包括的期间也要适时。这样能使管理人员尽快得到信息，而且报告所包括的期间与规划、控制相适应，适合日常管理的需要。

3. 准确性。报告的数据应准确，能反映实际活动的真实情况，要妥善处理准确性与适时性的矛盾。即使是大概数、平均数和近似值都应有一定根据。为取得可靠的数据来源，应不断改进有关信息的传递、整理、分类和记录工作。

4. 相关性。责任报告的作用在于能将必要的信息反馈给各部门的责任者，以便对业绩进行评估。必要时，甚至要修正计划、改变行动。因此，各级管理部门的报告应该具有综合控制的职能。由于各级管理业务项目不同，其责任报告的内容也有所差别，但是所有责任报告都彼此相关，形成一个总的报告体系，以便反映每个部门所能控制的项目，指出管理部门应予以注意的问题，以加强全面管理。

四、责任报告的形式

（一）责任报告的形式

责任报告主要有报表、数据分析和文字说明等形式，各类责任中心报告的基本内容、特点和形式应根据各个企业的组织结构、业务内容、业务性质、报告对象和使用情况而定。将责任预算、实际执行结果及其差异用报表予以列示是责任报告的基本形式。在实际工作中，往往将报表、数据分析和文字说明等几种形式结合起来使用。

在企业的不同管理层次上，责任报告的侧重点应有所不同。最低层次的责任中心责任报告应当最详细，随着层次的提高，责任报告的内容应以更为概括的形式表示。责任报告应能突出产生差异的重要影响因素，因此应遵循“例外管理的原则”，突出重点，使报告的使用者能把注意力集中到少数严重脱离预算的因素或项目上来。

责任报告的组成内容在垂直组织结构的企业，其成本由最基层的成本中心进行归集，逐级汇总。在横向组织结构的企业，各独立的分厂为一个利润中心，这些分厂应向总厂编制销售成本报告和利润报告。制造成本报告在各分厂各级成本中心另行逐级编报汇总。

成本责任中心编制的报告一般可分为三级：班组、车间和全厂。

班组成本报告根据可控直接成本进行收集汇总，并与绩效预算对比，以确定差异。绩效预算是按照实际业务量，根据标准成本卡与弹性预算加以计算的。其公式如下：

$$\text{绩效预算中原材料成本}=\text{原材料定额消耗}\times\text{实际生产数量}\times\text{计划单价}$$

$$\text{绩效预算中人工成本}=\text{劳动定额}\times\text{实际生产数量}\times\text{计划小时工资率}$$

$$\text{绩效预算中变动间接费}=\text{弹性预算中变动间接费用率}\times\text{实际工作时数}$$

班组成本报告必须根据各个班组的具体情况，确定其成本项目的内容。班组责任报告还应有生产日报、工时日报、材料消耗日报及按周、旬、月的汇总报告。

车间成本报告按班组成本报告汇总，可按班组，也可按成本项目汇总。除汇总各班组成本之外，还应将车间直接发生的变动成本和固定成本列入，集中为车间的责任成本。

工厂成本报告中的总成本由四个部分组成，基本生产车间成本、材料价格差异、辅助生产和服务部门成本差异及全厂共同固定成本。

（二）成本报告编制举例

1. 垂直组织成本报告如表 10－2 所示。

表 10－2　　**班组成本报告**　　一班

项　目	预　算	实　际	差　异
直接材料	1 600	1 500	－100
直接人工	1 200	1 400	＋200
间接费用	1 000	1 200	＋200
合　计	3 800	4 100	＋300

车间成本报告　　一车间

班　组	预　算	实　际	差　异
一　班	3 800	4 100	＋300
二　班	4 000	4 200	＋200

续表

班　组	预　算	实　际	差　异
其　他	6 600	6 300	－300
小　计	14 400	14 600	＋200
车间共同成本	3 000	2 900	－100
合　计	17 400	17 500	＋100

工厂成本报告

车　间	预　算	实　际	差　异
一车间	17 400	17 500	＋100
二车间	18 000	18 200	＋200
三车间	20 000	19 600	－400
小　计	55 400	55 300	－100
工厂共同成本	21 500	21 200	－300
合　计	76 900	76 500	－400

2. 横向组织业绩报告如表 10－3 所示。

表 10－3　　甲分厂销货成本报告

项　目	预　算	实　际	差　异
制造成本	80 000	80 070	＋70
制造费用	13 000	12 800	－200
财务性支出	4 000	4 300	＋300
合　计	97 000	97 170	＋170
产成品库存	0	200	＋200
利润报告中的成本	97 000	97 370	＋370

（三）责任报告编制举例

责任报告实际上是对各责任中心过去一段期间生产经营活动情况的系统概括和总结。根据责任报告，可以进一步对差异形成的原因和责任进行具体分析，充分发挥信息的反馈作用。有助于实现有效的控制和调节，以最大限度地提高企业生产经营的经济效果。

甲分厂利润报告

项　目	预　算	实　际	差　异
销售收入	120 000	120 000	0
销货成本	97 000	97 370	+370
税前利润	23 000	22 630	-370
所得税（40%）	9 200	9 052	+52
税后净利	13 800	13 578	222

为编制各责任中心的责任报告，必须以责任中心为对象组织会计核算工作，具体做法有“双轨制”和“单轨制”两种。“双轨制”是指将责任会计核算与财务会计核算分别按两套核算体系组织。在组织责任会计核算时，由各责任中心指定专人把各中心日常发生的成本、收入及各中心相互间的结算和转账业务记入单独设置的责任会计的编号账户内，根据管理需要，定期计算盈亏。“单轨制”指将责任会计核算和财务会计核算统一在一套核算体系中。为简化日常核算，在组织责任会计核算时，不另设专门的责任会计账户，而是在传统财务会计的各明细账户内为各责任中心分别进行登记、核算。

责任中心是逐级设置的，责任报告也必须逐级编制，但是通常只采用自下而上的程序编制。

1. 成本中心的责任报告，如表 10-4 所示。

表 10-4　　成本中心责任报告（某车间）

2004 年报 11 月 30 日　　单位：元

摘　要	预　算	实　际	差异
甲工段	14 000	14 800	+800
乙工段	12 000	11 900	-100
小　计	26 000	26 700	+700
本车间可控成本			
间接人工	1 800	1 820	+20

续表

摘 要	预 算	实 际	差异
管理人员工资	3 200	3 140	-60
设备折旧及维修费	3 000	3 070	+70
其 他	1 400	1 680	+280
小 计	9 400	9 710	+310
本车间责任成本合计	35 400	36 410	+1 010

2. 利润中心的责任报告，如表 10-5 所示。

表 10-5　　利润中心责任报告（某分厂）

2004 年报 11 月 30 日　　单位：元

摘 要	预 算	实 际	差异
销售收入	135 000	136 000	+1 000
变动成本			
变动生产成本	40 000	44 000	+4 000
变动销售成本	18 000	17 000	-1 000
变动管理成本	12 000	11 000	-1 000
小 计	70 000	72 000	+2 000
贡献毛益	65 000	64 000	-1 000
减：期间成本			
直接发生的固定成本	7 000	8 000	+1 000
上级分配的固定成本	6 000	5 100	-900
小 计	13 000	13 100	+100
营业利润	52 000	50 900	-1 100

3. 投资中心责任报告如表 10-6 所示。

五、业绩考核和评价

业绩考核是以责任报告为依据，分析、评价各责任中心预算的实际执行情况，找出差距，查明原因，借以考核各责任中心工作成果，实施奖惩，促使各责任中心积极纠正行为偏差，完成责任预算的过程。

表 10－6 投资中心责任报告（某事业部）

2004年报11月30日 单位：元

摘 要	预 算	实 际	差异
销售收入	300 000	375 000	+75 000
销售成本	280 500	352 500	+72 000
营业利润	19 500	22 500	+3 000
投 资	75 000	90 000	15 000
销售利润率	6.5%	6%	－0.5%
投资周转次数	4	4.17	+0.17
投资报酬率	26%	25%	－1%
营业利润	19 500	22 500	+3 000
最低报酬率（16%）	12 000	14 400	+2 400
剩余收益	7 500	8 100	+600

（一）业绩考核的分类

业绩考核的分类主要有以下几种：

1. 狭义的业绩考核和广义的业绩考核。按照责任中心的业绩考核的口径为分类标志，可将业绩考核划分为狭义的业绩考核和广义的业绩考核。

狭义的业绩考核仅指各责任中心的价值指标，如对成本、收入、利润及资产占用等责任指标的完成情况进行考核。广义的业绩考核除了这些价值指标外，还包括对各责任中心的非价值责任指标的完成情况的考核。

2. 年终的业绩考核和日常的业绩考核。按照责任中心的业绩考核的时间为分类标志，可将业绩考核分为年终的业绩考核和日常的业绩考核。

年终的业绩考核通常是指一个年度终了对责任预算执行结果的考核，旨在进行奖惩和为下一年的预算提供依据。日常的业绩考核通常指在年度内对责任预算执行过程的考评，旨在通过信息反馈，控制和调节责任预算的执行偏差，确保责任预算的最终实现。

（二）各责任中心的业绩考核与评价方法

1. 成本中心的业绩考核与评价方法。成本中心没有收入来源，只对成本负责，因而也只考核其责任成本。由于不同层次成本费用控制的范围不同，计算和考评的成本费用指标也不尽相同，越往上一层次计算和考评的指标越多，考核内容也越多。

成本中心业绩考核以责任报告为依据，将实际成本与预算成本或责任成本进行比较，确定两者差异的性质、数额及形成原因，并根据差异分析的结果对各成本中心进行奖惩，以督促成本中心努力降低成本。

2. 利润中心的业绩考核与评价方法。利润中心既对成本负责，又对收入和利润负责，在考核时，应以销售收入、贡献毛益及息税前利润为重点进行分析、评价。特别是应通过一定期间实际利润与预算利润进行对比，分析差异及其形成原因，明确责任，借以对责任中心的经营得失和有关人员的功过做出正确的评价，奖惩分明。

在考核利润中心业绩时，也只是计算和考评本利润中心权责范围内的收入和成本。凡不属于本利润中心的收入和成本，尽管由本利润中心实际收付，仍应该剔除，不能作为本利润中心的考核依据。

3. 投资中心的业绩考核与评价。投资中心不仅要对成本、收入和利润负责，还要对投资效果负责。因此，投资中心业绩考核，除收入、成本和利润指标外，考核重点应放在投资利润率和剩余收益两项指标上。

从管理层次看，投资中心是最高一级的责任中心，业绩考核的内容或指标涉及各个方面，是一种较为全面的考核。考核时通过将实际数和预算数的比较，找出差异，进行差异分析，查明差异的成因和性质，并据以进行奖惩。由于投资中心层次高、涉及的管理控制范围广、内容复杂，考核时应力求原因分析深入、依据确凿、责任落实具体，这样才可以达到考核的效果。

【复习思考题】

1. 什么是责任会计？建立和健全责任会计有什么作用？
2. 什么是责任中心？责任中心一般分为几种？各有何特点？
3. 责任成本和传统的产品成本有什么区别？
4. 成本中心、利润中心和投资中心的业绩如何评价和考核？
5. 为什么投资中心重点考核投资报酬率和剩余收益两个指标？
6. 什么是内部转移价格？对不同类别的责任中心应该分别采用怎样不同的转移价格？
7. 如何编制成本中心、利润中心和投资中心的业绩报告？

参考书目

[1] 余绪缨主编:《管理会计》，北京，首都经济贸易大学出版社，2004。

[2] 毛付根主编:《管理会计》，北京，高等教育出版社，2002。

[3] [美] 莫尔斯（Morse，W.J.）等著，张鸣主译:《管理会计》，中文版，上海，上海财经大学出版社，2005。

[4] 许萍主编:《管理会计》，北京，经济科学出版社，2003。

[5] 吴大军:《管理会计》，大连，东北财经大学出版社，2004。

附　录

附表一　复利终值系数表

n	1%	2%	3%	4%	5%	6%	7%
1	1.010	1.020	1.030	1.040	1.050	1.060	1.070
2	1.020	1.040	1.061	1.082	1.102	1.124	1.145
3	1.030	1.061	1.093	1.125	1.158	1.191	1.225
4	1.041	1.082	1.126	1.170	1.216	1.262	1.311
5	1.051	1.104	1.159	1.217	1.276	1.338	1.403
6	1.062	1.126	1.194	1.265	1.340	1.419	1.501
7	1.072	1.149	1.230	1.316	1.407	1.504	1.606
8	1.083	1.172	1.267	1.369	1.477	1.594	1.718
9	1.094	1.195	1.305	1.423	1.551	1.689	1.838
10	1.105	1.219	1.344	1.480	1.629	1.791	1.967
11	1.116	1.243	1.384	1.539	1.710	1.898	2.105
12	1.127	1.268	1.426	1.601	1.796	2.012	2.252
13	1.138	1.294	1.469	1.665	1.886	2.133	2.410
14	1.149	1.319	1.513	1.732	1.980	2.261	2.579
15	1.161	1.346	1.558	1.801	2.079	2.397	2.759
16	1.173	1.373	1.605	1.873	2.183	2.540	2.952
17	1.184	1.400	1.653	1.948	2.292	2.693	3.159
18	1.196	1.428	1.702	2.026	2.407	2.584	3.380
19	1.208	1.457	1.754	2.107	2.527	3.026	3.617
20	1.220	1.486	1.806	2.191	2.653	3.207	3.870
25	1.282	1.641	2.094	2.666	3.386	4.292	4.427
30	1.348	1.811	2.427	3.243	4.322	5.743	7.612

续表

n	8%	9%	10%	12%	14%	16%	18%
1	1.080	1.090	1.100	1.120	1.140	1.160	1.180
2	1.166	1.188	1.210	1.254	1.300	1.346	1.392
3	1.260	1.295	1.331	1.405	1.482	1.561	1.643
4	1.360	1.412	1.464	1.574	1.689	1.811	1.939
5	1.469	1.539	1.611	1.762	1.925	2.100	2.288
6	1.587	1.677	1.772	1.974	2.195	2.436	2.700
7	1.714	1.828	1.949	2.211	2.502	2.826	3.185
8	1.851	1.993	2.144	2.476	2.853	3.278	3.759
9	1.999	2.172	2.358	2.773	3.252	3.803	4.435
10	2.159	2.367	2.594	3.106	3.707	4.411	5.234
11	2.332	2.580	2.853	3.479	4.226	5.117	6.176
12	2.518	2.813	3.138	3.896	4.418	5.936	7.288
13	2.720	3.066	3.452	4.363	5.492	6.886	8.599
14	2.937	3.342	3.797	4.887	6.261	7.988	10.147
15	3.172	3.642	4.177	5.474	7.138	9.266	11.974
16	3.426	3.970	4.595	6.130	8.137	10.748	14.129
17	3.700	4.328	5.054	6.866	9.276	12.468	16.672
18	3.996	4.717	5.560	7.690	10.575	14.463	19.673
19	4.316	5.142	6.116	8.613	12.056	16.777	23.214
20	4.661	5.604	6.728	9.646	13.743	19.461	27.393
25	6.848	8.623	10.835	17.000	26.462	40.874	62.669
30	10.063	13.268	17.449	29.960	50.950	85.850	143.371

续表

n	20%	24%	28%	32%	36%	40%	50%
1	1.200	1.240	1.280	1.320	1.360	1.400	1.500
2	1.440	1.538	1.638	1.742	1.850	1.960	2.250
3	1.728	1.907	2.097	2.300	2.515	2.744	3.375
4	2.074	2.364	2.684	3.036	3.421	3.842	5.062
5	2.488	2.932	3.463	4.007	4.653	5.378	7.594
6	2.986	3.635	4.398	5.290	6.328	7.530	11.391
7	3.583	4.508	5.630	6.983	8.605	10.541	17.086
8	4.300	5.590	7.206	9.217	11.703	14.758	25.629
9	5.160	6.931	9.223	12.166	15.917	20.661	38.443
10	6.192	8.594	11.806	16.060	21.647	28.925	57.665
11	7.430	10.657	15.112	21.199	29.439	40.496	86.498
12	8.916	13.215	19.343	27.983	40.037	56.694	129.746
13	10.699	16.386	24.759	36.937	54.451	79.371	194.620
14	12.839	20.319	31.691	48.757	74.053	111.120	291.929
15	15.407	25.196	40.565	64.359	100.712	155.568	437.894
16	18.488	31.243	51.923	84.954	136.690	217.795	656.840
17	22.186	38.741	66.461	112.139	186.277	304.913	985.260
18	26.623	48.039	85.071	148.024	253.338	426.879	1 477.890
19	31.948	59.568	108.890	195.391	344.540	597.630	2 216.800
20	38.338	73.864	139.380	257.916	468.574	836.683	3 325.260
25	95.396	216.542	478.905	1 033.590	2 180.080	4 499.880	25 251.000
30	237.376	634.820	1 645.504	442.070	1 043.000	2 401.400	19 150.000

附表二 复利现值系数表

n	1%	2%	3%	4%	5%	6%	7%
1	0.990	0.980	0.971	0.962	0.952	0.943	0.935
2	0.980	0.961	0.943	0.925	0.907	0.890	0.872
3	0.971	0.942	0.915	0.889	0.864	0.840	0.816
4	0.961	0.924	0.889	0.855	0.823	0.792	0.763
5	0.951	0.906	0.863	0.822	0.784	0.747	0.713
6	0.942	0.888	0.838	0.790	0.746	0.705	0.666
7	0.933	0.871	0.813	0.760	0.711	0.665	0.623
8	0.924	0.854	0.789	0.731	0.677	0.627	0.582
9	0.914	0.837	0.766	0.703	0.645	0.592	0.544
10	0.905	0.820	0.744	0.676	0.614	0.558	0.508
11	0.896	0.804	0.722	0.650	0.585	0.527	0.475
12	0.887	0.789	0.701	0.625	0.557	0.497	0.444
13	0.879	0.773	0.681	0.601	0.530	0.469	0.415
14	0.870	0.758	0.661	0.578	0.505	0.442	0.388
15	0.861	0.743	0.642	0.555	0.481	0.417	0.362
16	0.853	0.728	0.623	0.534	0.458	0.394	0.339
17	0.844	0.714	0.605	0.513	0.436	0.371	0.317
18	0.836	0.700	0.587	0.494	0.416	0.350	0.296
19	0.828	0.686	0.570	0.475	0.396	0.331	0.277
20	0.820	0.673	0.554	0.456	0.377	0.312	0.258
25	0.780	0.610	0.478	0.375	0.295	0.233	0.184
30	0.742	0.552	0.412	0.308	0.231	0.174	0.131

续表

n	8%	9%	10%	12%	14%	16%	18%
1	0.926	0.917	0.909	0.893	0.877	0.862	0.847
2	0.857	0.842	0.826	0.797	0.769	0.743	0.718
3	0.794	0.772	0.751	0.712	0.675	0.641	0.609
4	0.735	0.708	0.683	0.636	0.592	0.552	0.516
5	0.681	0.650	0.621	0.567	0.519	0.476	0.437
6	0.630	0.596	0.565	0.507	0.456	0.410	0.370
7	0.584	0.547	0.513	0.452	0.400	0.354	0.314
8	0.540	0.502	0.467	0.404	0.351	0.305	0.266
9	0.500	0.460	0.424	0.361	0.308	0.263	0.226
10	0.463	0.422	0.386	0.322	0.270	0.227	0.191
11	0.429	0.338	0.351	0.288	0.237	0.195	0.162
12	0.397	0.356	0.319	0.257	0.208	0.169	0.137
13	0.368	0.326	0.290	0.229	0.182	0.145	0.116
14	0.341	0.299	0.263	0.205	0.160	0.125	0.099
15	0.315	0.275	0.239	0.183	0.140	0.108	0.084
16	0.292	0.252	0.218	0.163	0.123	0.093	0.071
17	0.270	0.231	0.198	0.146	0.108	0.080	0.060
18	0.250	0.212	0.180	0.130	0.095	0.069	0.051
19	0.232	0.195	0.164	0.116	0.083	0.060	0.043
20	0.215	0.178	0.149	0.104	0.073	0.051	0.037
25	0.146	0.116	0.092	0.059	0.038	0.024	0.016
30	0.099	0.075	0.057	0.033	0.020	0.012	0.007

续表

n \ i	20%	24%	28%	32%	36%	40%	50%
1	0.833	0.806	0.781	0.758	0.735	0.714	0.667
2	0.694	0.650	0.610	0.574	0.541	0.510	0.444
3	0.579	0.524	0.477	0.435	0.398	0.364	0.296
4	0.482	0.423	0.373	0.329	0.292	0.260	0.198
5	0.402	0.341	0.291	0.250	0.215	0.186	0.132
6	0.335	0.275	0.227	0.189	0.158	0.133	0.088
7	0.279	0.222	0.178	0.143	0.116	0.095	0.059
8	0.233	0.179	0.139	0.108	0.085	0.068	0.039
9	0.194	0.144	0.108	0.082	0.063	0.048	0.026
10	0.162	0.116	0.085	0.062	0.046	0.035	0.017
11	0.135	0.094	0.066	0.047	0.034	0.025	0.012
12	0.112	0.076	0.052	0.036	0.025	0.018	0.008
13	0.093	0.061	0.040	0.027	0.018	0.013	0.005
14	0.078	0.049	0.032	0.021	0.014	0.009	0.003
15	0.065	0.040	0.025	0.016	0.010	0.006	0.002
16	0.054	0.032	0.019	0.012	0.007	0.005	0.002
17	0.045	0.026	0.015	0.009	0.005	0.003	0.001
18	0.038	0.021	0.012	0.007	0.004	0.002	0.001
19	0.031	0.017	0.009	0.005	0.003	0.002	0.000
20	0.026	0.014	0.007	0.004	0.002	0.001	0.000
25	0.010	0.005	0.002	0.001	0.000	0.000	
30	0.004	0.002	0.001	0.000	0.000		

附表三 年金终值系数表

n	1%	2%	3%	4%	5%	6%	7%
1	1.000	1.000	1.000	1.000	1.000	1.000	1.000
2	2.010	2.020	2.030	2.040	2.050	2.060	2.070
3	3.030	3.060	3.091	3.122	3.152	3.184	3.215
4	4.060	4.122	4.184	4.246	4.310	4.375	4.440
5	5.101	5.204	5.809	5.416	5.526	5.637	5.751
6	6.152	6.308	6.468	6.633	6.802	6.975	7.153
7	7.214	7.434	7.662	7.898	8.142	8.394	8.654
8	8.286	8.583	8.892	9.214	9.549	9.897	10.260
9	9.369	9.755	10.159	10.583	11.027	11.491	11.978
10	10.462	10.950	11.464	12.006	12.578	13.181	13.816
11	11.567	12.169	12.808	13.486	14.207	14.972	15.784
12	12.683	13.412	14.192	15.026	15.917	16.870	17.888
13	13.809	14.680	15.618	16.627	17.713	18.882	20.141
14	14.947	15.974	17.086	18.292	19.599	21.051	22.550
15	16.097	17.293	18.599	20.204	21.579	23.276	25.129
16	17.258	18.639	20.157	21.825	23.675	25.673	27.888
17	18.430	20.012	21.762	23.698	25.840	28.213	30.840
18	19.615	21.412	23.414	25.645	28.132	30.906	33.999
19	20.811	22.841	25.117	27.671	30.539	33.760	37.379
20	22.019	24.297	36.870	29.778	33.066	36.786	40.995
25	28.243	32.030	36.459	41.646	47.727	54.865	63.249
30	34.785	40.568	47.575	59.085	66.439	79.058	94.461

续表

n	8%	9%	10%	12%	14%	16%	18%
1	1.000	1.000	1.000	1.000	1.000	1.000	1.000
2	2.080	2.090	2.100	2.120	2.140	2.160	2.180
3	3.246	3.278	3.310	3.374	3.440	3.506	3.572
4	4.506	4.573	4.641	4.779	4.921	5.066	5.215
5	5.867	5.985	6.105	6.353	6.610	6.877	7.154
6	7.336	7.523	7.716	8.115	8.536	8.977	9.442
7	8.923	9.200	9.487	10.089	10.730	11.414	12.142
8	10.637	11.028	11.436	12.300	13.233	14.240	15.327
9	12.488	13.021	13.579	14.776	16.085	17.518	19.086
10	14.487	15.193	15.937	15.549	19.337	21.321	23.521
11	16.645	17.560	18.531	20.655	23.044	25.733	28.755
12	18.977	20.141	21.384	24.133	27.271	30.850	34.931
13	21.495	22.953	24.523	28.029	32.089	36.786	42.219
14	24.215	26.019	27.975	32.393	37.581	43.672	50.818
15	27.152	29.361	31.772	37.280	43.842	51.660	60.965
16	30.324	33.003	35.950	42.753	50.980	60.925	72.939
17	33.750	36.974	40.545	48.884	59.118	71.673	87.068
18	37.450	41.301	45.599	55.750	68.394	84.141	103.740
19	41.446	46.018	51.159	63.440	78.969	98.603	123.414
20	45.762	51.160	57.275	72.052	91.025	115.380	146.628
25	73.106	84.701	98.347	133.334	181.871	249.214	342.603
30	113.283	136.308	164.494	241.333	356.787	530.312	790.948

续表

n	20%	24%	28%	32%	36%	40%	50%
1	1.000	1.000	1.000	1.000	1.000	1.000	1.000
2	2.200	2.240	2.280	2.320	2.360	2.400	2.500
3	3.640	3.778	3.918	4.062	4.210	4.360	4.750
4	5.368	5.634	6.016	6.362	6.725	7.104	8.125
5	7.442	8.048	8.700	9.398	10.146	10.946	13.187
6	9.930	10.980	12.136	13.406	14.799	16.324	20.781
7	12.916	14.615	16.534	18.696	20.126	23.853	32.172
8	16.499	19.123	22.163	25.678	29.732	34.395	49.258
9	20.799	24.712	29.369	34.895	41.435	49.153	74.887
10	25.595	31.643	38.592	47.062	57.352	69.814	113.330
11	32.150	40.238	50.399	63.122	78.998	98.739	170.990
12	39.580	50.895	65.510	84.320	108.440	139.240	257.490
13	48.497	64.110	84.853	112.300	148.480	195.930	387.240
14	59.196	80.496	109.610	149.240	202.930	275.300	581.860
15	72.035	100.815	141.310	197.990	276.980	386.420	873.780
16	87.442	126.011	181.870	262.360	377.690	541.990	1 311.700
17	105.931	157.253	233.790	247.310	514.660	759.780	1 968.500
18	128.117	195.994	300.250	459.450	700.940	1 064.700	2 953.800
19	154.740	244.033	385.320	607.470	954.280	1 491.600	4 431.700
20	186.688	303.601	494.210	802.860	1 298.800	2 089.200	6 648.500
25	471.981	898.092	1 706.800	3 226.800	6 053.000	11 247.200	50 500.300
30	1 181.882	2 640.916	5 873.200	12 941.000	28 172.200	60 501.100	583 500.000

附表四 年金现值系数表

n	1%	2%	3%	4%	5%	6%	7%
1	0.990	0.980	0.971	0.962	0.952	0.943	0.935
2	1.970	1.942	1.914	1.886	1.859	1.833	1.808
3	2.941	2.884	2.829	2.775	2.723	2.673	2.624
4	3.902	3.808	3.717	3.630	3.546	3.465	3.387
5	4.853	4.713	4.580	4.452	4.330	4.212	4.100
6	5.796	5.601	6.417	5.242	5.076	4.917	4.766
7	6.728	6.472	6.230	6.002	5.786	5.582	5.389
8	7.652	7.326	7.020	6.733	6.463	6.210	5.971
9	8.566	8.162	7.786	7.435	7.108	6.802	6.515
10	9.471	8.983	8.530	8.111	7.722	7.360	7.024
11	10.368	9.787	9.253	8.761	8.306	7.887	7.499
12	11.255	10.575	9.954	9.385	8.863	8.384	7.943
13	12.134	11.348	10.635	9.986	9.394	8.853	8.358
14	13.004	12.106	11.296	10.563	9.899	9.295	8.746
15	12.865	12.849	11.938	11.118	10.380	9.712	9.108
16	14.718	13.578	12.561	11.652	10.838	10.106	9.447
17	15.562	14.292	13.166	12.166	11.274	10.477	9.763
18	16.398	14.992	13.754	12.659	11.690	10.828	10.059
19	17.226	15.679	14.324	13.134	12.085	11.158	10.336
20	18.047	16.351	14.878	13.590	12.462	11.470	10.594
25	22.023	19.524	17.413	15.622	14.094	12.783	11.654
30	25.808	22.397	19.600	17.792	15.373	13.765	12.409

续表

n	8%	9%	10%	12%	14%	16%	18%
1	0.926	0.917	0.909	0.893	0.877	0.862	0.847
2	1.783	1.759	1.736	1.690	1.647	1.605	1.566
3	2.577	2.531	2.487	2.402	2.322	2.246	2.174
4	3.312	3.240	3.170	3.037	2.914	2.798	2.690
5	3.993	3.890	3.791	3.605	3.433	3.274	3.127
6	4.623	4.486	4.355	4.111	3.889	3.685	3.498
7	5.206	5.033	4.868	4.564	4.288	4.039	3.812
8	5.747	5.535	5.335	4.968	4.639	4.344	4.078
9	6.247	5.995	5.759	5.328	4.946	4.607	4.303
10	6.710	6.418	6.145	5.650	5.216	4.833	4.494
11	7.139	6.805	6.495	5.938	5.453	5.029	4.656
12	7.536	7.161	6.814	6.194	5.660	5.197	4.793
13	7.904	7.487	7.103	6.424	5.842	5.342	4.910
14	8.244	7.786	7.367	6.628	6.002	5.468	5.008
15	8.559	8.060	7.606	6.811	6.142	5.576	5.092
16	8.851	8.313	7.824	6.974	6.625	5.669	5.162
17	9.122	8.544	8.022	7.120	6.373	5.749	5.222
18	9.372	8.756	8.201	7.250	6.467	5.818	5.273
19	9.604	8.950	8.365	7.366	6.550	5.878	5.316
20	9.818	9.129	8.514	7.469	6.623	5.929	5.353
25	10.675	9.823	9.077	7.843	6.873	6.097	5.467
30	11.258	10.274	9.427	8.055	7.003	6.177	5.517

续表

n	20%	24%	28%	32%	36%	40%	50%
1	0.833	0.806	0.781	0.758	0.735	0.714	0.667
2	1.528	1.457	1.392	1.332	1.276	1.224	1.111
3	2.106	1.981	1.868	1.766	1.674	1.589	1.407
4	2.589	2.404	2.241	2.096	1.966	1.849	1.605
5	2.991	2.745	2.532	2.345	2.181	2.035	1.737
6	3.326	3.020	2.759	2.534	2.339	2.168	1.824
7	3.605	3.242	2.937	2.678	2.455	2.263	1.883
8	3.837	3.421	3.076	2.786	2.540	2.331	1.922
9	4.031	3.566	3.184	2.868	2.603	2.379	1.948
10	4.193	3.682	3.269	2.930	2.650	2.414	1.965
11	4.327	3.776	3.335	2.978	2.683	2.438	1.977
12	4.439	3.851	3.387	3.013	2.708	2.456	1.985
13	4.533	3.912	3.427	3.040	2.727	2.469	1.990
14	4.611	3.962	3.459	3.061	2.740	2.478	1.993
15	4.675	4.001	3.483	3.076	2.750	2.484	1.995
16	4.730	4.033	3.503	3.088	2.758	2.489	1.997
17	4.755	4.059	3.518	3.097	2.763	2.492	1.998
18	4.812	4.080	3.529	3.104	2.767	2.494	1.999
19	4.844	4.097	3.539	3.109	2.770	2.496	1.999
20	4.870	4.110	3.546	3.113	2.772	2.497	1.999
25	4.948	4.147	3.564	3.122	2.776	2.499	2.000
30	4.979	4.160	3.569	3.124	2.778	2.500	2.000

21 世纪高职高专财经类系列教材

经济学基础				
经济法概论				
财政与税收（第三版）				
管理学基础				
国际贸易				
统计学基础				
基础会计	田玉兰　郭晓红	主编	26.50 元	2007.04 出版
基础会计实训与练习	田玉兰　郭晓红	主编	17.50 元	2007.04 出版
财务会计	尹　莉	主编	37.50 元	2007.09 出版
财务会计学习指导与实训	尹　莉	主编	24.00 元	2007.09 出版
成本会计	孔德兰	主编	25.00 元	2007.03 出版
（普通高等教育“十一五”国家级规划教材）				
成本会计实训与练习	孔德兰	主编	19.50 元	2007.03 出版
（普通高等教育“十一五”国家级规划教材辅助教材）				
管理会计	周　峰	主编	25.50 元	2007.03 出版
管理会计学习指导与训练	周　峰	主编	16.00 元	2007.03 出版
财务管理（第二版）				
财务管理实训与实验				
会计电算化	潘上永	主编	40.00 元	2007.09 出版
（普通高等教育“十一五”国家级规划教材）				
会计电算化实训与实验	潘上永	主编	10.00 元	2007.09 出版
（普通高等教育“十一五”国家级规划教材辅助教材）				
资产评估				

主 编 简 介

周峰，女，1963年3月出生，山东惠民县人，1983年毕业于陕西财经学院。现任山东轻工业学院金融职业学院会计系主任、副教授。自1983年从事教学工作以来，主要担任“基础会计”、“财务会计”和“管理会计”课程的教学。编写的教材有：《会计原理》、《会计原理习题集》（参编，西南财经大学出版社，1995），《工业企业会计》（参编，金城出版社，1997），《财务会计》（副主编，高等教育出版社，2006）。在《新疆金融》、《华北金融》、《当代教育研究》等杂志发表论文多篇。